U0934214

新媒体时代领导干部的媒介素养

新闻发言人实用技能培训讲座

主　编◎张红兵

副主编◎朱　颖　邹建辉　董加顺

暨南大学出版社
JINAN UNIVERSITY PRESS

中国·广州

图书在版编目（CIP）数据

新媒体时代领导干部的媒介素养：新闻发言人实用技能培训讲座／张红兵主编；朱颖，邹建辉，董加顺副主编．—广州：暨南大学出版社，2015.5
ISBN 978-7-5668-1434-0

Ⅰ．①新…　Ⅱ．①张…②朱…③邹…④董…　Ⅲ．①传播媒介—素质教育—干部培训—教材②新闻公报—干部培训—教材　Ⅳ．①G206.2②G210

中国版本图书馆 CIP 数据核字（2015）第 115669 号

出版发行：暨南大学出版社

地　址：中国广州暨南大学
电　话：总编室（8620）85221601
　　　　营销部（8620）85225284　85228291　85228292（邮购）
传　真：（8620）85221583（办公室）　85223774（营销部）
邮　编：510630
网　址：http：//www.jnupress.com　http：//press.jnu.edu.cn

排　版：广州良弓广告有限公司
印　刷：佛山市浩文彩色印刷有限公司

开　本：787mm×960mm　1/16
印　张：17.75
字　数：320 千
版　次：2015 年 5 月第 1 版
印　次：2015 年 5 月第 1 次
印　数：1—3000 册

定　价：42.80 元

前 言

习近平总书记曾明确指出，“与媒体打交道的能力，是21世纪的领导干部必须具备的基本能力之一”。随着新媒体的兴起和社会舆论的多元化发展，政府的执政环境发生着深刻变化。对于领导干部来说，要适应这种新形势，除了要有智商、情商，还得有“媒商”，即媒介素养。

新闻发言人肩负着通报工作、阐述政策、说明情况和联系媒体等方面的使命，是沟通媒体、公众和政府部门的重要桥梁，直接关系到党的执政能力和水平。为提高新闻发言人团队的媒介素养，促进他们与新闻界的互动沟通，佛山市委宣传部、佛山市政府新闻办公室联合创设“佛山新闻发言人大讲堂”（原名“佛山媒体大讲堂”），在国内率先邀请一线记者和专家学者作为主讲嘉宾，特别定制“自助餐”式培训平台。

自2013年1月以来，“佛山新闻发言人大讲堂”共举办了25场，受到各级政府新闻发言人、企业高管及媒体人士的欢迎和好评。

这一学习、交流平台，主要有以下四个特点：

一是定位清晰，将培训目标定位为“搭建新闻发言人与媒体记者相互沟通交流的平台”。首创媒体记者深度参与政府新闻发言人培训的全新机制，避免了传统培训存在的诸多弊端：专家学者讲授多、一线人员交流少；理论讲解多、实操训练少；集中大课多、互动交流少；强制参与多、自愿参加少等。

二是活化形式，创造性地打造“自助餐”式培训平台，涵盖了主题演讲、实战演练、座谈交流、参观考察等。主题演讲之外还设立互动环节，由主讲嘉宾带领其同事组成媒体团队，与新闻发言人团队碰撞观点，交流思想。

三是紧扣需求，根据当前新闻发布和舆情处置的新特点、新情况，适时设计培训内容。在25个培训主题中，有媒体运作与传播规律的内容，有政府与媒体沟通策略的内容，有政府危机传播与舆情应对的内容，也有网络时代媒介素养的内容，涵盖了新闻发言人所必须了解和掌握的各项专业素养与实践技能，也契合当前政媒互动的现实需求。

四是精选师资，主讲嘉宾的行业广泛、层次多元、地域不同。从行业来看，主讲嘉宾既有媒体精英，也有高校专家学者，还有企业高管；从层次来看，既有本地一线资深记者，也有媒体中层骨干和高层；从地域来看，主讲嘉宾多数来自广东省，也有的来自中国香港和新加坡。

为让更多的人有机会分享这些精彩的内容，在征得各位主讲嘉宾的同意之后，我们将 2013—2014 年的讲座内容集结成此书并出版发行。本书既有媒体业界大佬的从业经验分享，也有学界专家学者的理论指导，还有一线记者们的实践心得。这些演讲主题，有的国际视野开阔，有的理论深入浅出，更多的紧贴佛山实际情况，分析精辟，对佛山的新闻宣传工作有很强的指导性和启发性。我们也希望借本书的出版，邀请更多的同行对佛山的新闻发布、新闻发言人培训工作提出更好的意见和建议，为“佛山新闻发言人大讲堂”办出更高水平贡献力量。

新的一年，主办方将继续广邀广东省内外的媒体高层、专家学者和深耕佛山的骨干记者前来授课，提供最新的理论、最权威的信息，传播新思想，帮助广大新闻发言人启迪思维、武装头脑、提升本领，为发出佛山好声音、树立城市好形象传播正能量，推动佛山新一轮改革发展作出应有的贡献。

2015，让我们携手前行，共同努力，共同期待！

编　者

2015 年 3 月

目　录

前　言 ………………………………………………………………（1）

第一编：危机管理 ……………………………………………………（1）

第一讲：全媒体时代的媒体沟通与舆论危机应对 …………… 范以锦（2）

第二讲：各国政府公共危机管理及新加坡经验 …………… 周兆呈（15）

第三讲：新媒体时代的政府新闻发布与舆情应对 ………… 朱　颖（39）

第四讲：危机无常　应对有道

——政府舆情风险管理与应对策略 ………………… 何又华（57）

第五讲：网络舆情与危机管理 ………………………………… 张志安（74）

第六讲：危机传播与对策 ……………………………………… 陈镇宏（83）

第七讲：公司上市前后的舆论风险防范策略 ……………… 黄义仲（97）

第八讲：网络爆料后的媒体采写及政府应对 …………… 洪启旺（108）

第二编：媒介素养 ……………………………………………………（119）

第九讲：互联网时代的媒介素养与"下一个社会"的管理 … 胡智勇（120）

第十讲：眼见为实

——舆论场中的视觉力量和较量 ………………… 龙建刚（132）

第十一讲：网民心理与网络舆论引导 ……………………… 朱　颖（144）

第十二讲：全球化时代的政府新闻发布与效果评估 ……… 侯迎忠（164）

第三编：政媒互动 …………………………………………………………（176）

第十三讲：知己知彼　正和博弈

——突发公共事件的媒体视角与政媒互动策略 … 罗聪灵（177）

第十四讲：要赢得公众先赢得媒体

——浅论政府与媒体关系处理 …………………… 刘三琴（188）

第十五讲：媒体平台上的政民互动 ………………… 张伟立（202）

第十六讲：突发事件报道中的媒体角色与政媒互动

…………………………………………………… 门君诚　曹思诚（212）

第四编：媒体实践 …………………………………………………………（228）

第十七讲：从民生新闻读懂新闻媒体 ……………… 李传智（229）

第十八讲：香港媒体生态 …………………………… 苏征兵（242）

第十九讲：视觉新闻策划及其传播特征 …………… 周　春（256）

第二十讲：新媒体浪潮下的电视产业状况 ………… 黄　伟（268）

第一编：危机管理

第一讲：全媒体时代的媒体沟通与舆论危机应对

主讲人：范以锦

主讲人简介

范以锦，现任暨南大学新闻与传播学院院长、教授、博士生导师。曾担任南方日报社社长、总编辑，南方报业传媒集团党委书记、管委会主任、董事长，中华全国新闻工作者协会副主席，广东省新闻工作者协会主席。2011 年获台湾地区星云大师“真善美新闻传播奖”，2012 年获广东首届新闻终身荣誉奖。

全媒体时代，传播手段越来越先进，新闻信息无处不在、无时不有。每个人既是信息的接收者，又是信息的发布者。我们可以通过媒体提升自身形象，也可能在不经意间被卷入舆论的风口浪尖之中。因此，加强与媒体的沟通交流、掌握应对舆论危机的方法尤为重要。

一、媒体经历的两次重大转型及其对社会产生的重大影响

1. 市场化转型及其影响

在中国，媒体首先经历了市场化转型。改革开放后，中国的传媒业开始了试探性、渐进的市场化改革，逐步脱离计划经济体制的约束，实行自给自足、自负盈亏的模式。就连机关报如《南方日报》《佛山日报》也纷纷步入市场化道路，实行企业化管理。“走市场”必然有竞争，媒体就是在激烈的竞争中发展壮大起来的。

《南方都市报》的诞生便是市场竞争的产物。《南方日报》在与《羊城晚报》《广州日报》的竞争中曾一度处于劣势地位，于是创办了系列报——《南方都市报》，重点占领广州、深圳乃至整个珠三角地区的市场。为了与《南方都市报》竞争，《广州日报》随后将《信息时报》改造成都

市类的报纸，《羊城晚报》则创办了《新快报》。广州的销售市场渐趋饱和，各大报纸纷纷将“触角”伸向深圳、佛山及珠三角其他地区。于是，深圳《晶报》应运而生。激烈的市场竞争极大地促进了报纸的繁荣，报纸种类日益增多、内容日益丰富。过去一张报纸只有四个版面，而现在有的报纸已增至四五十个版面，还有的出一两百个版面。

传统媒体因竞争引发的市场意识作用下的转型，实际上就是传统媒体内部竞争的必然结果。这场竞争既推动了传统媒体的繁荣发展，也给受众带来了利益。然而，媒体越来越多，大家都要“走市场”，“走市场”就要竞争，竞争就要抢新闻，抢新闻则给不少机构带来压力。有时候，面对一起突发事件，相关部门或有关人员还未来得及处置，记者的稿件便已经见报了。舆论在前、应对在后、被动处理，相关部门的压力可想而知。

2. 数字化背景下的转型及其影响

数字化背景下的转型主要有三种：第一种是纸媒的数字化转型，即纸媒办起了网络版、手机报，将报纸中的内容呈现在网络上；第二种为融合新媒体的转型，即将新媒体的元素如互动功能引入报纸，同时将报纸的元素引入新媒体；第三种则是全媒体转型，报业的所谓全媒体转型，指的是一家报业集团不仅拥有报纸，还同时拥有视音频、网络、iPad 报、手机报等，其聚合的媒体品种越来越齐全。

纵观媒体的发展史，最先诞生的是报纸，后来出现了广播，其后又出现了电视，再后来出现了网络，到现在，人们可以通过移动设备来接收信息。早期，南方报业集团开发了信息接收器，每天发布三百条消息，读者可以用接收器接收后阅读。后来有了电子书阅读器，再后来有了手机报。2010 年，苹果公司发布了 iPad 平板电脑，对世界的新闻业产生了很大影响。新闻集团首席执行官默多克认为 iPad 会拯救纸媒业，于是他们跟苹果公司联合创办了世界上第一份 iPad 报 *The Daily*，用户支付订阅费后便可在 iPad 上浏览该报。然而，因亏损严重，*The Daily* 在 2012 年 12 月被迫关闭。

有人认为，当今时代，一部 iPad 可以取代所有的移动阅读器——它既可以看电视，又可以上网，还可以编辑文件。然而，随着技术的不断进步，手机更新换代日益加快，成了与 iPad 相抗衡的产品。手机刚出现的时候体积很大，被称为“大砖头”。后来，手机越变越小，可以轻松放入口袋。然而到现在，手机的生产不再追求“小”，反而越做越大。对于电信运营商来说，只有把手机做大，融合 iPad 的功能，才能抢占市场。我也是第一批用上 iPad 的，但现在我更喜欢用手机，因为它几乎兼容了 iPad 的功能，同样可以浏览方方面面的信息。相对于 iPad 来说，手机更加方便快捷。

当今时代还有很多新技术层出不穷。2013 年 6 月，谷歌宣布其发明了眼镜接收器，人们可以用眼镜听音乐、发短信。过去我们经常可以看到路上有很多人在自言自语，定睛一看，原来他们戴了耳机。将来，也许我们可以看到更多的人在路上不断眨眼，以此来听音乐、发短信。再比如，最近一款标价为 9 462 元人民币的新型电话手套问世，戴上它，人们可以直接用手进行通话。也许在不久的将来，人们不再需要坐在客厅中或像现在很多年轻人那样窝在房间里用电脑“看电视”，只需在口袋里装一支笔，走到哪里按一下，在墙壁上就可以收看自己喜欢的电视节目。

传播技术的发展永无止境，现在讲融合，是把所有功能都融合在一起。当融合进行了一段时间后便开始细分，向个性化方向发展。个性化产品出来以后，又再次融合，诞生出新产品。传播技术就是在融合、细分的过程中不断发展。所以，不要指望 iPad 能拯救一切，在全媒体时代，任何东西都不可能一成不变，相反，它们是不断发展的。正如我们阅读报纸的人群，开始叫读者，后来叫受众，现在进入全媒体时代，我们称之为用户。对用户来讲，一项产品在满足需要的同时还要给人舒适的体验。

二、新老媒体各具优势，都要充分利用好

（一）新媒体发展概况

互联网技术飞速发展，极大地改变了信息流的传播路径，也给强势互联网公司带来了丰厚的效益。2012 年，腾讯年营业收入为 438 万亿元，利润高达 127 亿元。腾讯两万多名员工的平均年龄只有 27 岁，人均年收入却达到了 28 万元。管理之道，唯在用人。为增强自身的核心竞争力，腾讯不断从传统媒体中“挖掘”人才，如腾讯网的总编辑陈菊红曾任职于《南方周末》，并担任过《南风窗》的总编辑；其新闻总监、副总监中也有人曾供职于南方报业集团。

像腾讯这些互联网公司发展得如此之快，不仅在于它们有良好的机制体制，还在于其先进的运营理念，即强烈的“用户”观念。这种“用户”观念，简单来说就是先免费让你体验基础服务，当你需要更高质量的个性化服务时，便要自掏腰包了。以 QQ 为例，当你在网上交朋友时，添加 500 名以内的好友不用钱；而想要交更多的朋友时，就得交钱了。在注册了 QQ 秀之后，系统会给你一个虚拟的形象，这个形象不太好看，而你想要重新打扮就需要额外付钱。再者，玩游戏不用钱，但打仗总打不赢，于是

你就会花钱去买先进的武器，直到打赢为止，最后游戏打赢了，钱也花了不少。同样，打麻将老打不赢，于是你就会花钱去买作弊工具。看小说不用钱，但看到最后几页最精彩的部分时，系统却提示你交了钱才能继续阅读。玩宠物时，一只公狗跟母狗谈恋爱，正谈得热火朝天，狗说：“我饿了。”于是你得花钱给它买吃的，吃完后它又继续热火朝天地谈恋爱了。还有 QQ 空间、QQ 家园，漂亮的装修是要花钱的。网上结婚提供的一些服务，也是要花钱的。腾讯有各种“钻”吸引用户：红钻装扮 QQ 秀，黄钻拓宽 QQ 空间，绿钻听音乐，蓝钻斗地主休闲，紫钻玩 QQ 炫舞，黑钻在玩大型网游时可选择武器。

腾讯的经营理念是“吸纳流量，做旺人气，我为人人，人人为我”。从上面的例子可以看出，它不求一笔收益有多大，而是注重每一个用户带来的点滴价值。腾讯的注册用户有 16 亿，其中活跃用户 7.8 亿，许多人拥有多个账号，但实际人数也应该有 5 亿。倘若平均每人给 100 元，5 亿人便有 500 亿元。而纸媒和广播电视则主要依靠广告赚钱，常常需要四处寻找广告大客户，如电信三大运营商、汽车公司、房地产公司等。寻找大客户不易，寻找小客户却容易得多。新媒体拥有庞大的用户群，尽管这些用户大部分都是小客户，但“聚沙成塔，积水成渊”，总数十分可观。同时，由于新媒体对广告的依赖程度较小，不易受到金融风暴的影响。金融风暴甚至给新媒体带来了新的机遇。在金融风暴中，失业人数骤增，人们有比以往更加强烈的信息需求，新媒体凭借其及时、便捷、信息量大的优势满足了人们这种特殊时期的心理需求，从而获得新的发展机遇。

互联网巨头百度也有其独特的盈利模式。百度采取竞价排名的方式，根据实际点击量对购买广告位的企业进行收费。曾经有个美容院的总经理跟我说过，他们有 5 000 万元的广告费，其中 2 500 万元投给百度，每点击一次，百度收取 100 多元；如果有 1 000 个人点击，则收取 10 万元。我问他，有上百万发行量的报纸，把钱投给他们不是更好吗？这位总经理说：“就算有上百万的发行量，可有几个人会去看我这个广告？百度就不同了，这 1 000 个人都是因为想美容才点击进去的。”这就是广告的精准投放，这种精准投放策略让百度跟广告主获得了共赢。

（二）传统媒体发展概况

在新媒体的冲击下，传统媒体陷入发展困境。2004 年，美国北卡罗来纳大学新闻学院教授菲利普·迈耶在其《正在消失的报纸》一书中预测了报纸的消亡：“2043 年春季的某一天，美国一位读者把最后一张报纸扔进了垃圾桶，从此，报纸就消失了。”

2009 年，美国拥有 146 年历史的《西雅图邮报》发行网络版，彻底脱离纸媒。到了 2011 年，联合国世界知识产权组织总干事弗朗西斯·加利说："多个研究结果显示，它们（纸质报纸）将于 2040 年消失。在美国，它们将于 2017 年消失。"

毫无疑问，报纸还会大批没落，然而，几年后美国报纸真的都会消亡吗？我觉得这是不可能的。像美国的《纽约时报》《华尔街日报》，这些大报不会很快垮下去。然而，纸媒的确碰到了前所未有的困难。2012 年，纸媒的广告份额下跌、利润骤降，所以有人认为这一年是纸媒衰退的拐点。在我看来，倘若"走市场"的都市类报纸都经营不下去了，那就意味着拐点真正到来了。

无论陷入怎样的发展困境，报纸作为一种形态，不会轻易消失。报纸不赢利并不意味着报纸的消亡。现在，很多房地产公司办的报纸当街免费派送，没有丝毫利润可言。尽管它本身是亏损的，但它可以在延伸出去的平台上谋求利益。报业与报纸不尽相同。起初，报业被称为"报纸"，后来变成"报业集团"，再后来演变为"报业传媒集团"。在将来，报业将被称为"传媒集团""全媒体集团"或"现代传播集团"。就像《南方都市报》一样，以前叫作"南都报系"，现在被称为"南都全媒体集群"，将来也许还会有别的叫法。等到报纸越来越少，全媒体发展起来了，报业很难成行成市了，报业的概念便会逐渐淡化，但报纸依然存在。

（三）扬长避短，用好各类媒体资源

1. 新老媒体的优劣

纸媒不会消亡，新媒体不断发展，它们各有各的优势。对于这两种媒体，我们都不能忽视。对于新媒体来说，其优势是快速、覆盖面广、互动性强，用户有良好的体验；其劣势是信息碎片化、真假难辨，公信力差。对于传统媒体来说，其劣势是反应慢、互动性差、表现比较呆板；其优势则是较专业，能作出深度报道，权威性和公信力强。

新媒体和传统媒体同时传播，影响力最大，中央媒体介入之后，影响力就更大了。在湖南永州"上访妈妈"一案中，唐慧因为自己的女儿被迫卖淫而上访，结果被抓起来送去劳教。《人民日报》官方微博和人民网发言后，唐慧被释放。从日常生活中我们可以看到，有了权威性和公信力较强的媒体，尤其是中央媒体的介入，一些复杂的问题得以解决。设想一下，当新媒体与传统媒体说法不一致时，公众会相信谁？一般来说，大家更愿意相信传统媒体。当然，如果某些政府部门隐瞒真相、发布假信息，就会对传统媒体造成很大伤害。公信力是传统媒体的最后一道防线，守不

住这道防线，传统媒体的发展便岌岌可危。有些真话可以不讲，但绝不能讲假话。

2. 用好各类媒体资源

我们经常强调要“巩固主流舆论阵地”，这就要求我们充分利用好各种媒体资源。传统媒体有权威性，有公信力，有深度，受众的层次较高。利用好传统媒体，要注意做好新闻策划，加强与传统媒体的沟通和交流，不要浪费新闻资源。

利用好新媒体则需要把握好以下几个方面：

其一，充分利用好当地传统媒体办的新媒体，还要重视有影响力的商业门户网站，如腾讯、新浪等。官方微博如《人民日报》官方微博以及政府工作人员打造的有影响力的个人微博，都要进入我们的视野。

其二，把握新媒体的利用时机。微博的兴起标志着媒介新时代的来临，利用好微博对政府的工作有很大的促进作用。有一次，广州民警在处理刑事案件时通过官方微博进行了现场直播。歹徒持枪打伤民警，民警将其击毙。微博直播及时将事实真相传递给受众，杜绝了“民警又杀人了”之类谣言的传播。针对这起案件的处理，著名媒体评论员杨锦麟给予了高度评价。

政府在使用微博时要注意以下几个方面：

（1）关注名人微博。

微博上有几种人容易引起网民的关注：明星、社会名流、意见领袖以及攻击型、狂言型、服务型的人。此外，友善型和搞笑型的人也易于引起大家的关注。“微博女王”姚晨之所以有如此多的粉丝，除了她的言语贴近大众外，还有个更重要的原因就是她乐于助人。她不仅在微博上发布自己的信息，有时还会帮一些有需要的人转发微博，借助自己庞大的粉丝群扩大信息的传播范围，帮助他人解决燃眉之急。而搞笑型的人则是大家消遣娱乐时的选择。凤姐就是一个例子。有一次我在微博上看到一个视频：有人拿鸡蛋打到凤姐头上，如果是一般人肯定非常生气，但凤姐不但没有生气，反而很高兴。有人问她被扔鸡蛋怎么还高兴得起来？她笑着答道：“那个扔鸡蛋的人太爱我了、太喜欢我了，因为他爱我爱得很深，但是我不要他，所以他就扔鸡蛋。那么爱我的人我为什么要讨厌他？”正是这种独特的幽默吸引了大批追随者，现在凤姐的粉丝已有200多万。这类人的发言无关紧要，网民只是一笑了之，但社会名流和意见领袖具有极强的网络号召力，如果他们对当地事件发表评论，政府应当格外注意。

（2）打造政务微博。

开通政务微博有五个方面的作用：①传播机构形象，打造品牌；②进行商业目的的市场营销；③公布最新职能，更好地为民众服务；④常与网民沟通交流，取得理解；⑤发生舆论事件时，利用这一平台化解危机。后面这两点非常重要。例如，《人民日报》作为官方的舆论场，语言风格较为严谨、正统，常常提出一个观点，就被庞大的民间舆论场覆盖。于是，《人民日报》开通了官方微博，言语更加贴近民众，同时提高信息发布速度，拉近与民众的距离。其用户数量目前已接近 3 000 万，打通了线上、线下两个舆论场，微博的威力由此可见一斑。

（3）规范个人微博。

我在《人民日报》发表过一篇文章，提出个人微博的管理要把握三个原则：政治话题严肃点，生活话题轻松点，搞笑话题幽默点。严肃话题创造思想火花，轻松话题积淀人生经验，幽默话题舒筋活络、益寿延年。

现在个人微博已成为人们反腐的工具，像“微笑局长”杨达才、雷政富的落马便是很好的例子。雷政富的不雅视频被转发到微博上仅 63 个小时，重庆有关部门就宣布对他免职并进行调查。但这种民间反腐也存在问题。反腐本来是一件严肃的事情，而微博中的反腐有些是从带有娱乐性质的切入点开始的。有些案件由地方微博爆料后，有关部门才介入调查，爆料一件查处一件，没有爆料就不去查。这样无法从源头上杜绝腐败的发生，不能从根本上解决问题。所以，个人微博上的反腐应作为反腐的一种补充存在，而不能作为反腐的主要工具。

还有，网络具有交互性，在这种交互当中，稍不留神便容易被人利用。例如，在“李天一强奸案”审理时，有人发微博称案中的女主角撤诉，双方已达成和解。这个消息后来被证实为谣言，发帖人不是第一手资料的获得者，他只不过是将别人的微信爆料转发到微博上。不同载体有不同的传播影响力，微博是各种人进行观点碰撞的舆论场，而微信则是一群朋友的“窃窃私语”。倘若把微信中朋友之间的“窃窃私语”转到用户数量庞大的微博上，便会出现许多麻烦。其实微信群也越来越大，微信群的发言也会广为流传。在多种媒体的交互中，要根据不同媒介的特点进行信息传播，不能将适用于一种媒体之上的言论一成不变地搬到另一个平台上。

（4）语言贴近受众。

适当使用平民化的语言可以拉近与民众的距离，给人一种亲切感。例如之前流行的微博体：

“幸福体”——你幸福吗？

“元芳体”——元芳你怎么看？

“航母体”——走你，起飞！

“甄嬛体”——本宫、哀家、方才、想来、极好的、罢了。

“流氓体”——高筑墙，广积粮，要流氓。

“财神体”——少年时，想碰到一个聂小倩；青年时，想要一个田螺姑娘。

这些微博体在网民中广为流传，政府在发言中恰当使用可以增强信息的传播效果。

三、培养媒介素养，提升与媒体打交道的能力

有一种人被称为“泛媒体人”。所谓“泛媒体人”，就是指那些经常跟媒体打交道的人，或是从事与媒体相类似的工作的人。像新闻发言人就是泛媒体人。还有一种人被称为“自媒体人”，指的是利用新媒体自主进行信息传播的人。任何人只要进行传播，那就是自媒体人。

泛媒体人和自媒体人都需要提高媒介素养。媒介素养，即对媒介信息的选择、理解、质疑、评估的能力，以及制作和生产媒介信息的能力。具体来说，作为公民，我们的媒介素养涵盖了几个方面：个人作品要真实、写得要明白；讲伦理道德，不能造谣；对舆论具有判断力；善于与媒体打交道。现今新媒体时代对我们的媒介素养有了更高的要求。过去，在传统媒体刊登的稿件都要经由主编、总编辑的筛选和认可，它是有序的、有组织的行为。新媒体往往是无序的、无组织的，“我的媒体我做主”。所以，我们要培养新媒体时代的媒介素养。从技术上来看，要从过去文字的处理能力、广播电视媒体的视听素养转变为多任务的处理能力、数字化素养；从新闻敏感的角度来看，要有新闻筛选的能力，因为网上舆论很多，鱼龙混杂；从网络的自由开放来看，要有新闻伦理道德，杜绝谣言；从网络的复杂性来看，要有舆情判断的能力；从多媒体信息来看，要强化与各种媒体打交道的能力。

政府与媒体打交道，要了解媒体对政府机构的看法。不同媒体对政府机构有三种态度：有的媒体认为，政府部门不是敌人而是朋友，要跟政府做朋友，媒体希望其掌握了新闻信息后能及时告知媒体，只有加强与政府的交流才能获得更多的信息来源。有的媒体认为，政府部门不是敌人也不是知心朋友。这种媒体希望保持自身的独立性，坚持自己独立采访，避免影响新闻的客观公正。还有一些媒体有这样的情结：政府既不是敌人也不是一般朋友，而是新闻情人。所谓新闻情人，就是媒体与政府部门的关系

十分密切，政府某个部门让报道什么就报道什么。对于媒体来说，理想的状态是与政府部门做朋友，但不是新闻情人，不能完全变成某些部门的传声筒。有些跑部门线的记者很容易成为新闻情人，他们不是站在大局考虑，而是只从自己联系的部门的角度去考虑报与不报。同样地，政府也要端正对媒体的看法，要权衡一下媒体是自己的朋友、敌人还是新闻情人。只有定位准确，才能跟媒体进行良性互动。

无论是政府还是媒体，双方都要把握自己的底线。作为新闻媒体，不可能没有通融和理解，有的可以通融，该理解的要理解，但一定要有底线。比如说，某个部门要求自己熟悉的媒体不要登这篇稿件，这算不算违反原则呢？如果这篇稿件可登可不登，那不登没什么大问题。如果这个稿件是批评稿，被批评者想把处理意见和态度一起登上去，平衡一下，这也没有问题。但是，如果稿件必须登，因为是新闻情人而把稿件撤下来，这就丧失原则了。如果某个部门以广告投放为由要求你撤稿，你照做了，那就是新闻职业道德有问题。有的媒体和记者甚至趁机敲诈，不仅把批评稿件撤下来，还写一个表扬稿。借机敲诈勒索，这是道德沦丧、违法乱纪，有的还会走上犯罪道路。像之前山西一家煤矿发生矿难，矿主在现场给记者发封口费，记者排队领钱，拿了钱就走了，这是很不道德的行为。同理，政府机构跟媒体打交道也要有底线。你有事想找媒体去沟通，这是可以的，但你绝对不能用金钱去收买媒体。如果媒体坚持要发表批评报道，那你就要做好整改的准备，可以把整改意见跟原稿同时登上去，但不能为了把稿件拿下来而千方百计地去进行物质的“公关”。媒体与政府需要相互理解和良性互动，双方都需要彼此的支持，但大家都要恪守道德底线。

四、全媒体格局下的媒体开放与舆论危机的多样性

我国开放性新闻报道有两个标志性事件，一个是“汶川地震”，另一个是“瓮安事件”。

汶川发生地震时，最初，有关部门只准少数新闻单位进入灾区采访。但许多记者一听到地震，便快马加鞭赶赴灾区，在通知发布前已进入灾区了。所以，国家后来放开了政策，结果新闻领域出现了前所未有的“第一次”：第一次突破灾难性报道采访配额的限制，大批记者进入灾区；第一次进行24小时滚动报道；第一次打破紧紧围绕救灾树立正面典型的报道模式，重点关注灾情及救援状况；第一次灾难现场不设防线，记者可以随处采访。政策的放开极大地推动了新闻报道的进程，一扫过去突发事件发生

后“只堵不疏”的弊端，记者自觉有序地报道，外界不仅没有出现不可控的负面舆情，反而激发了全国人民众志成城抗灾的决心。

“汶川地震”打开了“天灾”开放性报道的格局，而“瓮安事件”则成为“人祸”开放性报道的标志。人祸，指的是人为发生的群体性事件。在过去，国家规定群体性事件媒体一律不准报道，报道需经过批准。后来发生了“瓮安事件”，在贵州瓮安县，13 岁少女李树芬溺亡，政府没有及时公布调查结果，当地居民纷纷猜疑，说该少女是被奸杀后弃尸水里，一时间谣言满天飞。市民对政府的处理不满，跑到公安局打砸抢烧。后来，贵州省委书记石宗源到现场处理，立即公开所有信息，同时对不作为的干部及打砸抢烧的违法分子进行处理。其实该少女根本不是被奸杀，谣言很快便平息下来。“瓮安事件”开创了敏感群体事件迅速公开报道的先河。

网络舆论生成的特点是：快捷传播、互相感染、爆发性增长、报网互动、个体变群体、局部变全局、容易一边倒、谁先说先信谁、意见领袖主导。在全媒体时代，传统媒体不报道，新媒体报道；境内不公开，境外公开；权威信息不披露，谣言满天飞。不公开付出的代价更大，因此国家出台了《中华人民共和国政府信息公开条例》——公开是常态，不公开是特例。

2010 年，暨南大学有一名女生被一名陌生男子从 9 楼走廊扔到 5 楼，落在挡板上摔成重伤。男子随后自行跳楼，由于其体重太重，穿过挡板摔死了。事件发生后，学校马上进行调查，把握信息发布的主动权，很快公布了消息。如果封堵信息，那么便会催生谣言，说这个事件是情杀、奸杀，舆论一旦生成便更不容易控制。

五、媒体及媒体舆论中需重视的问题

1. 防止“次生灾害”的发生

有时候一些突发事件的处理并不难，但处理不当便容易把小事变大，衍生出“次生灾害”。例如《西安晚报》“天价烟”报道风波。《西安晚报》报道说陕西大荔县用昂贵香烟慰问贫困党员，烟不是县里面拿出来的，而是村支书自己的，县领导批评了村支书。本来报道没有太大问题，但县领导看到报道后很生气，通过关系把写稿的记者停职了。记者一被停职，网民便纷纷展开骂战，一发不可收拾。最后迫于舆论压力，记者才得以复职。有时候一些小事情不要去管，在舆论风暴已经平息时尽量不要再“画蛇添足”。

2. *善于掂量风险，及时化解危机*

应对舆论危机，要懂得掂量风险，及时化解舆论危机。我举两个例子。谢朝平是个作家，写了一部记录三门峡移民史的小说《大迁徙》，批评政府在安排移民方面不到位。谢朝平自费印了一万本，以增刊的名义出版，结果警察以涉嫌非法经营罪将他逮捕。谢朝平是作者，仅仅投稿而已，怎么会“非法经营”？对此网民非常愤怒，最后检察机关表态不批捕谢朝平，警察不得已把他放了。本来书只有一万本，结果这样一弄，有许多人在网上看了这本书，影响扩大了不知多少倍。这件事刚刚平息，广东又发生一件类似的事：顺德有一位老师写了本关于某市嫖娼现象的小说，结果被抓了。随后网上舆论就出来了。后来有人下令放人，舆论才平息。如果不放人，查下去，能经得起查吗？所以，我们要善于掂量风险，不要不顾后果贸然行动。

3. *发声要准确*

在发布信息时，力求准确公正，否则极易引发网上舆情。在“邓玉娇事件”中，有三个干部在宾馆里消费，与服务员邓玉娇发生冲突，邓玉娇将其中一人杀死。警方发布新闻，以涉嫌故意杀人罪对邓玉娇立案侦查，指出因邓贵大等三人要求邓玉娇提供特殊服务，遭到拒绝之后拿钱显摆，两次将邓玉娇按倒在沙发上，邓玉娇用刀将其中一人刺死。信息发布后，网民纷纷提出质疑：逼迫邓玉娇提供特殊服务，邓玉娇反抗无果将其杀死，理应属于正当防卫，怎么会是故意杀人？迫于舆论压力，警方更改信息，将“特殊服务”改为“要求异性水浴服务”；“按倒”改为“推坐”。这样一改，结果事情闹得更大。央视的调查显示，认为邓玉娇是正当防卫、应无罪释放的人占了92%，他们认为，面对暴力强奸，被侵害人有无限防卫权。后来，北京有一批妇女全身穿着白布躺在地上，身上写着“邓玉娇的今天就是我们的明天，抗议”。律师、记者纷纷到当地去采访，事情越闹越大。最后，法院判决邓玉娇构成故意伤害罪，但因属于限制刑事责任能力，又有自首情节，免除刑罚。这个案例说明，政府也好，媒体也罢，在发声时一定要准确无误，用事实说话，以免引起麻烦。

4. *即便没有错也要正确对待舆论监督*

有些人觉得“身正不怕影子斜”，自己本无错，可以与舆论强硬地抗衡。2012 年 5 月 26 日，深圳发生了一起飙车案，驾驶者因飙车撞人致死。肇事者很快自首了，然而死者家属却怀疑他是顶包的，尽管警方辩护说其并非顶包，但死者家属和媒体还是不断提出质疑。最后证明警方的判断是对的。但这并不意味着媒体的质疑出错，原因有四：第一，当时警方不太配合媒体，媒体不明真相，故存有猜疑。第二，有死者家属指出案件疑点：该男子跟事发当晚送入医院包扎的肇事司机不是同一人。第三，警方的结论下得太早，证据不足。第四，顶包事件频发，难免引人联想。所以，当时最重要的是把情况弄清楚，把事实公布出来，舆论自然就平息了，倘若一直跟舆论较劲，最后只会越闹越僵。当时这件事闹得很大，有关部门给深圳相关方面打电话，问是否需要帮忙。深圳管网络的领导说希望你们不要删帖，这就帮了大忙了。这个观念是对的，因为当时深圳有关部门也没弄清楚是否有人顶包，所以首先要做的就是弄清楚状况，盲目删帖可能会引来更多的质疑。

5. 回应先掂量一下自己的“底气”

对网络舆论进行回应，要事先做足功课，实事求是，不打无把握之仗。2012 年 12 月，《财经》杂志副主编罗昌平实名举报国家发改委副主任、国家能源局局长刘铁男，指出其“涉嫌伪造学历”“与商人结成官商同盟”等。国家能源局新闻办当天下午便作出回应，称消息纯属污蔑，刘铁男已经得知此事，其本人目前正在国外访问；并表示“正在联系有关网络部门和公安部门，将采取正式的法律手段处理此事”。然而，2013 年 5 月 12 号，监察部发布消息称刘铁男已经被捕。

之所以说这次的回应没有“底气”，原因有五个：第一，刘铁男曾被多次举报，机关干部已掌握了他不少材料；第二，罗昌平在举报前做过详细的调查，举报材料非常充分；第三，国家能源局新闻办在当天下午就作出回应，未经调查便称其为虚假消息，难免让人生疑；第四，刘铁男是国家能源局局长，本单位新闻办说自己的领导没问题，不足以让人信服；第五，回应中特别指出刘铁男正与中央纪委书记在国外访问，这样的回应是很低劣的。

还有一个案件也很典型，湖南集资案主犯曾成杰被判死刑。在“曾成杰案”中，官方执行死刑前未通知家属，引发网民质疑。对此，发布方一开始说国家没有明文规定死囚行刑前要见家属，后来，网民搜出国家相关法律法规，指明死囚在被处决前有权会见家属。发布方于是更改说法，说曾成杰未提出此要求。家属不服，质问法院为何不通知他们，法院答说因为没有家属的联系方式。曾成杰的代理律师也提出质疑：“你有我的电话但为何不通知我?”其实这一切都是官方的借口，实质上就是办案人员没意识到要通知家属和律师。因此，发言时要“三思而后行”，不要打着幌子粉饰事实。

6. 随机应变，适时适度应对

常听人说危机事件爆发后要尽快回应，我不太主张不加区别地“尽快回应”，我觉得应该选择最好的时机回应。一般来说要快，但有的不能快，有些事情都还未弄清楚，太快表态不行，适时适度才是最好的。

2012年暨南大学新闻与传播学院广告专业拍毕业照，学生拿出牌子，上面写着“求关注”“求人肉”“求你妹”“求强奸”等。《南方日报》官方微博发文，称“暨南大学学生校门前留影，重口味的标语，诉说的是清纯的青春”。这篇报道是比较正面的，但后来这件事却演变成粉丝之间的论战。再后来，意见领袖也纷纷表态。有位叫“梁幕天”的网友发表言论说：“求强奸、求你妹、求推倒？现在大学毕业生毕业照过分追求标新立异，有点过了。”著名作家、评论家刘仰说：“我若招人，此大学毕业生一个都不要。此大学将被列为黑名单。”网上有人跟他争论，刘仰反驳道：“对某大学毕业照片说了两句不中听的话，招来不少年轻人不满。一些天真的孩子说这叫自由、创新等等，还说本人没资格当老板。我想对这些小朋友说：在我眼里，老板算个屁。只有低俗的老板才会看上你们这些低俗的学生，你们标榜的创新，大概也只能是低俗的。如果你们不意识到这一点，你们的一辈子都将没戏。”这一来引发了更多人参与辩论，辩论到高潮的时候，刘仰突然宣布“休博五天”，然后舆论就慢慢降温了。

事件发生后，有关部门高度关注，要求学院作出回应。学院领导班子首先组织舆情分析，认为：第一，舆论已渐渐平息，现在是网民之间的辩论，不是跟暨南大学新闻与传播学院的辩论。第二，关于怎么定性的问题。很多人对暨南大学不了解，这里的学生50%是侨生和港澳生，思想比较活跃、开放。外界也不知道这里讲的“强奸”其实是广告专业的行内话，意即“强奸创意”，就是说你把我的作品改得乱七八糟，这是强奸我的创意。而“求强奸”，就是说尽管把我的作品的创意改了，但还是希望能被采用。由于话语给人低俗的感觉，外界又不知道这其中的含义，尽管舆论已经降温了，学院还是要表个态。最后，常务副院长做了表态，他发微博说：“你们即将毕业了，踏入社会。在此之前，作为老师，我们想说，我们鼓励创造、鼓励活力、鼓励昂扬向上、鼓励包容、鼓励成长，我们希望成熟、希望睿智、希望责任、希望担当、希望求精求胜，想当年我也曾年轻过、冲动过、狂野过，也是沸腾过，我们已经走得很远，我们不曾后悔过。”他写得非常好，文字很优美，也带一点批评。微博发出后效果很好，舆论很快就平息了。

第二讲：各国政府公共危机管理及新加坡经验

主讲人：周兆呈

主讲人简介

周兆呈，南洋理工大学博士。现任新加坡联合早报网主编兼早报《新汇点》主编，资深国际媒体专家、时事专栏评论员。擅长研究媒体传播、危机管理与公共政策以及媒体政治与传媒经济。代表作品有：《语言、政治与国家化：南洋大学与新加坡政府关系（1953—1968）》（专著）、《两岸三地　点到为止——站在新加坡　观察中港台》、《新加坡中华总商会百年特刊》、《一千两金——新加坡华裔富商的传奇人生》（编译）。

兼任：南洋理工大学南洋公共管理研究院客座副教授、上海交通大学人文艺术研究院客座教授、广东外语外贸大学新闻与传播学院客座教授、美国杜克大学 Sanford 公共政策学院媒体研究员（2011）、南洋理工大学“当代中国”硕士课程学术委员会委员、南洋理工大学中华语言文化中心特邀研究员、新加坡亚洲研究学会会长、新加坡国民融合理事会社区及媒体委员会委员。

每个地方政府都相当重视公共危机，因为网络时代和新媒体的冲击让公共危机面临新的挑战。我先从三个个案来引入今天的主题。

案例 1：中国武装部官员丑闻上华尔街日报网首页

2010 年，广州某区武装部的一个官员在飞机上和空姐发生冲突。事后很快就引发了中国社交媒体的诸多评论。

谁是谁非我们暂且不论，但事件产生的影响不容忽视。在 2010 年 9 月 3 日，该武装部官员的照片登上了美国华尔街日报网首页。其标题是“殴打空姐让中国官员蒙羞”，其中有一段文字介绍说：“在现代网络社交时代，就算你和军方关系再硬，也挡不住民众对你粗鲁暴行的口诛笔伐。”

从华尔街日报网页的新闻处理来看，这位官员的新闻放在了比奥巴马的新闻更重要的位置。可见美国媒体对中国网络世界里发生的热点新闻的关注。

案例 2：美国媒体引用关于“温州动车事件”的微博评论

温州发生动车事故的时候，美国媒体也把目光聚焦在中国的网络世界中。

在温州动车发生意外之后的第二天，微博上有个时评人发帖说：“中国请停下你飞奔的脚步，再等一等你的人民，等一等你的灵魂，等一等你的道德，等一等你的良知，不要让列车脱轨，不要让桥梁坍塌。”

这段话其实不是批评动车事故本身，而是借由动车事故，对整个社会发展的速度和模式进行一些反思，引起了很多人的共鸣。第二天，在美国《纽约时报》报纸的头版，美国记者把这段话的全文翻译成英文放在关于“温州动车事件”的报道里。

这提醒我们一个很有趣的现象：任何一个地方发生的事件引发的舆论反响，虽然有着语言和地理的障碍，但是在网络时代，这种障碍已经被打破了。你以前是想象不到美国《纽约时报》可以在中国发生事故的第二天，就迅速地把中国民众的反应刊登在报纸上的。

案例 3：社交媒体动员抗议活动

2013 年春节的时候，新加坡政府发布了一个关于未来十五年的人口的白皮书，对新加坡未来的人口进行规划。其中引起新加坡人关注的一个点是，到 2030 年，新加坡的人口规划参照预计要达到 690 万左右。新加坡人口数量目前是 530 万，也就是说，平均一年要增加将近十万人口。新加坡民众觉得人口数量增加太快了，所以一些人反对政府的这一政策。

人口白皮书发布之后，有人迅速地在网络上动员，向政府说“NO”。很快地，2 月 16 日，在新加坡的芳林公园（靠近牛车水）有人举行集会并发表演说。

发表演说的人，没有得到主流媒体的报道支持。报纸、电台、电视，没有在事件发生之前对其进行报道。运动或抗议活动的组织者完全是通过社交媒体，包括 Facebook、Twitter 这样的方式，在短短的几天之内，动员了数千人去参加这样一个抗议活动。

从上面三个案例可以看出，新媒体已经成为一个跨越地理、跨越语言疆界的利器。这使得地方议题可以迅速成为国际关注的焦点，而成为焦点之后，它反过来会影响政府处理议题。而且，新媒体也可以成为组织、动员社会运动的非常有效的载体。怀有任何政治立场、社会背景的人，都可以借助这样的平台，参与讨论，使得社会的地方议题迅速发酵。

而在这样的情况之下，对于政府的应对、沟通能力是一个很大的考验。如果你没有办法用新媒体思维，没有办法用新媒体的政治生态、社会生态来应对的话，就会在应对的时候出现很多的被动。

我要跟大家分享的“政府公共危机管理”主要包括三个部分：第一部分是公共危机和政府作为，第二部分是公共危机和传播应对，第三部分是网络时代和公共危机的关系。

一、公共危机和政府作为

（一）公共危机和突发事件

很多人会把突发事件和公共危机等同起来，但其实两者是有差别的。

当突发事件出现的时候，要达到公共危机的状态或程度，是有不同的等级和层级的。并不是每一个突发事件都会成为公共危机，并不是每一个突发事件都会给政府或者是应对的部门带来很大的被动。

因为突发事件有突发性的特点，不能单独归因。

（二）公共危机演变的层次

有些时候突发事件未必会成为公共危机。但如果处理得不好，它就可以演变成公共危机。公共危机演变的层次分为：从“事件危机”到“信心危机”，再到“稳定危机”“政治危机”。

我举两个例子，大家就容易理解公共危机演变的层次了。

案例 4：互联网与“茉莉花革命”

2011 年，中东发生了“茉莉花革命”。它最初的引爆点是在突尼斯发生的一起很小的事件：突尼斯一个 26 岁的青年在街头摆摊，被警察粗暴对待。这个年轻人采取了非常极端的做法——自焚。这起事件引起了突尼斯民众的强烈反应，使一个很直接的事件变成了“事件危机”。

突尼斯的民众集中游行、示威、抗议，要求政府负责。突尼斯时任政府因为这次社会运动倒台。政府倒台之后，引发了突尼斯的政治运动。

这是一个很典型的从“事件危机”到“信心危机”，再到“稳定危机”，最终形成“政治危机”的过程。

案例5："甘肃校车事件"和中国驻马其顿使馆送校车

中国的这个例子没有达到从"稳定危机"到"政治危机"的地步，但是它是由一个交通意外事件变成对政府强烈批评的事件。

2011年在甘肃，因为校车超载发生交通意外，10多名小孩遇难。这起事件最初体现为"事件危机"。但是，在舆论里就引发了"信心危机"——对校车安全的信心危机。事件发生后，很多省份都在调查自身的校车是否安全。

本来到了"信心危机"就已经告一段落了，但很不幸的是，在那个时候，中国驻马其顿的大使馆非常高调地向马其顿当局捐赠了23辆优质校车。

国际援助是一个大国非常普遍、非常普通的行为，经常发生。但是这个时间点没选好。在中国的舆论正在沸沸扬扬地讨论校车安全的时候，在讨论中国自己乡村的孩子没有得到基本的交通安全保障的时候，外交部门把它当作自身的政绩，高调地举行了这样一个仪式。这个新闻传到国内，马上使得中国的外交政策、中国的外交部、中国的教育部和其他相关部门，受到民众强烈的质疑和批评。

这个事件从"信心危机"演变到"稳定危机"，或者说是形成了"政府照顾民众与否、是否足够"的危机。所以，事件演变是有不断的层次的。

（三）政府作为与公共危机的关系

在讨论政府公共危机管理的时候，我们需要改变一个想法：只有事情发生了，才需要公共危机处理。往往很多时候，一些可能产生危机的现象或事件，是可以在日常作为中，尤其是政府作为中，把它消弭或削弱的。下面来说明政府的开放程度和危机的关系。

过去：反比关系。在以前封闭的时代，政府越封闭、越保守，它应对危机的能力就越强。因为政府可以把信息控制住，所以应对危机、调动资源、控制舆论就做得非常到位。

现在：正比关系。现在，放眼全球，大概只有朝鲜一个国家可以做到政府完全封锁消息。国家或者政府平时越开放、越开明，它应对危机的效果就越好。因为这里面涉及公信力的问题，公信力是在日常生活中建立起来的。

我想举几个国家和地区的例子。

案例6：社交媒体联系美国总统

白宫网站的"Engage"和"Connect"，是让普通的民众与白宫进行接触和联系的平台。进行接触和联系的还有网络平台和社交媒体，包括Facebook、Youtube和Twitter等社交媒体。你可以自动地订阅信息，这是一个直接通过平台建立联系的方式。

案例7：白宫发布总统每日行程

在美国白宫的网站上，任何人都可以查到当天奥巴马和拜登（副总统）的行程。写有“open press”的，就是开放给媒体的、公开的行程。

以前有中国的官员朋友和我说，这个在中国不太容易做到。这其实涉及机制的设计问题，就是你有没有给它提供渠道。

案例8：白宫网站请愿

在白宫的网站上，有个“请愿”的平台。任何人都有权利在白宫的网站上发动请愿，请愿一旦超过十万人支持，白宫就会进行调查和分析，并给予答复。所以在白宫的网站上，经常可以看到各种各样的请愿。

再来看看英国和中国台湾。英国的唐宁街十号（英国的首相府），同样也有这样类似的设计。中国台湾地区，在它的“总统府”的网站上，马英九或是其他领导人的行程都会公布出来。

这里面要传递什么样的信息呢？它不在于是否真的需要民众知道他每天做什么，而是要传递一种姿态：我是开放的，你可以随时知道我在做什么。

再以新加坡为例。新加坡除了同样设立政府网站之外，政治人物还会通过媒体平台树立亲民的姿态。这样能帮他和民众之间建立亲近的关系。新加坡总理李显龙开设了自己的Facebook，他经常主动地上传一些图片。可能很多国家总理、总统是不会带手机的，他们的手机通常是秘书拿的。而李显龙自己拿手机，他看到合适的、好玩的、有趣的就会拍下来。

案例9：李显龙在微博发投篮老太太的故事

李显龙在选区遇到一个每天早上投篮的老太太，他觉得这是老年人锻炼、保持健康生活的好例子，所以他拿出手机来帮她拍照并上传到微博上。

案例10：李显龙在Facebook上发玩具熊猫的照片

2012年新加坡跟成都借了两只熊猫，所以新加坡热门的话题就是熊猫。李显龙到四川去访问的晚宴上，主办方把几只熊猫的玩具放在桌子上，李显龙就用手机拍玩具熊猫。随团的英文报和中文报的记者都拍下了这个镜头，第二天都不约而同地刊登在了各自报纸的头版上。

他知道现在新加坡最关注这个话题，把这张照片发到 Facebook 上后，民众可以感受到他作为总理，看到新加坡人喜欢的东西会跟民众分享的亲切，他传递的是这样一个信息。

这是一种日常的作为。当这样的政治人物遇到危机的时候，他站出来跟民众说“其实我们面对和处理都是按照什么样的方式来进行”，“我们是一种开放的、透明的方式”……的时候，老百姓是相信的。他不是一个平时你根本见不到他在做什么，然后突然告诉你说“我们是开放的、透明的”，“我们做什么，你都可以相信和支持”的人。

案例 11：新加坡的副总理参与社区活动

新加坡的副总理张志贤跟他选区的居民都非常熟悉，遇到人都会很热情地打招呼。他会和选民一起跳舞，这是一种很自然的相处方式，可以参与到民众的活动中去。

日常作为能树立政府或者政治人物的公信力，是拉近政府和民众之间距离的非常重要的方式。

（四）善用非政府组织处理公共危机

政府不是万能的，政府做不了所有的事情。如果所有的事情都由政府来做，看似是一个大政府、小社会，但是你所承担的责任跟危机压力是非常大的。

新加坡政府非常巧妙地鼓励非政府组织和慈善团体的发展，因为它们可以帮助政府解决很多政府没有办法解决的问题。

案例 12：NGO（非政府组织）提供免费伙食消戾气

新加坡有一个团体叫“佛教居士林”，每天提供免费的早中晚三餐。所有的人，不论种族、国籍、年龄、宗教信仰，只要你有时间，就可以去那边吃。去的主要都是在新加坡工作的外国客工，他们每天至少可以省十元新币（五十元人民币左右）。

对宗教团体来讲，他们是在做慈善；对政府来讲，从社会治理和社会管理的角度而言，这种行为帮助了外来人员解决在当地生活的一些困难，帮助他们降低生活成本，也帮助他们消除了“戾气”。“戾气”是一种对社会不满的情绪。当一个人在社会中处于边缘、弱势地位的时候，他对社会总是充满了抱怨的。在这个时候，有任何一个机构、团体，哪怕是个人，能够给他一些温暖的关注，他下一步的做法和行为其实是不一样的。新加坡很多慈善团体就帮助政府解决了这一问题。

案例13：巴士纵火者陈水总事前绝望无人扶助

“厦门巴士纵火案”的当事人陈水总，在他感到最痛苦、最绝望的时候，没有一个民间团体或者慈善团体对他施以援手。在这个时候，哪怕是一个普通人，给他一些温暖的问候的话，我想都可能会改变他的决定。

案例14：慈济救援台湾大地震比政府还快

慈济是台湾的证严法师在花莲创办的慈善团体。在很多重大社会灾难发生的时候，慈济总是最早地动员、及早地赶赴现场，而且动员的速度比政府还快。

台湾“9·21”大地震的时候，慈济的义工比台湾政府的消防人员和军人更早到达地震灾区。因为它已经建立起一套井然有序的机制，一旦发生意外的时候，不需要动员，慈济的义工就会自动把已经准备好的所有的行李、所有的救援物资和医药物品直接打包赶赴现场。

而政府动员需要烦琐的程序，层层上报，上级决定，再去实施、动员、调配资源，速度缓慢。在这种时候，慈善团体或者一些非政府组织的积极参与，能有效地帮助政府处理公共危机。

我要强调的一个观念就是：公共危机的管理和处理，不是一个事到临头才做的决定，很多时候是要在政府日常的作为当中树立这样的一个意识，然后去消除很多潜在的、易引发危险和危机的苗头。

二、公共危机和传播应对

（一）媒体想要的新闻

当公共危机发生的时候，最难以避免的是媒体的参与和关注。因为新闻机构认为，反常才是新闻，正常就不是新闻了。有一句经典的话——“狗咬人不是新闻，人咬狗才是新闻”，就是反常的意思。另外依据英文所说的“Bad news is good news”（坏消息才是好新闻），消息越坏，新闻的爆炸性就越高。

（二）媒体关注公共危机事件的原因

媒体会特别关注可能引发公共危机的新闻事件的原因主要有三个：

第一是满足公众的好奇心理。

第二是满足公众自我保护的需要。很多事情是跟民众的切身利益挂钩的。比如说食品安全问题，如果某一个品牌的奶粉出了问题，虽然可能是在遥远的东北黑龙江发生的，但是广东的民众同样会关心，因为这涉及其自身的利益。

第三是整体公民社会发展的必经阶段。任何事情发生之后，作为一个社会的公民，他都会意识到知情权——“我有知道的权利，虽然跟我没有直接的关系”。

（三）利用媒体作传声筒

在面对媒体的时候，很多新闻发言人和负责发布信息的人，往往会觉得现在没有进一步的消息、没有详情，不愿意对媒体发声、进行说明。但是，新闻媒体一旦参与到这个事件中，不管有没有当事人，或者有没有当事的政府部门的声音，它都是要报道的。

当你被某一个媒体联系上的时候，如果你以为拒绝发表任何的意见，对方就没有办法报道，那你就错了。因为他照样可以说“截至记者发稿时，没有联络上相关部门的负责人”或者说“记者联络上相关负责人，对方只说了一句‘我们现在没有任何的详情’，就‘嘭’一声挂掉了电话”。这个是事实描述，但是你可以想象，读者看到这句话后，会产生什么样的判断？

当你面对负面报道的时候，如果不去发表你的言论，媒体就只能采纳在你看来是所谓的“谣言”的那个部分。这是一种排挤效应。

在处理公共危机传播的原则里，政府应该既是处理责任的主体，也是发布信息的主体。因为当政府发布信息的时候，媒体必须选取你发布的信息作为它的信息来源，从而会自动排除其他的信息来源。

案例 15：白宫线老记者也是“传声筒”

我给大家举一个例子。美国广播公司有一位非常资深的记者，退休的时候，他总结自己在白宫新闻报道领域的一些心得，他说，在跑白宫新闻的这么多年里，有三分之二的时间都在作白宫的传声筒。

美国是所谓全球新闻最自由的国家，在那里新闻有《宪法》保护的“第四权力”。为什么这一位资深的记者却说“我过去三分之二的时间都在作白宫的传声筒”呢？因为他总结发现，他每天报道的新闻里面，大部分都是在直接地传播或者是引述，或者是重新表述白宫发言人的说法。

在这个程度上，他承担了白宫的传声筒的角色，没有办法去做更多的深度加工。白宫每天都举行发布会，发言人会针对全球各种各样的议题回答各国记者的提问。在这个时候，因为政府有话讲、有观点，所以媒体就会去引述政府的观点。其实这是一种正常的政府和媒体工作的生态。

（四）确保政府公信力

“政府公信力”要如何实现？很多时候在具体操作过程当中，会遇到各种各样的问题，包括体制的问题、新闻发言人自身角色的问题（新闻发言人并不是一个机构的拍板者、决策者）。很多时候领导要求“这个最好不要谈”，或者是将这个事情“冷处理”，“你只要帮助我不要把这个新闻见报”，通过传统的手段或方式使得事件低调处理。虽然这也是新闻危机公关处理的一个方式，但是这种方式并非对所有情况都能够奏效。往往封锁会产生一些事与愿违的效果，你越是遮盖、隐瞒，越会丧失公信力。

案例16：“北京暴雨事件”中死亡人数发布遭质疑

我举一个例子，在两年多前北京发生的暴雨事件里，死亡人数一直是大家关心的问题。当时北京市政府的发言人公布的人数被有些媒体质疑“这个人数是不是真的”。当时发言人说了一句话非常到位，他说：“我们北京，是吃过瞒报的亏的。你认为我们还会瞒报吗?”这个是很有说服力的说法。

但后来在涉及具体人数的时候，因为当时北京正值换届，处理这个事情有些敏感，人数迟迟没有公布。在一场新闻发布会上，发生了政府跟媒体之间的冲突：本来预定要发布数据，临时又决定不发布等等。

这个案例显示，最初政府部门获得了媒体的信任，到后来又再次丧失了信任。

政府公布数字的时候，发言人还是可以说一些话的。比如，当媒体继续追问你数字的时候，你可以告诉他为什么不公布。北京那时候受到暴雨灾害影响的伤亡人员主要是在郊区和农村，数据统计起来是比较困难的，需要时间。发言人可以说“我们其实跟在座的媒体或者是所有的公众一样，都不愿意这个数字有任何的增加。但是这个数字我们还在核实、调查当中，一旦有最新的数字，我们会马上告诉大家”。用一种比较带感情的方式，而不是非常生硬的方式拒绝。

（五）公共危机传播的三大效应

从传播学的角度来看，要及时地对外发布信息的原因是突发事件和公共危机的传播有三大效应。

1. 首因效应

“首因效应”，就是所谓的“第一印象”。第一印象是持续最久的。事件一发生，往往就决定了这个事件在公众和舆论当中的印象与判断。

案例 17：误以为楼房爆破是煤气爆炸

举一个例子来说，假如我们发现对面四层楼的楼房突然间爆炸、倒塌，你的第一印象会是什么？煤气管道爆炸、有人搞破坏或者是有人刻意要制造意外事件等。总之，你会从一个非常负面的角度去想。

所谓的“首因效应”是什么呢？我知道事件发生了，就会告诉各位是“煤气管道爆炸”，或者“有人搞破坏”。当各位再去传播，跟你的亲友讲的时候，你也会用这样的方式传播。

第一时间的陈述，包括舆论，也会通过网络发一些消息，也有可能是通过在座的各位发微博、微信传播等。但其实，这件事可能并不是一个破坏行为，它是一个很正常的楼房拆除的行为，跟任何的破坏、意外都没有关系。

2. 加倍效应

当第一印象形成之后，就涉及“加倍效应”。如果你的传播受到传播的时机、手段、传播量等因素的控制而错过了最佳的传播时机，那么，你要想达到同样的效果，就必须付出加倍，甚至更多的努力、成本及代价，才能够实现，甚至没有办法实现同样的传播效果。

就像我上面举的这个例子，如果在座的两百多位朋友每个人把煤气管道爆炸的信息告诉四位亲友，那就是一千多位，一千多位再告诉他的四位亲友，那就是四千多位。结果过了半个小时之后，公安人员赶赴现场确认，这个只是爆破拆除，根本不涉及任何其他问题。

同样地，如果我把更正的消息告诉在座的两百多位，你们再告诉四位朋友，这四位朋友再同样传播到一千或者两千人去更正这样的信息的时候，你要付出多大的时间成本和人力成本？也许还未必做得到。

案例 18：辟谣景德镇医院做手术后取肾

有人在微博发布消息说“有孕妇在景德镇医院剖腹产，结果醒来之后发现自己的肾被摘除了”。有很多人在微博上转发，甚至几位著名的“大V”，也在微博上评论说“这太可怕了，怎么能有这样的事情”。由于很多人没有确认就直接转发或者发表了一些评论，很快地，江西省政府跟景德镇政府、医院进行调查，发现根本没有这回事。事后再进行澄清，包括那几位转发该微博的所谓“大 V”也进行澄清。但是此刻的传播时机跟之前发布时完全不一样了。要想能够完全达到你之前传播的覆盖面是不可能的，伤害已经造成了。

3. 民粹效应

在网络时代里，即便在网络时代之前也都有这样的趋向：问题一发生的时候，民众都是简单地否定一切，直觉地把责任推给政府。事件一出现的时候，大家都觉得肯定是政府的某一个环节有问题。最近在韩国发生“岁月轮沉没事件”时，韩国政府的应对同样遭到韩国民众的强烈批评。这是一种民众很自觉的反应，可以视之为一种心灵疏解的做法。这其实是一个好事，至少他有发泄的对象，至少他愿意来批评。如果他连批评都不愿意，那可能就会直接演变成一种反政府的行为。对于一个社会来讲，如果那样的话，更令人担忧。

（六）危机事件“六 F”原则

我们谈谈危机事件的“六 F”原则。这些原则其实是放之四海而皆准的，核心是怎样把这些原则转化为实际的操作、行动以及实际的政策、措施。

这“六 F”中的第一个是“Forecast”，你要事先去做一些预测。

第二个是“Fast”，反应要迅速。

第三个是“Fact”，要尊重事实，你要在尊重事实的基础上去进行发言。

第四个是“Face”，你要愿意承担责任、敢于承担责任。在事件处理的过程中，如果政府官员或者当事人、处理事情的主体没有任何表示，民众会觉得你根本不把这件事情放在眼里。但是如果很多人很诚恳地进行道歉，或者承担责任，民众就会反过来，觉得“这个人不错，有担当”。民众的心理其实是很反复的，是很微妙的。

第五个是“Frank”，就是要坦诚，沟通要坦诚。

第六个是“Flexible”，要有灵活性，要会变通，不能完全按照程序。按照程序就没有办法进行临场的决断。临场的应对是很考验功夫的一个行为，这取决于你自己有多大的担当、你被赋予多大的权限，你又有多大的能力能把这种权限和担当转化为一种非常有效的处理方式。这个环节有的人就可以处理得很好，有的人就处理得不好。处理得不好不一定是他不对，也许他说“我完全是按照程序的，完全按照《工作手册》的一二三四五来做的”，但是就是不能达到很好的效果。有的人就比较灵活，因为他能够充分了解受众的语言、受众的心理和受众的做法。

案例19：李光耀父子在国会澄清买房事实

多年以前，新加坡的两位领导人——李显龙和他的父亲李光耀买房子，结果市场上就有一些传言，说他们比别人获得了更多的折扣，相当于利用特权。

首先，基本上可以确定的是，他们没有利用特权去换取任何的折扣。有传言他们就要去解释。李光耀和李显龙两个人分别向当时的总理吴作栋当面解释“我买房的经历是什么”。取得总理的认可之后，他们就在国会里面进行说明，总理吴作栋也在国会里面进行说明。

把国会作为一个澄清平台，其实是一个挑战。因为国会里面有反对党，他们是监督你的力量。反对党的成员在国会里面严厉地质询你，会把你每一个交易的细节都放在透明的环节下检验。而李光耀和李显龙父子认为他们所有的交易行为都是经得起检验的，所以他们公开、透明地在国会里面进行说明。

李显龙在国会说明的时候，特意讲了一段话。从这段话里可以看出新加坡领导人处理事情的思维方式。他说：“当我和资政（也就是李光耀，他曾任新加坡内阁资政）发现投机活动的存在，以及有关我们购买公寓的谣言时，我就决定通过发表公开声明来把事情公之于世。如果保持沉默，就会留给民众错误的印象，以为我们有什么不可告人的秘密。”

新加坡的政治人物是没有“公房”的，因为没有分配住房，所以所有的住房都要自己买。不存在公款分房的问题，所以要买什么房是私事，他没有义务去交代。

为什么要这么做呢？李显龙说：“人民行动党所建立起来的高度政治与廉洁是新加坡最宝贵的资产之一。”作为一名内阁部长，他清楚地知道自己要维持廉洁水平的任务，以及给政界及公职人员的正确行为树立榜样，他需要以此建立起自己的道德威信。换句话讲，如果他不这么做的话，大家就会一直猜疑。一直猜疑就会对他的道德威信产生怀疑，产生怀疑之后，当他再要用自己的道德威信去推行一些政策的时候就会受到阻力。他必须看到这样的一个恶性循环。所以他必须要在这个时候用公布自己私事的方式来澄清，以消除外界对他的任何猜疑。

所以这个案例中其实没有发生危机。尽管流言出现在外部的舆论环境之中，但是他仍然很主动地去面对，进行解释和澄清。

案例20：漫画讽刺“越厕”

当然，新加坡也有一些处理得不是很好的例子，以下这个事件里要注意的是：面对不一样的民众，政府的应对是需要调整的。

回教祈祷团在中国被翻译为“基地组织”，就是恐怖团体。这个团体的头目是一个恐怖分子，他在印度尼西亚被抓了之后就被送到新加坡来，关在内部安全局的拘留所里。关在这样一个重点戒备的拘留所里面，你想象不到这个逃犯可以逃跑吧？更何况这个逃犯还是个瘸子。然而，他居然可以“尿遁”，就是借上厕所的机会，通过厕所的后窗爬出去，一瘸一拐地跑出了拘留所。

事件发生之后，新加坡动员了上万名军警在新加坡全岛进行搜捕。那个人确实是一个恐怖分子训练出来的非常厉害的角色。他能够在躲了几天之后，用轮胎，从新加坡游泳游到马来西亚。

但是，即便如此也不能解释或者让大家谅解内部安全局的疏漏。有民众要求内政部长辞职。但新加坡的政府觉得这个其实跟部长没有直接关系，不必用这样的极端方式来解决。

漫画讽刺“越厕”

有一部很著名的美剧叫“越狱”（*Prison Break*）。新加坡有民众就把恐怖分子的照片贴在了《越狱》海报的右边，然后把“越狱”的名字改成了“toilet break”，就是通过厕所逃走。他们用这样的方式来讽刺这个事件。

中国也经常发生这样的事情，民众会用很有创意的方式来讽刺一些做法。这些做法反映的是民众对政府的不满。人们希望能够用这样的方式来提醒你、讽刺你，所以政府应该接受这些信号，理解民众的不满。

到2011年新加坡大选的时候，人民行动党才意识到过去所犯的几个错误给他们带来的教训。在选举的时候，这些过去的不满都转化为选票的流失。那年新加坡人民行动党的得票率是60.14%，是这么多年来最低的。

因此，如果危机处理不好，政府受到的直接损失或者直接伤害就是形象的毁损，公信力的削弱，民众对政府执政力的信心的丧失。

案例21：交通部长乘地铁获网友赞

在危机处理的时候，政治人物或者是领导干部通常都亲临现场。这也许能给政府带来正能量的传播。

2011年底，新上任的交通部长自己坐地铁。有人看到他在地铁上，就把他的照片放到网上，说交通部长坐地铁。这个照片被发上网后，底下有接近一千条的评论和跟帖。基本上是一面倒地表扬这个部长。

大家赞扬他是因为他没有作秀。如果这个照片是由摄影记者拍的，非常清楚的话，很多人就会说这个一定是事先安排的。所以这样的照片，一定要越模糊越好，越不专业越好。如果照片很专业很清楚的话，就像“市长去坐公交车”“市长去扫地”等策划的事件一样，很不好，它需要的是一个很自然的行为。而这种很自然的行为，它未必会产生正能量的传播效果，但是这种传播效果处于不确定的状态，越不确定，它的可能性就会越高。

（七）突发事件中政府的新媒体应对策略

在突发事件的新媒体应对方面，有几点要强调。

1. 专门设立事件处理的信息发布网站

突发事件发生后要让相关人员有内部沟通、达成口径一致的方式。这个方式可以是通过一个电邮群组，可以是通过微信的群组，或者是其他的沟通方式，以确保所有对外发言的人口径一致。如果能够确定唯一对外发言的人最好。有的时候事件处理涉及多方面的部门，就要确保每个人得到的信息背景是一致的。可以设立一个网站，把所有相关事件的新闻和信息都放在一起。

马来西亚处理“马航事件”时，起初这方面做得很不好。每个部门都出来讲话，交通部、军方、空军、海军、民航局都纷纷发声，而且每个人讲得都不一样。不一样就互相矛盾，结果就损害了马来西亚政府自己的公信力。

2. 重视第二现场

我们在应对公共危机的时候往往非常重视第一现场，所有的人都赶到现场处理。但是有的时候会忽略第二现场或者第三现场。什么是“第一现场”，什么是“第二现场”“第三现场”呢？比如说，化工厂发生爆炸，化工厂就是第一现场。那么医院、职工的宿舍、校区等都可能成为事件的第二现场、第三现场。虽然你把第一现场“管理”得很好，但第二现场、第三现场也很有可能成为信息发布的来源。

3. 新闻发言人的发言技巧

新闻发布是为了迅速发表声明，而不是为了打发媒体。在召开新闻发布会的时候，时机、地点、传播规律都要把握好。发布人和发言人的选择也很重要。

发言人的反应、资历和素质其实直接影响到整个新闻发布会的效果。打一个可能不太恰当的比喻，发言人跟媒体的关系其实有一点类似于相亲。记者第一次看到这个发言人，第一次听他讲话，第一次跟他接触，有没有产生一些亲近感，产生一些认同？这些其实就决定了这个新闻发言人能否取得成功（至少在这一部分）。其次才是后面的发言人的技巧、语言、能力、反应等。发言人在应对媒体时的肢体语言、形体语言，还有语言的语气、声调等都非常重要。

案例22：菲律宾处理“香港人质被劫持事件”的负面案例

2014年4月22日，菲律宾马尼拉的市长去了香港赔礼道歉。因为2010年香港的人质在马尼拉被劫持，菲律宾的处理让香港人难以接受。

事情是这样的：在解救人质的重大场合里，菲律宾有名的飞虎队居然是拿着榔头去敲巴士的玻璃来解救人质的。而巴士里面的劫匪是拿着枪的。飞虎队敲了半天玻璃都没有敲碎，结果把劫匪激怒了，劫匪就杀了人质。

在香港人质被杀害的事件里，菲律宾的总统出来面对媒体发言，本来这是一个很好的安抚以及慰问香港民众的机会。但是遗憾的是，这个总统在谈及香港人质被杀的时候带着笑。结果在香港的媒体播出之后，引起了香港民众的反感。为什么在讲这样的事情时你还是笑容满面的？香港民众对菲律宾总统进行了批评。结果后来菲律宾总统解释说，那一笑可能只是“愤怒的表现”，“当开心时我会笑，当我陷入一种非常荒谬的情势时也会笑。这更多的是表达愤怒，而没有其他意思”。但这样的解释很难被人接受，所以这导致香港人那段时间对菲律宾的印象非常差。

4. 非新闻发言人也要有发言人意识

在处理危机事件的时候，尽管有些人不是新闻发言人，（比如，一个公共危机事件涉及公安、消防、其他可能相关的职能部门，每个职能部门都是作为政府的一个体系、一分子在里面），但是他其实也是新闻发言人，只不过他没有讲话，而是用他的行为成为政府的发言人。

每一个人都可能成为整体政府的代表。在“香港人质被劫持事件”中，维护现场的警察大概太闷了，一直守在那里没事干就合影留念。警察站在案发现场的巴士前面互相拍照。每一个警察在这个画面里留下来的形象都是笑容满面的。

而他们没有想到的是，香港媒体那一段时间天天守在案发现场，案发现场的所有活动都被拍了下来，然后拿回香港播放。结果香港人看到菲律宾从总统到警察对此事都是“笑”。难道菲律宾真的是快乐之国吗？快乐到这样的地步吗？所以香港民众就产生了很多的批评和不满。

从这个事件大家可以看出，在危机处理的过程当中，一些细节会影响全局，这些细节有的体现在发言人身上，有的体现在非发言人身上。其实参与事件处理的每个人都有可能成为发言人。

案例 23：记者笑播悲情新闻引众怒

在 2014 年韩国“岁月号”游轮沉没事件里，一个韩国 SBS 电视台的记者直播之前在跟他的摄像朋友讲一些别的事情，他们聊得非常开心，等到播报新闻的时候，该记者就换成一脸严肃的样子，但是，由于导播将他们在聊天的画面播了出去，导致这个记者遭到了韩国民众的强烈批评。

案例 24：韩国高官受灾现场赶人拍照

韩国的高级官员去受灾现场慰问，要在现场拍照，就赶遇难者的家属，说“你们让一下，我们要拍照”。他虽然不是新闻发言人，但他的行为也迅速地成为韩国政府处理这起事件当中的一面镜子，让韩国民众看到韩国政府处理危机时的不当之处，使民众对政府印象大打折扣，所以在处理危机的时候，政府要有一种整体意识。

三、网络时代和公共危机的关系

（一）网络时代的特点

1. 电子阅读时代

到了网络时代，公共危机的发生和它引起质变的可能性更大了。

我们所谓的网络时代的独特之处在于其受众群体的不同，他的语言、交往方式、表达方式是不一样的。当你要去跟他们进行政策的沟通，要让他们了解你在处理一些问题时的一些想法、顾虑、不足和限制的时候，你要用他们的语言、用他们能理解的方式来做。

在全球领域都存在同样的趋势。全世界超过一半的人口不到30岁。其中，美国30岁以下的人口中有96%都加入了社交网络，都在使用Facebook或者Twitter（类似于中国的微博）。

我们再看一些媒体的演变。过去电台出现的时候，它要在全球范围内拓展到5 000万用户渗透规模，需要用38年时间，电视要用13年，互联网用了4年。再看Facebook，不到一年时间，Facebook的用户就超过了2亿。在中国，从2009年到2014年，5年的时间，微博的注册用户已经超过6亿。从2012年开始，经过2年多的时间，微信的用户规模已经超过5亿。这样裂变的规模远远超出我们的想象。在这样一种发展速度之下，你必须要意识到它会带来很深远变化。如果Facebook是一个国家的话，它的人口排世界第三。当然，如果新浪微博是一个国家的话，它的人口也是相当庞大的。

在新加坡，Facebook的用户已经有400万左右。整个新加坡的人口，包括居民和流动人口，一共530万，其中公民和永久居民接近400万。换句话讲，新加坡大部分人口都在使用Facebook。这也是我为什么在一开始就和大家分享那个新加坡民众批评政府的个案，为什么网络能够如此容易动员起来，就是因为成本太低，只要发一个帖子，设置一个页面，几乎零成本，就能迅速传播、动员起来。

2. 网民收入分布

全球网民的分布主要集中在亚洲。到2013年6月份，中国网民数量已经有6亿，手机网民的比例占80%。这就是为什么在中国很多地方发生的社会事件，可以在社交媒体上迅速呈现的原因，因为每个人都有传播的工具。

中国网民的月收入结构也有点意思。2013年，中国网民月收入超过5 000元的只有10%左右。大部分人的月收入都是低于5 000元的。这也是为什么网上有更多的负面声音的原因，因为这些网民本身就不是这个社会体制的既得利益者。如果他们是社会的既得利益者，就不会有多少时间挥霍在网上了。

3. 网络意见可能被操纵

案例25：上千封邮件抗议房价降温

在网络时代，媒体生态里存在一些改变，如阅读方式的改变和信息的碎片化、平民化等。在对新媒体的反思里，要注意网络的声音和意见是可以被操纵的。

例如，新加坡政府出台房地产要降温的政策后，突然收到非常多电子邮件，要求取消房地产降温的政策。房地产降温，哪两个群体是最不满和最不愿意的？第一个是发展商，第二个是已经买了房子的人。新加坡政府收到这么多电子邮件后非常重视，研究结果发现，很多电子邮件的内容都差不多。换句话说，就是大家互相转发。甚至有一封电邮底下还写着“请把这封电邮转给总理和部长们，让他们听到我们的声音”。转发其实是一个非常廉价的民意表达方式，没有任何成本。在这个时候，你还要重视这个民意吗？要很清楚地看到这一点。

案例 26：“8 点 20 分发”

中国也发生了类似事件。2013 年“3·15”晚会上曝光了美国苹果公司对中国客户的用户服务、消费服务做得不好。8 点 20 分的时候，一个香港明星发微博说：“苹果竟然在售后玩这么多花样？作为‘果粉’很受伤。你们这样做对得起乔帮主吗？对得起那些卖了肾的少年吗？果真是店大欺客么。”这句话很正常，但是结尾有一句“大概 8 点 20 分发”。

网友们觉得这个微博很奇怪，迅速进行截屏。搜索后发现，在 8 点 20 分的时候，在业界小有名气的一些人都发了批评苹果的微博。这个香港明星称微博被盗号了，“我没有发过这样的东西”。“你怎么被人家盗了之后就迅速地拿回来了呢？好像也没那么容易。”结果网民分析他是做了一次枪手，别人请他在 8 点 20 分的时候发一条微博。在那个时候，中央电视台已经播了对苹果的批评，希望各方面的意见领袖一起来批评苹果，形成对苹果的围剿。但是这一失误使得这个精心策划的活动功亏一篑。

这种现象叫“人工草皮（astroturf）”，是一种制造出来的民意。虽然看起来很绿，但是人工制造的，要明确地区分。

4. 习惯性批评

网络时代发生公共危机的时候，民众习惯性的批评、质疑和反对越来越多。有些确实是切中时弊、直指要害的，但是，有些只是为了制造众声喧哗或者逞一时之快或纯属意气之争，而且不乏暴力语言、恶意中伤等。政府部门要意识到网络是有这种生态的，叫“习惯性批评”。要习惯这种“习惯性批评”才能真正适应网络的生态。

5. 强烈的分享愿望

再谈谈社交媒体对危机处理的影响。

微博是一个重要的平台，它和 Twitter 有许多共同的特点：第一是移动化，第二是开放化，第三是快速化。它可以迅速地传播，甚至是病毒式地、裂变式地传播，所以很难控制。而且，现在人们使用微博或者社交平台分享的习惯不管在什么情况之下都是很强烈的。

根据新浪的调查，92% 的新浪微博用户都是 80 后或者 90 后。55. 1% 处在单身的阶段，还有 20% 的人处在恋爱中。换句话讲，还没有成家的有 75% 。年轻人成为整个社会运动和社会事件的主体。

（二）网络时代危机应对的策略

1. 不要刻意控制网络传播

网络传播有一个特点就是“不可控”。不要想着去控制它，你越想控制，反而越控制不了。传统媒体是可以控制的。比如本地宣传部发一条禁令，电视台、报纸就不能报道什么，但是外地的媒体你没办法控制，在网络世界里面更难。

案例 27：李光耀去世谣言不攻自破

2012 年新加坡国庆日（8 月 9 号）之前，突然传出谣言说“李光耀去世了”“李光耀已经去世了，而且全国的公务员已经动员了，军队也已经戒备了”等等。

我们知道这不可能是真的，因为新加坡的制度运作是不会瞒报的。李光耀每次生病住院都会发文告，告诉所有的民众他因为什么手术住院。一般的部长、总理也都是一样，这是满足民众的知情权。但是谣言已经出现了，怎么办？8 月 9 号国庆庆典的时候李光耀就出来，出来时穿着红色的 T 恤，所有的报纸都报道说李光耀成为红色焦点。

2. 严防次生灾害

在公共危机事件里，次生灾害也需要注意。“温州动车事故”里，浙江省委书记赵洪祝本来应该出来讲话，但是他那个时候在南美访问，所以在处理的时候，政府发了一条通告 ：“正在国外访问的浙江省委书记赵洪祝打来电话指示要求……”结果网民搜索发现，浙江每次发生重大的意外或者事故的时候，赵洪祝都在国外访问。评论很有意思，有的人说应该禁止赵洪祝出国，因为他一出国浙江就出事。有的人就讽刺说，省委书记那么喜欢出国，那就留在国外当大使好了，不要回来了。

如果你们是赵洪祝，面对这样的网络批评，你要怎么办？你要让秘书告诉宣传部把这个删掉？要去惩处那些制造谣言的人？都不行。你只能够一笑置之。因为你如果把它当真了，反而显出你的气量不够。如果你一笑置之，这些评论很快就淹没在新闻事件当中。如果大家都知道这只是玩笑，但是只有你一个人当真的话，反而有问题，会引起一些连锁的不必要的反应。

案例 28：新加坡政府积极应对“雾锁南洋”

我们分享一下新加坡“雾锁南洋”的危机处理的案例。2013 年 6 月，由于印度尼西亚烧芭，烟雾非常严重，飘到了马来西亚和整个新加坡。新加坡是一个花园城市，空气非常好、阳光明媚。但那几天暗无天日，空气污染指数非常高，可以闻到浓浓的烧焦的味道，这使得新加坡民众的户外活动不能进行，一些正常的生活和正常的社会安排也不得不中止了。老百姓最关心的是“什么时候是个头?”

在这个时候，新加坡的应对方式很直接。总理亲自召开记者会。李显龙召集了国防部长、教育部长、卫生部长、环境部长，坦坦白白、老老实实地跟新加坡民众讲“现在这个烟雾问题，我们能做的有限”。因为源头在印度尼西亚，他不能只是跟大家讲讲“我们要全民一心”的空话。他要告诉新加坡老百姓，这是作为一个小国的弱点，是天生的弱势。

这种做法反而能够激发民众的认同和理解。“我们做不了什么，但是在这种情况之下，我们还是会去跟印度尼西亚协调。要求他们尽快灭火，我们可以提供各种各样援助。”至于“我们自己要做什么”，他承诺，第一，政府免费送一百万个口罩给居民；第二，新加坡人去医院看病，如果是因为烟霾导致的呼吸道疾病，只付 10 元新币，其他所有的费用都由政府来补贴；第三，新加坡政府设立了“Emergency（紧急）101”的网站，“Emergency 101”主动搜集网络上所有的谣言，针对每一个谣言进行回应。

我把这种迅速反应总结为既是一种防卫的方式，又是一种进攻的方式。举行一个及时的新闻发布会，非常有效地消除了民众的疑虑，也有针对性地解决了民众的问题。

最后总结一下，在网络时代，对传统时代行之有效的新闻管理方法其实已经失效了，当我们在面对危机的时候，一定要有一种新媒体的思维，要有新媒体的速度来应对。但是核心其实和传统媒体应对的时候有相似的地方，注重六个字：“事实”“语言”“姿态”。

“事实”，你要基于事实，不能撒谎，不然你的谎言就像滚雪球，要用更大的谎言去圆前面一个本来很小的事情。“语言”，要用新媒体的语言，要用网民或者民众现在熟悉的语言，要用他们了解的语言，要接地气。“姿态”，要用一个比较合适的姿态，当然不必要像外交部发言人那样每次都义正辞严地说“粗暴干涉我国内政”，但是要有一个比较合适的姿态，比较亲和、平和的姿态。

互动环节

1. 问：你提到“善待和善用非政府组织”，我是慈善会的代表。针对这个话题，我想提出的是：如果政府确实在一些问题的处理上有不妥，或者说一些社会公共管理的职能有缺失的时候，让我们的社会组织去擦屁股，这种方式可能反而会引起人民群众的反感。我想知道你是怎么看这个问题的。

答：这取决于两个方面：第一，政府方面如何看待非政府组织或慈善机构的功能；第二，慈善组织如何在具体实施的时候实现它的功能。

民众的思维其实是很简单的，就是要确保他们的基本需求能够得到满足。这个满足的实施对象是来自政府还是非政府组织其实并不重要。比如说，一个家庭非常贫困，需要每个月有固定的津贴，如果这个津贴是由慈善机构提供的，我觉得这个家庭不会有意见。因为他的需求或者困难得到了解决。当然从政府的角度可以去思考：哪些部分是我们可以做得更好的？哪些部分是我们可以充分借助慈善团体的作用来进行的？这并不意味着政府在放手或者鼓励慈善团体进行帮助的时候，政府就彻底地摆脱了责任，这一点是很重要的。

在新加坡也是一样。很多基本的社会援助、社会扶助是由政府实施的。但是政府很乐意看到慈善团体去帮助困难群体，为他们提供更多的资源。政府的责任不会消失，政府还是应该承担。而对民众来讲，他们接受扶助时，其实并不在意这个具体辅助来自哪里。以新加坡的经验来看，民众其实很乐意接受来自各种各样的慈善团体的援助。他们觉得慈善团体是政府社会治理的一个部分，虽然不是政府的直接机构，但是也是政府社会治理的一个体现。

2. 问：政府部门在日常工作当中，怎样去预防公共危机的发生？能不能请你分分类，比方说从哪几个方面入手？

答：公共危机的种类比较多：公共卫生方面、社会安全方面、自然灾害方面，或者是外来危机方面。有些危机你是没有办法预防的，比如说天灾、人祸等。但是每一个政府的职能部门的领域，对于可能会面对的危机，其实是有必要未雨绸缪，去做预防工作的。

比如说，管理煤矿方面的部门可能会涉及很多公共危机，包括用工、劳动保护、收入保护、生产安全等。这些方面其实都可以做一些事先的规划或者是预防。

其实，我刚才谈到的公共危机的政府的事先作为，很大程度上取决于两个层面。第一，作为一个地方政府来说，其主要领导人在他所管理的地区内是否能够得到民众直接的认知和认可是很重要的。第二，具体到政府部门方面，如果用新加坡的例子来讲，新加坡的政治领导人在这方面做得比较多，从总理到副总理到部长，他们日常会跟民众接触，在具体的政策推行之前，他们也会进行非常详细和深入的调研、公共咨询，去了解民众可能的反应。

政府部门和民众的接触相对来讲比较困难。政府部门具体做的时候往往是由一个部门内部安排，很难去跟公众沟通，因为你也不知道会影响到哪些群体。所以往往只有在一些具体的政策方面，可以去做相应的公共咨询，对他们进行一些解释或者说服。

比如“PX 事件”，前段时间，茂名也发生这样的事件。大家可能注意到茂名发生“PX 事件”的同时，新加坡也宣布投产了一个 PX 项目在裕廊岛。此次 PX 项目的地址距离新加坡市区十多公里，但新加坡民众没有任何不满，或者质疑和怀疑。这就是因为之前政府的公信力已经确立起来，包括整个政策的咨询、推行跟对民众利益的考虑等做法。当民众知道你会把这些因素考虑在内的时候，他就会相信政府会作出一个比较符合社会利益的决定，就不会认为这仅仅是领导人的政绩工程。

我记得几年前中国好几个城市发生 PX 项目危机的时候，中国一个媒体来采访“为什么新加坡的 PX 项目就不会引起很大的问题”，我们开玩笑说，其实大家都知道新加坡的总理如果决定了在哪里建 PX 项目，他跟普通新加坡人一样，是不会离开这个地方的。有一些地方会发生问题是因为老百姓觉得你作为书记拍板决定了之后，几年后你就调走了，留下的问题是给当地的老百姓的。而新加坡人就不会有这种认识，因为他们的总理、他们的部长跟普通民众一样，呼吸的是同样的空气，饮用的是同样的水。当然这是一种基于对政府或者政治人物的信任和判断之上的，这个不是一朝一夕就能建立起来的。

我想回到您的问题。具体来说，首先，政府的主要领导人要跟民众进行更多的接触，让民众了解、认知和认可一些事情的做法。当然，不要刻意地去作秀。目的和手段要分清楚，不要因这个目的，结果把手段当作目的，那会引起更多的问题。其次，政府部门在具体制作政策预案时，要有针对性地去做，不需要每一个政府部门都出去面对全民。

3. 问：您分析了目前我们中国大陆上网群体的收入状况，也谈到我们目前民粹主义泛滥的情况。其实从我们日常的新闻宣传工作的实践来说，我们也很认同目前的状况。作为政府部门，我们除了适应“习惯性的批评”之外，在日常工作中有没有更好的办法去化解或缓解民粹主义？

答：坦白讲，不太容易。

从新加坡的例子来看的话，它是一级政府，从中央到地方，它面对的就是这么五百多万人口。但从中国的情况来看，比如说在佛山，你面对的民粹主义其实不是佛山的民粹主义，而是可能发生在不同的省份里面的。中央政府和地方政府所面对的压力和问题也是不一样的。所以如果我们从地方政府的角度来看的话，坦白讲，是做不了什么能够去改变整个中国的民粹主义的。

我想这个可能需要从中央的层面去整体设计，或者进行整体的规划。但是在具体到某一些事件的时候，应对民粹主义的方式就是理性主义。理性主义的要求是，在民粹主义声音出现的时候，要制造、生产能够制衡它的声音。

理性来源于不同群体对于某一个公共事件的参与和表达。比如，浙江前段时间发生了城管和 5 个临时工打人的事件。你可以看到网上一边倒地批评城管。在这个时候，人们往往就是一种习惯性地批评，本身就是一种标签化，一种情绪化。面对民粹主义时，不要期待你可以改变它。你唯一能做的是制衡它，制衡它是什么呢？就是要把自己的声音也传递出去。这未必是政府的说教，而可能是一个民间的、带有理性思考的声音，这就可能要借助一些意见领袖，借助一些媒体来起平衡和净化的作用。因为在网络世界里面有一个很有趣的传播现象，叫“自净化”，即自己会净化。一些谣言或者是不理性的极端声音出来的时候，会有另外一批声音去制衡它。结果使得受众或者是没有参与到意见表达里面的人做了一个很中性的判断——“原来这方面是不对的”。

新加坡最近也发生了这样一件事情，我可以跟大家分享一下。6 月份是菲律宾的国庆，所以在新加坡居住的菲律宾人就计划在乌节路举办一个大型的活动来庆祝。这个活动在它的网站上发布之后，结果一些比较极端的新加坡人就去网站留言批评说：“你们不应该喧宾夺主，你们是在新加坡居住的菲律宾人，你们不能够在乌节路这样的公共场合去庆祝菲律宾的国庆。你要庆祝就去你们菲律宾的大使馆庆祝。”这样的一种声音出来之后，看似有道理，但其实体现了一种比较狭隘的观念。

李显龙总理就在他的Facebook上批评这样的现象。他这样说："我们作为新加坡人，当我们生活在国外的时候，我们其实期待居住国也是用比较友好的方式对待我们。当我们要庆祝新加坡的国庆的时候，我们也期待他们给我们一个宽容的环境。"这就是同理心，人同此心、心同此理。

李显龙总理发声后，在这个帖子的评论里面，很快就有一大批理性的声音，就在批评、制衡之前极端的观点。

在网络世界里面，为什么我们有时候会感到垂头丧气呢？因为你看到的都是批评的意见，很多理性的声音懒得发言。这是一种"排挤效应"。它是一种聚落式的，或者说是一种抱团取暖的效应。

为什么说有的人会越来越极端？是因为他在网络上发言的时候，没有人批评他。支持他的人都是跟他想的一样的，所以就使得他往这个方面走得越来越远。但是如果有另外一个声音出来制衡他，及时提醒他"你的想法是极端的"，他就会感觉到这个社会还是很美好的。不然的话，如果你整天看到的都是负能量的东西，这个社会还有什么值得你去欣赏的地方呢？

现在我们社会存在的问题叫"网络霸凌"，一些人在网上是很不理性的，见什么人都骂，骂了之后别人不愿意跟他计较，结果就使得他的声音一直在网络上出现。这是需要有人去制约的。如果大家都独善其身，任由这些人去发挥的话，网络就变成这种霸凌的世界。

所以我想，面对民粹主义，其实没有什么可以去改变他们，只有去制衡他们，使得整个社会的声音是多元的、平衡的一种状态。

第三讲：新媒体时代的政府新闻发布与舆情应对

主讲人：朱　颖

主讲人简介

朱颖，女，中国人民大学新闻学博士，复旦大学新闻传播学博士后，现为广东外语外贸大学新闻与传播学院教授，新闻系主任，硕士研究生导师，对外传播与区域发展研究所研究员，广东省高等学校“千百十工程”培养对象。主要研究方向是新闻传播理论、政府传播与危机管理。曾主持和参与多个省部级科研项目研究，目前正主持教育部人文社科研究规划项目1项和广东省社会科学基金项目1项，发表学术论文50余篇，出版专著2部。

一、网络舆情概述

所谓网络舆情，是指公众借助网络渠道对社会公共事务，尤其是社会焦点事件、热门话题所表达的言论、态度以及情绪的总和。

根据中国互联网络信息中心2014年7月发布的《第34次中国互联网络发展状况统计报告》统计，截至2014年6月，中国网民规模达6.32亿，其中，手机网民规模5.27亿，互联网普及率达到46.9%。网民上网设备中，手机使用率达83.4%，首次超越传统PC（个人电脑）整体80.9%的使用率，手机作为第一大上网终端的地位更加巩固。这一改变，对政府而言是一个巨大的挑战，因为这意味着，公众上网进行信息发布将更加便捷，换句话说，网络舆情随时都可能产生并且迅速扩散开来。

（一）网络舆论的特点

《人民日报》（海外版）选取《求是》杂志的相关研究成果，于2011年9月发表了《网络舆论：民意的“自由市场”》一文，较为系统地归纳了目前我国网络舆论呈现的8个主要特点：

1. 非主流性——浏览者多，参与者少

社会主流人群的网络参与度偏低，大多数网民上网很少主动留言、发帖，一是因为很多网站发帖需要登记注册，而发帖、写博客都需要花费时间，大多数网民上网都是忙里偷闲，除了一些不吐不快的议题，一般不会为此耗时费力；二是因为网民上网主要是为了满足新闻浏览、信息查询、通信联络、电子商务、娱乐游戏等需求，对热点事件的关注较为随性，本着一种看热闹心理和旁观者心态。

在网络上参与意识较强、经常留言发帖的群体主要包括两类人：一类是对自己的生活现状不满意的人，网络成为他们发泄不满、宣泄情绪的平台；另一类人则受过良好的教育，有一定的思想能力和文字水平，热衷于评点各类热点问题，批判意识较强，有的已逐步成为网络空间的“意见领袖”。显然，这两类人都不能代表主流社会，也不能反映社会主流舆论。

2. 负面性——批评的多，肯定的少

总体而言，网上各种舆论交锋，常常是负面舆论压倒正面舆论。其原因在于：一是负面新闻、负面事件、负面话题具有天然的吸引力，容易诱发人们的好奇本能，引发人们的探究讨论。二是由参与制造网络舆论的人群的自身因素所致。如前所述，一些对社会有负面情绪的网络舆论参与者往往戴着“有色眼镜”观察社会、解读现实，在网上自由发表各种批评意见成为他们发泄不满的主要方式；而另一类网络舆论参与者则往往把批评作为展示自己“独立思考”能力的主要形式，甚至“为批评而批评”，这是负面性特征形成的重要原因。三是负面舆论场一旦形成，就会自行强化。

3. 非理性——情绪宣泄多，理性思考少

网络舆论通常比较感性化、情绪化、简单化，具有明显的非理性色彩。网民作判断、下结论，往往仅凭个人好恶和直观感受，缺乏深入的思考，也不讲究基本的思维逻辑，网络舆论因此常常充斥着捕风捉影、道听途说、夸大和耸人听闻之言辞，在表达方式上也呈现出偏激、粗俗的倾向，甚至不时出现一味谩骂、恶意攻击的帖文。

4. 从众性——“马太效应”

法国心理学家勒庞认为，在某种特定的条件下，一群人会表现出非常不同于组成这一群体的个人所具有的特点，他们的感情和思想会全都转到同一个方向，他们自觉的个性消失了，形成一种集体心理。网络舆论的这种从众性和跟风效应尤其明显。由议题设置者和先导性意见促成的网络舆论，通常会在短时间内急速传导，形成一种强大的舆论声势，而那些持不同意见者要么不屑于发表意见，要么发表不同意见后很快就会受到议题设置者和支持者的狂轰滥炸。在这种极不对称的舆论场效应下，情绪极端者不断受到鼓励，声音越来越大、势力越来越强；而那些理性、温和的声音不断遭到打压，变得越来越微弱，甚而“沉默不语”。网络舆论因此形成了强者愈强、弱者愈弱的“马太效应”。

5. 扩散性——“雪球效应”

网络舆论的又一个显著特点，是当一个事件和议题产生后，舆论会如同滚雪球般不断衍生、聚合、裂变、扩散，其传播的速度、波及的广度及影响的力度几乎呈几何级数增长。从传播走向看，网络舆论常常由小及大、由点及面，从议题本身所涉及的领域迅速向其他领域蔓延，使得对个别现象、个别案例的关注，变成更广领域、更深层次的讨论，直至上升到整个社会和国家制度层面。

6. 逆反性——挑战权威

网络舆论经常呈现对正统思想观念、主流意识形态的逆反心理，表现出反传统、反主流、反权威的价值取向。这种心态的极端表现，就是对政府政策、官方言论、主流观点、社会精英、富裕人群统统持怀疑态度，怀排斥心理，宁信其错，不信其对，宁信其坏，不信其好；一些有违社会公德的人和事，在网上不但很少受到抵制，反而受到追捧。这种极端化的心理状态，在低年龄、低学历、低收入的网民身上表现得尤为明显。以“范跑跑事件”为例，一个中学教师在地震来临之时扔下学生自行逃跑，是不符合我们传统道德观中对师德的要求的，但出人意料的是，网络上居然出现了声势浩大的“挺范派”，高呼“宁要真小人，不要伪君子”，“灾难来临之时人凭着本能作出反应无可厚非”。

7. 有组织性——“意见领袖”与“网络推手”

总体而言，网络舆论是自发形成的，但也越来越呈现出有组织性的一面。与传统媒体相比，网络具有便捷、高效、操作成本低等特点，理论上说，每一个体都可以用较短的时间、较小的成本和较高的效率制造舆论热点，掀起舆论风潮，这就催生了“网络推手”这一特殊的网络群体。他们通晓网络操作规则，谙熟大众接受心理，通过设置议题、制造热点来操控网上舆论。人为制造和操控舆论变得简便易行，不仅改变了舆论形成和演变的正常轨迹，也使得挟舆论之名谋取私利的现象有了更大可能性和便利性。近年来，许多被炒起来的网上舆论热点，不少是有组织、有目的地精心策划、精心导演的，其中一些具有明显的商业利益和政治意图背景。

8. 虚拟性——与现实生活的反差

互联网的兴起，为人们在真实世界之外构建了一个虚拟的空间。由于隐匿了姓名、形象、身份等信息，人们在网上就像穿着隐身衣、戴着假面具，可以说自己在现实中不敢说的话，做自己在现实中不敢做的事，与现实生活中的自己形成强烈反差。这种虚拟性，也造成网络舆论与真实民意的反差。

（二）网络舆情的形成机制①

从自发性、分散性的网络言论不断集聚并发展成为广大公众所关注的焦点议题，形成具有一定社会影响力的网络舆情，最终反作用于现实生活，这是一个酝酿、升级、演变的过程。某个突发公共事件发生后，相关个人会第一时间在网络平台上发布信息，敏锐的网络媒介则迅速跟进，大量转载、广泛传播，滚动捕捉事件的最新动态，迅速吸引广大网友的视线。通过网民的热议和争论，逐渐获得社会各界的高度关注，引发更多公众通过论坛、微博或者即时通信工具就该事件表达意愿和态度，从而形成网络舆情焦点。

政府部门的应对是网络舆情焦点到舆情危机变化过程中的关键环节。伴随公众关注度的持续升温，政府部门及相关责任人员若未能及时予以回应或处理不当，则负面情绪和舆论声浪将远远多于正面声音，甚至覆盖整个网络空间，最终导致群体性公共危机事件，比如集体示威、抗议游行等。这将对政府的公共形象造成严重影响，政府执政的合法性基础与公信力遭到重创，形成社会不稳定因素，阻碍社会和谐发展。相反，如果政府部门及其相关责任人员及时回应，适当处理，则有利于控制事态发展，化解舆情危机。

图 1 反映出了网络舆情危机的形成机制：

---

① 以下内容参照吴芸：《我国政府网络舆情应对现状及策略探析》，华东师范大学硕士学位论文，2012 年。

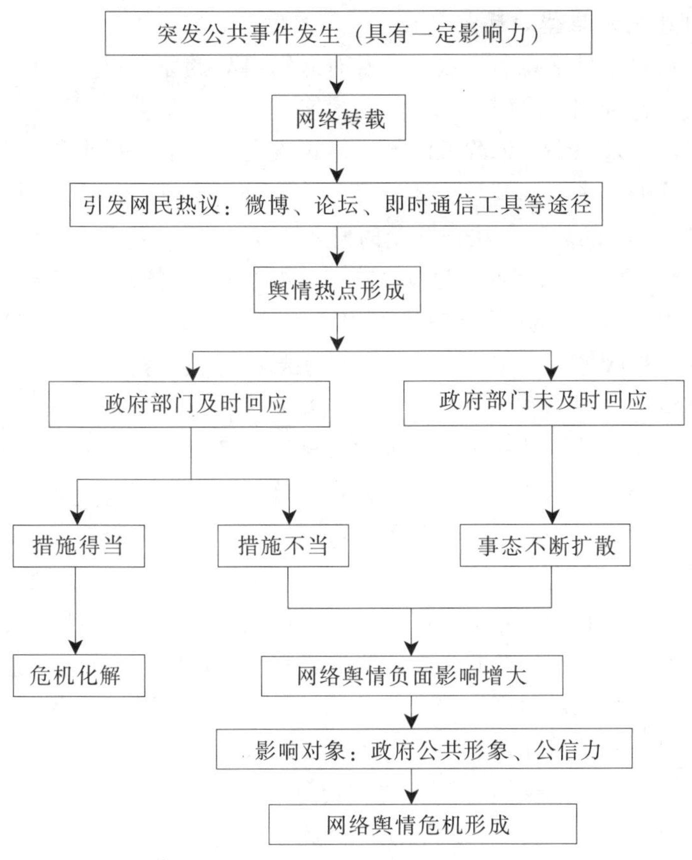

图1　网络舆情危机的形成机制

（三）政府网络舆情引导的意义

1. 正确的网络舆情引导有助于缓和矛盾、防止事件升级

正所谓“冰冻三尺非一日之寒”，重大公共事件是各类社会矛盾长期积累并最终激化的表现。一个危机事件若处置不当，则可能导致一连串矛盾升级、事态恶化。政府必须正确引导网络舆情，及时疏导负面情绪，缓和社会矛盾，防止事态进一步升级恶化。

2. 广泛的社会动员有利于协同合作、营造良好的舆论氛围

重大突发事件发生后，正确引导网络舆情，可以广泛调动各类社会资源，发挥社会组织的功能，在全社会层面尽快形成统一的思想认识，明确处理问题的过程中应采取的措施和可能遇到的困难，快速动员各方力量，及时开展救援和恢复重建工作，为日后政府有效应对突发公共事件以及各方协同合作营造良好的社会舆论氛围。

3. 借助网络媒体的巨大影响力，有效防止类似危机事件的再次发生

突发危机事件平息后，政府应及时总结事故的原因以及处理过程中的经验得失，并利用网络媒体的巨大传播影响力，在全社会层面形成广泛的危机规避与防范意识，消除或降低今后再次发生类似危机事件的隐患与风险因素。比如抗击“非典”后期，我国政府通过电视、网络等媒体广泛宣传、普及 SARS 的防治方法，并及时解答广大公众所疑虑的问题，消除社会公众的恐慌情绪，增强了人们战胜疫情的信心，同时也为我国日后有效防治公共卫生事件起到重要铺垫作用。在之后甲型 H1N1 流感的控制中，政府就很好地吸取了当年“非典”舆情引导的经验和教训。

4. 及时有效地处理问题，有利于塑造良好的政府形象

重大公共事件尤其是灾难性事件给全社会都造成难以估量的损失和影响，对该事件的恐慌情绪也迅速在社会上蔓延。如果政府应对方法不当或延误了最佳时机，导致民众利益受到进一步损害，则公众对政府有所作为的期待将落空，公众支持率和满意度不断下滑，不满情绪也会快速在全社会扩散开来。一旦政府执政的合法性降低并在广大民众心目中达成共识后，之前努力树立、经营起来的政府权威和良好公共形象也会严重受损。

当然，换个积极角度来看，公共危机发生后，尤其是一些不随个人意志为转移的公共事件如疾病的流行等，如果政府能及时控制事态，积极动员所有力量，有效减少损害，成功“转危为机”，那么人民对政府的满意度和信任感就会大大提升，政府便可借此契机建立起良好的公共形象。尤其是危机事件出现前公共形象原来就不太理想的政府，就更应该抓住这个绝佳的机会去积极妥善应对，以挽救、提升政府的公共形象。

二、我国政府应对网络舆情能力的现状分析①

1. 建立新闻发言人制度

我国党和政府已经充分意识到提升政府新闻公关能力的重要性和必要性，纷纷建立新闻发言人制度，不少地区还建立了网络新闻发言人制度。以佛山为例，截至 2013 年底，佛山市网络发言人的成员单位有 236 个（含市级及区级平台），范围包括党政部门、法院、检察院、中央及省属驻佛单位、公共企事业单位等。根据相关规定，佛山网络发言人是一个团队，

① 以下内容参照吴芸：《我国政府网络舆情应对现状及策略探析》，华东师范大学硕士学位论文，2012 年。

而非一个人。原则上要求一个单位的正职或一名正职搭配一名副职，另外搭配 3 名以上网络评论员，外加一名网络主持人，每个单位的网络发言人将形成一个 5 人以上的发言人团队，分受理、回复、处理、再回复四个过程对网民反映的问题进行处理。据 2013 年底人民网对各地的网络发言人平台建设的调查显示，27.2% 的网友认为佛山的网络发言人平台做得最好，排名居于第一位。

2. 各级政府深度“触网”

门户网站：政府上网工程在我国经历了 10 多年的发展，如今已取得显著的成效。早在 2008 年，中央和省级、市级地方政府就都建立起了官方门户网站，99% 的地市级政府和 93% 的县级政府也拥有各自的门户网站，甚至许多街道、乡镇、村（居）委会都在互联网上开通了自己的平台。

网络留言板：党政机关的网络留言板也是畅达民意、了解民情的重要渠道。其中，以人民网开设的“地方领导留言板”影响力最大，截至 2014 年 12 月，网友留言突破了 56 万条，共有 54 位省级领导干部与多位市级领导在留言板上作出回应，并落实解决了近 30 万件公众关心的问题，留言总体回复率为 66% 。

网络论坛：各级政府部门领导日益频繁地现身于各大网站论坛，2010 年，仅人民网社区就迎来了 16 位省部级领导做客访谈，在线解答广大网友关切的问题。2014 年 9 月，珠海市市长何宁卡在论坛上对网友反映的拱北口岸管理乱象问题进行了回复，坦言问题的存在并且表态进行整治。随后开展的整治工作也初见成效，口岸地区各种非法行为得到较大程度的遏制。

政务微博微信：从 2010 年 2 月 24 日开始，广东省及其 21 个地级市公安厅的官方微博相继开通，到 5 月 11 日，全部完成认证并在新浪网上建立起了微博群。广东政务微信规模也在全国领先，从 2012 年开始到现在，覆盖面广，不仅涉及公安、法院、纪委、共青团、政府新闻办等各个部门，而且已经覆盖了广州、深圳、珠海、清远、佛山、东莞、肇庆、江门等多个城市。新兴的微博、微信已经为政府与民众的即时交流、互动搭建了良好的平台。

可以看出，如今我国各级政府部门正积极通过各种网络工具和手段深度“触网”，突破时间、空间的限制。政府信息公开也由传统的“单声道”发展成了互动的“双声道”，社情民意迅速直达政府部门，推动政府公共政策议程不断完善。

3. 网络舆情应对提速，官员问责力度加大

随着网络舆情的社会影响力日益增强，中央与各级地方政府部门纷纷

采取行动，建立了应急反应机制，积极回应公众提出的问题。可以说，近年来我国政府的网络舆情应对速度显著提高。以发生在成都的“‘6·5’公交车燃烧案”为例，事发后短短两小时内，成都市政府就迅速召开新闻发布会，通报相关情况。随后，又一连召开四场通气会，主动回应质疑，追查纵火事故责任，稳定公众情绪，让公众及时了解伤亡和救治情况，引导民意走向，使恐慌和谣言失去生存空间，最终该事件得以圆满解决。

对于招惹民怨、严重背离民意的行为，我国政府也加大了问责的力度。从深圳“猥亵门”事件、“周久耕天价烟事件”到“微笑局长杨达才事件”，一个个公权力人员的违法犯罪行为、违背道德行为被网络曝光，进而被行政问责、免职。

4. 我国政府应对网络舆情仍然存在不足

（1）政府信息公开缺乏自觉与自信：根据 2012 年 4 月我国社会科学院法治国情调研组最新公布的报告，我国政府信息公开工作仍存在 8 大类问题，主要有拖沓随意，语焉不详，数据统计方式混乱多变，以“影响社会稳定”“涉及国家秘密”等牵强附会的理由拒绝信息公开等。以 2010 年 7 月发生在南京的废弃化工厂爆炸事件为例，事故导致 10 人死亡，100 多人受伤。但面对采访记者，江苏某官员竟然厉声呵斥道：“谁让你们直播的?”此言一出，随即引发广大公众和网民的不满和强烈抗议。事发地官员关心的不是当地百姓的生命安危，而是急于逃避媒体，拒绝信息公开。对于涉及人民切身利益的重大公共事件，公众有知情的权利，媒体有报道的义务。一句“谁让你们直播的?”折射出了个别地方政府及其官员对公众权利的蔑视，缺乏信息公开的自觉与自信，在灾难之外又给民众心理增添一分沉重。

（2）网络舆情处理手段单一、经验不足：由于仍处在初级探索阶段，我国政府驾驭复杂突发事件的综合能力总体来说还比较有限，经验不足。首先，动作反应迟缓。其次，处理舆情事件的手段极其有限。面对网络舆情的巨大压力，部分政府除了一味封锁网络、删除信息，别无他法。

一些政府部门可能认为，屏蔽、封锁消息可以避免引起社会恐慌、稳定公众情绪，以便更顺利地开展工作。然而，公众则希望掌握更多、更确切的信息，以了解事实真相。当政府不愿意公开信息或政务公开的诚意受到质疑时，广大公众就会试图从其他渠道获取信息，或结合经验、猜测等方式形成自己的判断。因此，突发灾难性的事故发生后，唯有全面、迅速地公开相关信息才能显示出政府对该事件的高度重视和应对危机的能力。

三、政府舆情应对能力的技巧①

（一）第一时间应对，抢占先机

把握“第一时间”，是信息时代占领舆论制高点的关键。信息时代，信息源众多，信息传播迅速，谁能在第一时间发出声音，谁就能在信息传播中占据先机。一起事件发生后，第一个描述它的信息往往能主导舆论的走向。所以，第一时间特别重要。在公共事件突发时，政府第一时间不能失语，不能拱手将信息引导权相让，而是应该第一时间公开信息，有话早说。这样既满足了公众知情的需要，也可以引导舆论，最大限度地压缩谣言传播的空间，使舆论导向有利于事件的处理。

传统的舆情危机由于受到媒体信息发布内容、程序的限制以及受众面可控性的影响，其爆发周期可以留给政府足够的反应时间。然而，网络传播却具有覆盖面广、速度快、手段多的特点，舆情在网上的呈现与传播已经不再是以小时计，而是以分秒计，基于网络而产生的网络舆情往往更具紧迫性，人民网舆情监察室因此提出官方处置危机事件的“黄金4小时法则”。政府介入越早，越能起到良好的效果，及时控制舆论。但是，随着即时网络时代的到来和信息化程度的不断深入，一件事情通过微博能够在30～50分钟内即成为舆论的热点，等到4小时后再回应和发声已经晚了，“黄金4小时法则”效应渐显乏力，有研究者已提出“钻石1小时”原则②，此原则已为越来越多组织和个人接受。2011年，南京出台了《关于进一步加强政务微博建设的意见》，其中明确规定，对于灾害性、突发性事件，要在事件发生后的1小时内或获得信息的第一时间，进行微博发布。

（二）勇于承担责任，态度真诚

面对舆情，政府部门还必须勇于承担责任，积极改过自新，具体做法是：态度诚恳、言语诚实、行为有担当。精诚所至，金石为开，不回避问题，很多对立冲突都能被诚恳的态度化解和消融；言语诚实无欺，传递真实信息，可以避免次生舆情灾害的困扰；行为有担当，不逃避惩罚，用实际行动改过自新，可以挽救声誉，重树舆论信心。

---

① 以下内容参照人民网舆情监测室：《36计跳出舆论漩涡》，北京：人民日报出版社，2014年。

② 参见蒲红果：《说什么怎么说：网络舆论引导与舆情应对》，北京：新华出版社，2013年。

重点案例分析：四川会理县应对“悬浮视察照”危机[①]。

2011 年 6 月 16 日，一篇题为“会理县高标准建设通乡公路”的图片新闻，出现在凉山州会理县人民政府公众信息网上。内容是会理县县长李宁一和副县长唐晓兵带领县交通运输局等部门，下乡查看通乡公路建设情况。新闻中的照片有着明显的 PS 合成痕迹，三位领导的身影被“抠”了出来，然后被“贴”到了一条公路上面。由于 PS 者技术不高，三人看上去就像是“悬浮”在了空中。

图 2　未修改的原照

图 3　网站刊发的 PS 照

10 天后，这篇小小的新闻在网络上引发了一场轩然大波。6 月 26 日晚到 27 日，该图片在网上被疯狂传播，引发网友热议。有网友评论：“进去一看图片，半升血吐出来了！这样的照片让人一看就知道是 PS 的，他们居然好意思放到主页上去。”“太丢脸了，人都悬浮起来了，PS 技术不过关啊!”在百度贴吧会理吧，还不断有各地的网友发来“贺电”，“祝贺”会理县建成第一条“磁悬浮”公路。会理县一时跃上了风口浪尖。天涯帖子点击量暴涨，跟帖无数，当晚 11 点，有网民发起“PS 恶搞领导照片大赛”，三位“悬浮”的领导被 PS 至各种场景中。随后，围观不尽，“拍砖”不断，口水乱喷，图片被疯狂转载，“悬浮照”事件在两天之内成为全国性热议的网络舆论事件。

① 参见四川在线：《微博大事件回访：四川会理“悬浮照”事件》，http：//news. scol. com. cn/gdxw/content/2011 -12/12/content_ 3212166. htm? node =2856。

图4　网友恶搞的PS照片

（图片来源：百度）

6月27日下午5点，会理县政府办给《华西都市报》传来一份摄影者孙正东写的致歉信。5点22分，会理县政府网在天涯论坛发布了这封致歉信。“由于我县工作人员的失误，在政府网站上发表了一张PS过的照片……会理县政府对于广大网友的关注表示理解，并希望对此事道歉，并澄清。”6月27日下午6点，会理县政府还在新浪开通了首个政府微博，对此事表示道歉，并转发了孙正东的致歉信，公布了PS照片的原图。截至6月27日8点20分，该微博信息已经被转发7 200多次，评论达到2 804条。绝大多数网友对会理县政府的态度表示称赞，还有不少网友表示，会理县积极应对的公关意识值得学习。

会理县处理事件的负责人提及，他们开始想了三个处理办法：一是找网络水军沉帖，二是联系网站删帖，三是正面回复。前两个办法首先被否决。“现在网络这么发达，哪里痛治哪里，咋个删得完？而且一旦再被曝光，就更糟糕。”他们最后定下处理问题的四个原则：①坦诚面对，绝不回避；②第一时间，公布真相；③真诚对话，亲切交流；④有错认错，有错必纠。在实际操作中，当媒体问及孙正东的身份是否为正式政府工作人员时，发言人坦诚相告：孙正东确有其人，而且是正式公务员。同时，在通过官方微博发布致歉声明时，负责人特别交代："不能写官样文章，不能打官腔，比如'严正声明'之类的措辞，一律不用。尽量写出诚意，要真诚，诚恳。这不是公文写作，你需要让别人觉得亲切，别人才会比较容易原谅你，并重新接纳你。这跟为人处世是一样的道理。"

从6月27日晚开始，孙正东在微博上转发并评论网友对会理县领导的各种PS恶搞图片，从中挑选自己认为最喜欢的与网友分享，并表示自己"在加强练习PS技术的同时，还将学习微博操作，以便跟大家介绍会理县"。"听说PS还在继续，会理领导表示鸭梨很大。他们不仅要长时间保持同一姿势处于漂浮状态，还要全球各地的跑……很忙很累的有木有?!""感谢全国热心网友，让会理县领导有机会在短短的时间内免费'周游世界'，'旅行'归来后，领导已回到正常的工作轨道，也希望网友把关注的焦点，转移到会理这座古城上来。会理是座有着两千多年历史文化的古城，也是古南方丝绸之路的重镇，看看'@阿卓志鸿'镜头下的美丽的会理吧，绝对没有PS哦。"

县政府工作人员，而且是一个刚犯事的工作人员，公开拿县领导调侃，网友在意外的同时，对会理县的印象也发生了改变，称孙正东"用轻松幽默把PS事件逆转了"。有网友表示，会理县这几个领导做的是一次"真正有智慧"的公关，会理县政府及当事人迅速开微博道歉、承认错误，会理县"老大"似乎也没怪罪技术粗糙的小伙计，而且放任他在微博里兴致勃勃地与网友互动交流哪个PS图更好玩，顺便还推销了一下会理县风光，高明！到6月30日，会理县因为"悬浮照"一事引发的质疑和恶搞已经逆转，大多数网民开始认为会理县领导对于此次舆情事件的处理较好。而且本来名不见经传的会理县居然一图成名，县政府甚至开始利用微博宣传会理县的旅游业了。关于"悬浮照"的舆论也逐渐平息[①]。

（三）做好新闻发布，统一口径[②]

危机传播管理的核心是新闻发布。新闻发言人在危机传播管理中及时、准确、全面、权威地发布信息，有助于公众了解危机真相，避免相信传言和谣言，进而拥护、支持和配合政府处置危机；有利于政府驾驭舆论，稳定局势，进而迅速、妥善地处置危机。

危机传播管理中新闻发言人在组织召开新闻发布会前必须先搞清楚三个问题：媒体想知道什么？你想让媒体知道什么？什么样的信息会成为媒体上的新闻？接下来的事情便是调研舆情、确定口径和包装信息等。危机

---

① 参见石国亮、李培晓：《现代领导媒体素养》，北京：国家行政学院出版社，2013年。

② 参见魏超、陈清华：《危机传播管理中的新闻发布研究》，《江苏社会科学》2011年第4期。

传播管理中的新闻发布步骤通常是：

1. 研判形势，确定发布主题

在危机处置的过程中，对国内外舆情进行跟踪、分析和研判是新闻发言人每天必做的功课。如国内外舆论对危机和政府举措的正面的看法有哪些？负面的看法有哪些？近期又可能出现哪些看法？哪些看法对我不利，必须澄清？哪些虽然对我有利，但不宜炒热或过分炒热？哪些对我有利的看法被我忽视了？这些都需要新闻发言人经常跟踪、分析和研判。否则，新闻发言人在新闻发布会上或接受采访时既不知道记者会问什么，也不知道怎么回答才好，进而陷入尴尬的境地。在研判形势的基础上，新闻发言人的主要任务就是确定新闻发布的主题。衡量危机传播管理中的新闻发布的主题好的标准是既要有高度，又要有新闻性。

2. 核实真相，进行问题预设

在召开新闻发布会前，新闻发言人要对危机真相的准确性进行反复核实，对那些目前无法确认的情况和材料，暂时不能告知媒体和公众，否则会带来更大的麻烦。

在进行新闻发布前，新闻发言人还应多次与助手召开新闻发布准备会，让助手模拟不同媒体、不同记者，根据危机新情况、新动向，设计问题并向自己提问，从而根据这些问题，与助手共同研究最佳回答方案。

对危机处置过程中新出现的需要有关部门提供新的表态口径的问题，新闻发言人助手在新闻发布准备会结束后应迅速向有关部门散发问题清单，并限定有关部门在规定的时间内协助提供相关问题的回答方案。

3. 确定口径，准备背景材料

无论新闻发言人对新闻发布的内容多么熟悉，都要事先准备好回答口径。特别是要对敏感、热点问题应事先编好回答口径。对敏感问题的回答口径，常需要事先请示上级同意或与其他部门会签；对跨部门问题的答问口径一般需要事先与有关部门协商确定。答问口径一定要简洁、明了。

此外，新闻发言人要准备好相关的新闻背景材料。由于受时间限制，新闻发言人在新闻发布会上不可能将所有想讲的话全都讲出来，尤其是一些解释性的背景材料，虽然不是记者最感兴趣的，却是记者写报道非常需要的。因此，新闻发言人最好事先让助手准备一份与危机新闻发布内容密切相关的书面背景材料，在新闻发布会现场发放给记者，以便记者能对危机事件进行准确的报道。

此外，除文字材料外，新闻发言人还要事先准备多媒体视频、电视短片、录音、图片和幻灯片等，以便在新闻发布会上能更直观地发布自己想发布的信息。

4. 联络媒体，进行新闻发布

危机传播中新闻发言人应根据危机性质、发布内容和希望达到的发布效果，确定参加新闻发布会的媒体和记者名单。新闻发言人助理应主动联络并及时受理国内外记者的采访申请，并向记者提供相关信息。对获准采访的记者，既要尽可能提供服务和方便，又要加强引导和管理。在联络媒体和记者时，新闻发言人还要及时就是否安排电视、广播或新闻网站现场直播，如何落实对国内中央和地方媒体的报道要求，如何施加对境外媒体的积极影响等问题做好事先安排。

在危机发展过程中，新闻发言人应按照领导批准的危机新闻发布方案，站在政府的角度，代表公众利益，召开新闻发布会，发布危机真相和有关信息，解释政府举措，回应多方质疑。根据事件的进程，政府还有必要召开多场新闻发布会，或者进行滚动新闻发布。

除召开新闻发布会外，新闻发言人还可以用新闻通报会、吹风会、发放新闻通稿、应约接受记者采访、口头或书面或电话或电子邮件回答记者提问等多种形式进行新闻发布。此外，利用政府官方网站、政务微博微信、手机短信等新媒体进行新闻发布，也是有效的做法。

5. 评估效果，完善发布预案

很多人有一种误区，认为新闻发布会结束就意味着整个新闻发布工作已经结束，其实不然。新闻发布会结束后，新闻发言人应尽快组织有关部门和专家、学者，对国内外新闻媒体就此危机事件的相关报道进行全面总结与效果评估，分析各种媒体在此次危机传播管理中对新闻发布的相关内容是如何报道的，报道后的反响是什么，是否达到了新闻发布的预期目的等。这样的做法，有助于总结本次新闻发布的经验教训，有针对性地修改和完善危机传播中的新闻发布预案，为下次危机传播管理中新闻发布的成功举行做好准备。

现在有一些党政部门就在积极推动与媒体和专家的合作，进行新闻发布会的效果评估。广州市在这个方面就做得非常好。广州市政府新闻办近三年来一直委托高校进行新闻发布会效果评估，包括对现场气氛、通稿质量、发言人表现、事后媒体报道、公众评价等环节的评估，提出相应的改进建议。

（四）加强正面宣传，理性引导

舆情危机发生后，政府部门既要迅速给负面舆情降温，又要积极主动地进行正面舆论宣传，通过合理的议程设置，对公众进行理性引导，努力把消极心理转化为积极心理。

以东莞“扫黄”事件舆情应对为例：2014 年 2 月 9 日，央视《新闻直播间》栏目曝光东莞市多个娱乐场所存在卖淫嫖娼等违法行为，《焦点访谈》连续两天播出《管不住的“莞式服务”》以及《东莞扫黄　重拳出击/浓烟滚滚的“无烟煤”》的东莞色情业报道；境内外多家媒体发表深度报道和重点评论，持续关注“扫黄”事件；数百万网民通过微博、社区论坛展开讨论。在这次舆情危机中，东莞市委宣传部采取正面议程设置来应对舆情危机的方法，产生了积极正面效果。首先，将焦点从“涉黄”转移到“扫黄”上，及时发布“扫黄”工作举措、进展和成效，突出宣传东莞“扫黄”行动刮骨疗毒的态度和铁腕整治的力度。此外，用官方微博将“莞式服务”重新定义：“是技术人员的精确”“是快递员的发货勤奋”“是出租车司机的责任”……将舆论焦点转向东莞的经济发展以及不断提高的人口素质和人民生活水平上。借此机会，让其他地区的群众对东莞产生全面的认识，树立严格执法的政府形象和包容、勤劳的城市形象。

（五）借力意见领袖，有效引导

“意见领袖”（Opinion Leaders）这一传播学的经典概念起源于 20 世纪 40 年代。美国著名社会学家拉扎斯菲尔德经研究认为，大众传媒的信息传播存在着二级传播的现象，也就是由大众媒介发出来的信息并不会直接到达每个受众，而是可能被一部分意见领袖先接受，意见领袖经过自己的判断、分析，对信息进行筛选、加工，加入自己的看法、见解，再将这些信息有选择地传达给其他受众，以此影响其他受众对该信息的看法或态度、行为。

在网络舆论中，网络“意见领袖”有着较大的影响力。网络“意见领袖”不是任何网民都可以担当的，他应是有权威、知识储备丰富、信息渠道广、思路清晰、有说服力的网民，也被称为“大 V”。他们在互联网上具有广泛的影响力和覆盖面，掌握着相当的话语权，成为一股不可忽视的传播力量。使用好这股力量，有利于化解舆情危机和引导社会舆论。

面对网络意见领袖，政府一定要有理解和包容之心，对他们偶发的错误言论要及时纠正、适度包容，对他们稍有偏激的思想应积极引导，不能一听到反对的声音，就关闭沟通的管道。政府要主动与网络意见领袖沟通，争取达成共识。

这两年来，部分政府部门展开了一些积极与网络意见领袖互动交流的公关活动。例如，2014 年 7 月份，广东省互联网信息办公室与国家互联网信息办公室联合主办了“粤来粤好——2014 年网络名人看广东”参观采访活动，邀请了来自全国各地的30名网络名人和环保专家，以及来自32家传统媒体和网络媒体的95名负责人，走访广州、惠州、深圳、东莞、佛山、珠海6市，举行市领导交流座谈会6场，参观了包括8个涉环保类项目在内的总共12个重点项目，借力网络名人推进涉环保类重大项目的建设，效果非常明显。

（六）部门联动出击，形成合力

部门联动，就是在危机舆情应对过程中，政府内部各部门之间、政府与社会组织之间或者企业内部各部门之间，通过良好的信息沟通与优势互补，整合资源，联合行动，协调处理危机舆情的运作模式。因为突发公共事件通常涉及多个部门或组织，在舆情应对过程中，也经常需要多部门联合出击，以达到“1加1大于2”的效果。

一般情况下，部门联动有两种方式，即横向联动和纵向联动。横向联动是指与事件有关的多个责任主体之间的协调行动，如食品质量安全类突发公共事件中，卫生、质检、工商、农业等监管部门一起参与处理；纵向联动是指上下级部门之间的联合行动，如省、市、区县多级宣传部门联合行动。多部门联动合作，有效发挥了各职能部门的优势，在联合引导、信息发布、防止谣言扩散和危机治理方面形成了工作合力。

以2014年的深圳“5·11”暴雨网络舆论引导为例，在新闻发布和舆情引导方面，深圳政务微博编辑部统筹协调深圳市气象局、交警部门、规划和国土资源委员会、民政局、机场、深圳航空、南方航空、供电局、水务局、地铁公司、防旱防涝防风指挥部办公室、交通运输委员会12个部门及时发布各类信息超过500多条。6个区和4个新区的政务微博也实时发布各区的有关信息，除了公布灾情信息外，政务微博在救助、拖车、救援、塌方避险、机场退改签、供电服务等领域发布实用服务信息，对红色预警的安全指引和解读及时到位；各区政府部门通过微博、微信及时公布现场服务，迅速构建了全城市区、网微联动的灾害防御体系。

（七）引入公民调查，现场释疑

引入公民调查，是指让独立于政府公检法部门、利益方与直接当事人之外的民间第三方群体，如关注事件的意见领袖、专家、普通网友、记者等，参与到事件的调查过程中，以增强事件处置过程的透明度和结果的可信度。

“耳听为虚，眼见为实”，对于突发公共事件中出现的谣言，常见的应对之策在于澄清，然而有些话题民众质疑已久，言语的力量远远不能奏效，此时，让民众亲临现场，用自己的眼睛辨别真伪不失为明智之举。邀请第三方参与现场调查、体验，让他们亲力亲为，置身其中，从自己的角度得出结论，以打消公众疑虑，澄清舆论误解。

例如，2009年，农夫山泉面临“水源门”危机，其水源地千岛湖的水质被《中国地表水水质月报》定为不适合饮用的第Ⅳ类，农夫山泉销量急剧下滑。为了消除危机，农夫山泉面向各地消费者开展“亲历千岛湖”活动，让2 000名消费者体验千岛湖湖区深处的水质情况，体验释疑完全达到了舆情处置的效果。又例如，为进一步增进广大市民群众对垃圾分类处理工作，特别是对垃圾焚烧设施建设工作的理解和支持，从2014年6月10日起至7月4日，广州市组织发动11 000余人赴番禺区火烧岗生活垃圾填埋场、广州市第一资源热力电厂二分厂和封场复绿后的李坑生活垃圾填埋场进行参观，效果明显。

（八）着力解决问题，积极善后

《人民日报》2012年6月23日刊登评论文章《从“怎么看”迈向“怎么办”》，提出对于转型期中国产生的“问题”，既要弄清“怎么看”，更要明确“怎么办”。“怎么看”，是认识，是舆论引导；“怎么办”，是行动，是解决问题。“怎么看”固然重要，“怎么办”更为关键。在日常治理中，解决问题是第一位的，舆论引导是第二位的。处置热点事件，不应只是宣传部门进行危机应对，展开舆论公关，而需多个部门携手联动，化解现实矛盾，解决实际问题。面对社会关切，我们需要应对，更需要行动：从舆情应对走向问题解决，从“怎么看”迈向“怎么办”。

危机善后是危机事件处理的最后重要阶段，危机事件平息后，并不代表危机管理过程的终结，因为危机过后的负面影响依然存在，甚至可能导致次生危机的爆发。经过危机事件后，政府需要致力于善后工作，包括恢复机构正常运作、资料记录与保存、事故调查、清算损失、补偿损失、稳定人心等。危机事件爆发后，快速恢复秩序只是危机舆情处置的第一步。对所暴露的问题和安全隐患采取实际举措，是更为根本和长效的处置举措，也是对民众更好的交代。

四、提高同媒体打交道的能力[①]

现代社会，媒体已成为一种重要的公共力量。习近平同志曾指出“领导干部要提高与媒体打交道的能力，善于正确运用媒体，科学管理媒体，

① 以下内容参照刘若唯、董国强：《提高同媒体打交道的能力》，《党建》2009年第12期。

有效引导社会舆论”。这是新的历史条件下对领导干部提出的新要求。

不可否认的是，现在仍有一些领导干部对新闻媒体还抱着“敬而远之”的态度，不愿意和新闻媒体打交道；一些领导干部对新闻媒体采取敷衍应付的办法，不提供第一手的真实情况给媒体；一些领导干部害怕新闻媒体，把新闻媒体视为“洪水猛兽”，对媒体封锁信息……在舆情危机事件中，领导干部这些不妥当的做法，将导致事态扩散，矛盾激化，后果很严重。因此，运用媒体来引导舆论、化解矛盾、凝聚人心，既是领导干部的重要职责，也是开展工作的有效途径。那么，如何才能提高同媒体打交道的能力呢?

（1）要学会善待媒体，强化服务意识和配合意识，在记者面前不失语、不作秀，能说的主动地说、及时地说、智慧地说、幽默地说。可以有选择地说，但不能说谎话、讲假话、扯废话，也不能动辄“无可奉告”。

（2）要深入研究媒体，掌握媒体的传播特点和规律，把握政府与媒体关系的特点，与媒体建立良性互动、合作共赢的关系。要掌握应对媒体的策略，及时发布公众最为关注的正确信息，防止谣言传播。要重视新闻议程设置，用议程计划来主动引导记者。

（3）要增强对媒体监督和批评的“承受力”和“宽容度”，尊重多样化的媒体言论，多换位思考，让媒体成为改进工作的有力手段。当然，方法和技巧永远是辅助手段，只有在扎实做好工作，把情况和业务烂熟于心的前提下，才能更好地服务媒体、引导媒体，真正发挥媒体的作用，从而更加有利于自己主动地开展工作、改进工作。

（4）要着力提高驾驭新兴媒体的能力，适应互联网的规律和特点，加强对网络舆论的监管和引导。要搞好舆情监测，尽早发现问题，积极进行应对；要改变“网络恐惧症”和“麻木症”，会用网，善用网。利用政务微博、微信、政务留言板、网络回帖等手段加强与公众的互动和沟通。

案例：2013 年以来，佛山市委宣传部、市网络宣传办以市委市政府官方微博“@佛山发布”上线一周年为契机，积极策划并开展市领导上线微访谈，带动推进各级领导开展微访谈系列活动，在全市形成“微”践行群众路线的新局面，解决了一批热点难点问题，增强了政府公信力，受到了广大群众欢迎和境内外网媒好评。据统计，2013 年以来，书记、市长的微访谈每场围观人数均超过 200 万，有关话题标签近 3 万。2014 年，刘书记微访谈当日“@佛山发布”政务微博的影响力排名飙升至全国城市发布第 2 位，微博平台运营人员直言“人气之旺在近年政府官员微访谈中实属罕见”。

第四讲：危机无常　应对有道

——政府舆情风险管理与应对策略

主讲人：何又华

主讲人简介

何又华，《南方日报》佛山新闻部主任，中国新闻奖获得者。暨南大学新闻与传播学院硕士毕业，在《南方日报》从业十年，长期在珠三角城市的采编一线工作，曾任《南方日报》中山记者站副站长、南方网地方频道运营中心专职副主任。近年来，在国内权威期刊发表学术论文多篇。

移动互联网时代，媒体生态发生了巨大的变化。在传统媒体时期，公众会通过报纸、电台和电视台去关注新闻，但现在的公众主要通过手机去获取新闻。现代社会随处可见的，是低头翻看手机的人群，所以有了“低头族”一说。移动互联网深刻影响了社会公众的生活方式，也深刻改变着传播与舆情生态。

毫无疑问，这是属于移动互联网的时代，移动互联网和信息化改变了整个社会结构，改变了财富创造和分配的方式。同时也给政府部门的舆情处理带来巨大的挑战。大家可以设想一下，假如某一天记者们在你毫无准备的情况下扛着“长枪短炮”来到你办公室，对你提出一些尖锐的问题，你该怎么办？再设想一下，如果有人在网上举报你本人或者单位主要领导的问题，由你负责处理，你该怎么处理？如果记者的提问让你很恼火，你又该如何表达？

我们常讲的“新闻执政”，即用新闻的手段来改进和推动政府的工作，让媒体成为政府工作的工具。但同时这也是一种挑战，许多领导干部因此承受着巨大压力，为此接受监督、遭受围观、受到批评，甚至要承受被冤枉的委屈。压力也好、委屈也好，是必须要面对和承受的，当然，也有一定的技巧和方法来帮助减轻压力、防范危机。

首先与大家分享几个案例。

第一个案例是浙江省奉化市的塌楼事件。2014 年 4 月，奉化市一栋居民楼忽然倒塌，化为一堆废墟，发生居民伤亡情况，引发舆情危机，成为全国热点。从这一事件中，我们可以得到几点启示：

第一，浙江省政府处理案件的速度很快。速度是处理舆情危机的第一法则。当时，浙江省的官方微博“@浙江之声”第一时间发布了塌楼的消息，之后才被全国媒体关注。

第二，传统媒体和新媒体合流产生了巨大威力。传统媒体的报道终究有时间延缓性，但是新媒体时效性很强。此外，新媒体扩散性强，影响力大，尤其是某些微博“大 V”能产生巨大作用。这些“大 V”拥有大量的粉丝，他们发一条微博就有几千万人能看到。“奉化塌楼事件”就是被一些微博“大 V”转发后立即引发全国关注的。

第三，奉化市的官方微博成为第一消息源，它带领了全国媒体的消息来源。奉化市的官方微博在上午 10 点钟发出第一条微博，一直持续到晚上 11 点，共发了 30 多条微博，平均每半小时发一条。由于所有消息都是由本市官方微博引领发出的，事件风险大大减小，事件的节奏也控制在本市政府手中。因此这一案例有极大的借鉴意义。此外，奉化官方微博所发的信息大量使用网络语言而非官方语言，并没有诸如“某某领导在现场指挥指示”等官话，而是客观报道事情的进展，期间也有温情的语言，如“今夜是一个不眠之夜，让我们一起为伤者、逝者祈祷”等，感染力强。

第二个案例是发生在佛山的暴力执法事件。2013 年，佛山多个政府部门联合执法治理车辆超载行为，一违规司机控诉执法人员对其进行痛殴并致其口吐鲜血，随后佛山交通运输局和佛山交警相关负责人均矢口否认，但司机车辆的无线视频设备却将执法人员殴打司机的行为记录了下来。这一事件引发极大关注，大量省内媒体跟进，甚至连央视也连续三天在黄金时段进行报道。这件事给我们的启发是：

第一，可以有不说的真话，但绝对不能说假话。说了假话之后，覆水难收。所以新闻发言人在面对公众时，切忌编造谎言。

第二，做好个体与主体、局部与整体之间的切割，也就是说任何一个单位、组织或社会都会有一些害群之马，切忌把个别人的不良现象与整个部门，甚至整个城市结合起来。很多时候政府部门可能会讲“人情味”，即个人出了事会提供保护，但这种保护可能会影响到整个部门的形象。佛山一环的暴力执法事件就是如此。第一次处理的时候，主管部门声称执法人员和违规司机只是发生了肢体接触、推搡，这与殴打的性质不一样，而且只对民警予以免职处分，此时民众就会认为主管部门在对其进行保护，因此对整个部门产生不满情绪。在央视报道之后，第二次的处理就更加严厉，相关人员被撤职、免职、党纪处分的皆有之。所以政府部门要学会切割，部分个体的责任应该由个体自己来承担。

第三，在应对重大危机时，应对职责应该由专业人员担任。如果应对人员能力不足或不够专业只会带来更大的问题，所以一定要有专业化的处理，决策、汇报、处理等链条必须要短而准确。

第四，现在很多危机事件都是因为视频而产生的，如“雷政富事件”“小悦悦事件”，如果没有视频，这些事件的影响力就不会这么大。因为再多的文字也难以表达视频所传递的信息，视频会给人的视觉产生冲击，给人眼见为实的感觉。在“佛山一环暴力执法事件”中，双方各执一词，难以说清，但一查看视频，即刻真相大白。所以如果某个事件中，现场有人拍了视频，处理的时候要格外注意。

第三个案例是关于延安城管的事件。该事件是延安一群城管把商贩打倒在地，打倒之后，某城管竟一跃而起，踩在商贩的头上。这一事件性质严重，给延安政府带来较大的负面影响，同时也成为全国关注的事件。事件之所以引发关注，主要原因也跟视频有关，商户把拍到的视频做成了一帧只有五六秒的动态图片，恰好呈现了城管跳起来踩人的动态，动态图片的好处是可以传到 QQ 等社交软件上成为表情，并快速流传。果不其然，动态图片一经发出，舆情即刻被引爆。延安政府在这一事件的舆情处理中有几个问题是值得反思的：

第一是行动缓慢。事件发生三四天后政府才开始介入处理，城管部门召开发布会，最后上升到市政府部门召开发布会才最终得到解决，处理速度慢。

第二是在处理过程中犯了一个致命的错误：城管部门在回应时称踩人的城管是临时工。对这种一旦出事就以“临时工干的”为由欺骗公众的处理方法，公众非常反感。由于在政府部门这里得不到满意的答案，公众开始进行各种人肉搜索，如这个局的办公楼是否超标，该局局长是否有问题等。果不其然，网友们真的从中发现了问题，即该局局长的办公室配置严重超标，且该局局长有两辆豪华汽车，此时由一个舆情带出了另外一个舆情。

第三是口径不一。有的部门出来说局长的车是邮局奖励的，也有的部门说这是向自来水公司借的，各个部门说法不一，再度引起网友的怀疑。所以，应对此类问题，不同部门或同一部门不同的人在接受采访的时候一定要注意口径一致，口径不一致、自相矛盾的话没人会相信。

第四是未能把握好时机。事件发生七天后，该局局长才到医院拜访该商户，并鞠躬道歉。现在很多领导人不善于道歉，不善于表达情感，这是错误的。局长鞠躬道歉这一举动是对的，但是问题就在于道歉的时间延后得太久，让人感觉是迫于压力才出此下策，道歉的诚意大打折扣。

第五是危机公关弄巧成拙。事件过了十天之后，网上流传出一封被打商户发布的公开信，内容是希望大家不要再讨论此事，他很满意和感谢政府的处理，并提出要大家一起来维护延安这座美丽城市的形象。显然，这是政府部门的危机公关，然而这种危机公关却弄巧成拙。因为这封信在网上发布后，网友从信件的文笔和风格判断它不可能是一个商贩所能写出的，明显属于造假。后来，有记者进行调查，证实了这封信是城管部门自行撰写发布的，与被打商户无关。城管部门的这种做法又一次引起网友的不满。

在分享完案例之后，我接下来跟大家探讨四个方面的议题。

一、我们所处的传播时代

（一）舆论环境

第一，这是一个媒介化的时代。人们对这个世界的认知，90% 是来自媒体，是媒体给人们塑造的世界。同样，每一个城市、部门和官员的公共形象，从某种程度上都是媒体塑造出来的。例如原广州市委书记万庆良，在“落马”之前，媒体把他塑造成“年轻有为、有魄力和魅力”的“明星官员”形象，“落马”之后，媒体完全颠覆了对他原来的形象的塑造，各种各样的花边新闻层出不穷。这就是媒介化社会的媒体作用。

第二，这是一个“围观”政府的时代。“围观”的时代，主要是对权力和财富的“围观”。这是一个媒体全覆盖的时代：有党报也有都市报；有大报也有小报；有市内媒体也有市外媒体，甚至是境外媒体；除了传统媒体还有新媒体，如网络、手机等。在中国，光是传统纸质媒体就有几万家，网站也有几百万个，手机网民有 5 亿多，微博用户也有 3 亿多。每一个人都可以成为一个媒体。在这样一个媒体全覆盖的时代，政府被“围观”也是理所当然的事情。现在很多领导都创建了微博，尤其是实名微博，这就让更多的群众有了“围观”的机会。

第三，这是一个高风险的社会。这是一个经济高速发展带来结构性社会矛盾的时代，会导致许多思维定式，比如仇富、仇官等。很多民众以为

“为富必定不仁”“为官必然不公”，这种思维定式容易导致民众的不满情绪，不满需要宣泄，但胡乱宣泄情绪又容易形成一种极端化的情绪。民众可能通过新媒体进行宣泄，同时也可能通过社会行为来宣泄，很多群体性事件就是这样产生的。例如在近年的“反日游行”中，很多年轻人到街上打砸日本车、日本店，后来某地警方抓捕了四十多个打砸抢的青年，当问他们“钓鱼岛在哪里?”时，40%的人并不知道。再如，在“反日游行”时，西安有一个车主开着日产汽车，结果被人用摩托车车锁打成重伤。作案者是一个外来工，他出门时恰好遇上了“反日游行”，因觉得好奇就跟随人群喊口号和游行，在这个过程中积淀了情绪，最后演变成残暴的行为。这两个案例中的肇事者其实与事件并没有直接关系，他们是在发泄长期郁积的不满情绪，这就是群体极化。

（二）政府面临的九大挑战

政府在传播时，有九个挑战是必须要面对的：

第一个挑战是信任危机。政府的舆情风险和危机，根源都来自信任危机。例如之前的“杀人狂魔”周克华，警方在横跨几个省的追捕后终于把他枪毙，然而公众却不相信警方公布的事实，甚至对击毙现场的照片提出疑问：“图片上倒下的人穿的皮鞋怎么跟警察的皮鞋是同一款呢？是不是某个便衣警察被误毙了？这不是周克华。”为了消除公众疑惑，警方只好把周克华被击毙的正面照片公布，甚至连子弹孔都清晰可见。按照常理，此类血腥照片是不能公开的，这是违背伦理的。警方被迫公开就是源于公众的不信任。

另一个案例就是深圳的“飙车案”，有一辆豪车撞了出租车，导致出租车内两人死亡。警方公布肇事者是一个打工仔，开的是老板的车。公众不相信，说：“开豪车的一定是有钱人，打工仔肯定是替老板背黑锅。”公安局公布了许多证据，包括车主本人的不在场证据，民众仍然不相信，认为这是公安部门袒护车主。最后警察只好让真正的车主脱光衣服拍下照片进行公布，用他身上一点伤痕都没有来证明他不是肇事者。在这一案例中，深圳的警察是做得极好的，不断直面质疑，不断公开真相，终于化解了舆情危机。

还有一个案例就是轰动全国的“郭美美事件”。当时，无论红十字会怎么解释，公众都不相信。现在民众对政府不信任、对专家不信任、对媒体不信任，信任危机引发了舆情危机和社会危机。

第二个挑战是语系的割裂。什么叫语系的割裂？语系的割裂就是官方、媒体和公众都有自己的语系，各说各话，互不兼容。这将导致公众对官方和媒体的不信任，甚至产生谣言。很多时候，许多政策一出台，底下却骂声一片；很多好的政府措施和官员做法，民间也是纷纷抵触，这就是因为彼此的语系没有打通，缺乏对话和沟通，无法取得彼此的信任。所以，政府部门以后要着力打通三方的语系，尽可能减少矛盾。

第三个挑战是话语权垄断被打破。以前，话语权掌握在精英手中，在政府部门和媒体手中。随着信息技术的发展，出现了手机、移动互联网等，社会公众开始拥有越来越多的话语权，传统的话语权垄断渐渐被打破。

第四个挑战是控制权被打破。以前政府是可以管制媒体的，而现在，政府对媒体的控制变得越来越难，即使可以控制市内媒体，也不能控制省内媒体；即使控制了省内媒体，也不能控制国家媒体；即使控制了中国媒体，也控制不了境外媒体。所以绝对的管制已经无法实现。这是管制权的失落。

第五个挑战是引导力的弱化。尤其是政府引导力的弱化。以前的正面宣传是政府说什么公众都相信，而现在的正面宣传中，政府的引导能力慢慢弱化，甚至出现反效果。政府部门在宣传的时候一定要遵循新闻规律。要宣传的事件或信息首先必须是新闻，其次才是宣传。好的新闻不一定会成为好的宣传，但好的宣传必须是好的新闻。如果一个事件或信息没有新闻价值，宣传是没有效果的，甚至会引起公众的逆反心理。

进行正面宣传的时候要注意报道的写法，注意“度”的把握。切忌毫无信息量地去表达，切忌去合理想象，切忌乱用形容词。举个例子，《安阳日报》2013 年 4 月 4 日的头版头条报道了中国首位女航天员刘洋衣锦还乡的新闻。这本来是有宣传价值和新闻价值的，但该报道的写法却有很大的问题：“刘洋回来了，回来了……大家在铁轨上、站台上翘首以盼，看着列车驶来的方向，在心里默默念叨着，回来了……市委书记来了，市长也来了……”在这里，提到市委书记和市长，很官僚气，“大家在心里默默念叨着”这一心理活动是不恰当的所谓合理想象，容易引发公众反感。

第六个挑战是碎片化的生存。现在，大家可能都很少看书，但是对事件的关注却没有减少，哪里发生了事情都了解。这种就是碎片化的了解，看似什么都懂，实际什么都不是很懂，此时就容易被舆论引导。新浪微博就是一个很好的例子，它像一个各种观点纷呈的喧闹的大集市，看似百花齐放，实际上是一些“大 V”在操纵舆论走向。大量的所谓“屌丝网民”以为自己是在表达自己的观点，殊不知是无意识地被少数人引导。所以这就是碎片化生存对我们带来的传播挑战。

第七个挑战是政府有片面迎合老百姓的心态。这种被动迎合心态，即为了息事宁人，放低了自己的姿态，其实这样的做法也不一定是对的。例如，广州增城一个派出所的民警在接受记者采访时因为要求对方出示记者证而与其发生了冲突，广东电视台报道了这件事之后，引发众多网友对该民警的批评。次日，广州市公安局发了一个微博通报，称通过全面调查，对涉事民警停止执行职务并对其进行调查处理。没想到网友们对公安部门这种息事宁人的做法并不买账。有的网友提出："民警是有权力让记者出示记者证的，这个民警并没有违反规定"，公安局的处理方法被网友批评，引发新的舆论风波。可见很多时候被动迎合不一定有好的效果。息事宁人，远不如公开真相，让大家清楚来龙去脉。

第八个挑战是民众对全能政府的依赖心理。本来在现代化转型时期，政府不应该是全能的，而应该是一个提供公共服务和公共管理的机构，充当守业者、守门人的角色。但是，不少民众对政府的认知还停留在政府包办一切的计划经济时代，以为政府是全能的，有义务解决所有的事情。因此，民间纠纷、商业纠纷等各种问题，到最后都变成政府的责任。在这种压力下，政府会承担更多的舆论风险。

第九个挑战是矮化宣传。即把宣传变矮、变小。很多时候政府只把宣传和传播当作工作链条上的一个附属品，要么是工作完成后锦上添花的点缀，要么是遇到问题时用来救场的工具，其实这都是错误的认识。在当今时代，政府必须把宣传和传播变成工作的有机组成部分和重要环节，只有这样，工作的整个链条才会顺畅。

（三）政府部门舆情应对的"四大病"

1. 缺乏自信和自主

很多政府部门会害怕记者"捅娄子"，给自己带来麻烦，总是被动地应对记者。例如，某些单位会拒绝记者的正常采访，部门间互相推诿，也可能为记者采访设置烦琐的程序，如逐层请示、发各种函件等；另外，也有些单位会区别对待媒体，认为"听话"的媒体就经常打交道，认为"不听话"的媒体就不接受采访，甚至排斥这些媒体。这些表现归根结底都是因为政府部门缺乏自信，怕出事。没有自信就没有话语自主权，所以大部分时候这些部门都得跟在媒体后面跑，工作起来很被动。

2. 缺乏人性和温情

很多时候政府部门的宣传是见物不见人，见官不见民，见概念不见细节。具体而言，就是很多宣传都是概念性的，没有人性的沟通，没有温度和温情。尤其是在有人员伤亡的重大突发事件中，我们更强调以人性为主。凡是遇到人民生命财产安全的事件，一定要把人的尊严、人的健康、人的生命放在首位，讲人性、讲温情。下面举几个相关的案例：

第一个例子：湘西首富曾成杰由于非法集资被判处死刑，曾成杰的女儿在父亲被执行死刑前向长沙市中级人民法院请求见父亲最后一面，法院却没有给她这个机会，再通知家属时，死刑已经执行。这一事件后，曾成杰的女儿发微博质问法院这一行为，长沙市中级人民法院回应称“法律没有明文规定对犯人执行死刑前，犯人必须跟亲人见面”。我们知道，即使是一个死刑犯，也应当有作为人的尊严，这是普世价值。死前与亲人见面，是一种朴素的愿望，可是法院却剥夺了他的这种愿望。长沙市中级人民法院的微博一经发出，立马被网友评为“2013 年中国最冷血的一条微博”。长沙市中级人民法院觉察到舆情危机，半小时后就把这条微博删除了，发了另一条微博称“是微博管理人员对刑事法律钻研学习不够，已经提出了严厉批评”。网友们仍然不买账，骂声仍然在持续。该法院随后又发了一条微博，称在对曾成杰执行死刑、验明正身时曾经口头告知他有权会见亲属，但曾成杰并没有提出此要求。网友们对这一说法无法接受，随即发起了“我要见家属”的行动，在微博上说“以后要是被判死刑，我是要见家属的，别说我不见”之类的话语，也有很多微博“大 V”积极响应这一活动。“我要见家属”活动的意义就是在于警醒政府部门，即使是对死刑犯，也不能不讲人伦人性。

第二个例子：陕西省安监局局长杨达才，人称“表叔”。延安一辆公交车失火，20 多人丧生，时任省安监局局长的杨达才，一大早就赶到现场，风尘仆仆，在现场指挥处理工作。杨达才在现场几乎被烧毁的汽车旁边听工作汇报的时候，脸上露出了微笑，这个微笑被人抓拍并在网上发布。照片一经发布，马上引起网友争议。网友们开始对他进行疯狂的人肉搜索，先从他的手表开始，发现他在不同场合戴的都是不同的名表，最后连皮带、眼镜都被人“扒”出来。甚至还有网友开发了名为“杨达才教你戴手表”的游戏。一位身居高位的干部，到最后却因为一个微笑而身败名裂。这一案例表明，在对待人民生命财产安全、人的尊严、人的安危的时候，一定要讲求人性化的一面。

3. 缺乏平等和互动

有时候，政府部门领导媒介素养不高，可能导致新闻发言人两头受气，在领导跟公众之间无法实现平衡。现在有些领导总是带着控制媒体的心态，这是错误的，现在的媒体是不可控制的，只能是引导；有的领导不懂新闻，经常提出一些不合理的要求，给新闻官带来了很大的压力。因此，新闻官的使命就是让领导变得懂新闻，不能单纯遵循领导的喜好去宣传，而是要尝试说服领导，不能用长官意识代替新闻规律和新闻价值。

4. 缺乏系统性和引领性

有些部门发布了大量的信息，却没有取得太大的效果，主要是因为，这些部门的宣传都是各自为战，过于碎片化，没有主线、没有系统性。政府应该建立系统性的舆情应对平台。同时政府部门也要注意，在和媒体打交道的过程中，不要跟着媒体跑，而是要引领媒体，带着媒体跑。

总而言之，在如何应对舆情危机上，本人有两点建议：一是不同语系的融合，政府、媒体和公众各方的语系要达成统一，而不是一直停留在自己的语系里；二是从心态到语态的转型，以前通常讲心态的转变，例如对待媒体要开放、要真诚，其实除了心态的转变，还需要语态的变化，即使态度很真诚，但如果话语里仍然是旧一套的官僚作风，群众也无法接受。

二、容易成为导火索的议题

梳理了近几年来国内外的一些热点事件，本人将容易引发重大危机的事件归结为以下几种：

1. 公共安全事件

公共安全事件，即涉及人身财产安全的重大安全事件，例如“酱油门”事件、“三鹿奶粉事件”“九江塌桥事件”“北京纸馅包子事件”“双汇瘦肉精事件”等。公共安全最容易引发群体事件，不允许半点拖延，一定要慎重。

2. 司法公正的问题

司法公正的问题即对热点案件的判别以及对纠纷的处理。民众的不良情绪，来源于其感受到的各种不公正：第一个是社会的不公正，第二个是司法的不公正，第三个是发展机会的不公平。

3. 官员风纪的难题

众所周知，最近层出不穷的“房叔”“表叔”“微笑哥”，敏感的热点词汇，如“情人”“二奶”“小三”“奢侈品”，以及官员的“雷人雷语”，一出现就能成为热点。因为这些话题集合了许多热点元素。这些热点的事件在网上一经传播即会产生轰动效应。例如番禺区的“房叔”，此人拥有22套房，最后被双开并因此承担法律责任。另外，官员的“雷人雷语”也会引起轰动。例如，河南某国土局副局长在接受央视关于征地问题的采访时曾说：“你是替党说话，还是替人民说话?”这就成为当时的雷人雷语。

又例如，湖南某县治安局的负责人接受媒体采访的时候回应："我单位没有任何可圈可点的工作，不需要你们的报道。"这些回应方式都是不恰当的。

4. 公权力的滥用

如"三公消费"、权力寻租等。举个例子，2012 年，中山市一个人力资源与社会保障局纪委书记偷改自己孩子考公务员的成绩，将原本的低分改成了入围。事情曝光后，该纪委书记被开除并判刑一年。这种公权力滥用的行为一旦暴露，必定是备受关注的。

5. 执法规范

主要指有特权的政府部门如政法系统、城管部门在执法过程中的某些行为有可能引发冲突，甚至是群体性事件。在佛山，商贩和城管发生的纠纷时而有之，引发了群体性事件也有先例，所以平时怎么防范风险也是这些部门应该考虑的。

6. 公民维权

主要是指弱势群体的权利维护，如讨薪、工伤的维权、土地的征迁、房屋的拆迁等。湖南曾经发生过所谓的"雇拆"事件，一户人家出门买菜回来，发现房子竟被拆了，悲愤不已。涉及维权的事情容易引起公众共鸣，需要慎重处理。

7. 公共管理

涉及广大群众切身利益的公共决策必须注意风险防范，在做决策时，要事先预测最坏的结果。佛山出现过此类事件。例如，城管部门的"禁乞令"，要把乞丐驱赶出这个城市，这是违背普世价值的。这些公共决策的出台一定要有风险评估，特别是房价、物价这类话题容易成为炒作的热点。

8. 社会伦理

违背社会伦理的事件即使不属于公共事件，最终也可能会演化成公共事件。例如，佛山的"小悦悦事件"，就备受全国人民关注。

另一个典型的案例是河南的"平坟事件"，当地政府要把土葬的坟墓迁走，集中安放。河南是平原地区，种植作物适合机器化管理，但是如果平原中有坟地妨碍，就没办法进行大规模的机器生产，一大片的平原就会变成丘陵。坟地对耕地的破坏是很大的，因此政府的这个决策有合理的理由。但是公众不接受，认为政府是刨了人家的祖坟，这是社会伦理的问题。

此外，个人的道德问题也有可能演变成单位的问题。例如，深圳一个公务员打骂父母，把父母赶出家门。这本来属于家庭纠纷，但因为事件主角的身份是公务员，经过媒体报道之后，事情性质演变为对整个公务员系统的道德素质的质疑。后来，该市市委书记还发了一封公开信重申道德教育，让大家反思。

政府部门应该强调底线思维，即凡事要从最坏处准备，向最好的方向发展。因此，要了解这些容易成为导火索的议题，也就是要明白哪些事情可能会产生不良后果，需要慎重处理，防患于未然。

三、应对舆情危机的策略

如何应对危机要从不同的媒体的角度出发。与传统媒体和网络媒体的沟通方式是不一样的，而这其中也有规律可循。

（一）与传统媒体沟通的策略

所谓传统媒体，即报纸、广播、电视等。要了解怎么与传统媒体沟通，首先必须要了解传统媒体的特性。当前传统媒体的特性主要有如下几点：

（1）越来越追求信息的厚度和深度。因为与网络媒体相比，传统媒体的传播速度相对落后，所以更注重解释事件背后原因的深度报道。

（2）强调新闻专业主义，对于自我要求较高。大多数传统媒体是有新闻理想和新闻责任的。大多数传统媒体记者有一种家国情怀，这种情怀跟党和政府的情怀是一致的，所以政府在对待媒体时要尊重这种理想和情怀。

（3）注重网络民意。现在，传统媒体往往会去网络上找选题。但是网上找选题的特点之一就是难以求证，容易导致偏差。深圳的“八毛门”事件就是一个典型案例。深圳一个孩子排便不通，家长带他去某医院检查，该医院称孩子需要动手术，可能花费十万元。家长不信，转而去广州的医院检查，广州的医生只给孩子开了八毛钱的药，孩子吃完药之后通便了。家长马上到网上发帖，称八毛钱能治好的病，深圳这家医院却要收十万元。传统媒体以此网帖为选题做了大规模的报道，深圳这家医院承受了巨大压力，医德再次成为热议的焦点。事实的真相是，这个孩子确实要动手术，广州医生开的八毛钱的药只是起缓解作用而非治疗作用。孩子后来去武汉协和医院完成了手术，的确花了将近十万元。由此可见，网络有时候会出现偏差。

（4）传统媒体的舆论引导力较强。很多时候，当事件被炒得沸沸扬扬、莫衷一是的时候，传统媒体的声音往往是定调和定向的。传统媒体的权威性以及对舆论的引导能力是要强于网络媒体的。

有危机事件发生时，该怎么和传统媒体沟通呢？主要有以下几点：

（1）信息提供。政府部门需要明确，媒体每天都需要刊发稿件，媒体需要信息，就像沙漠需要水一样。政府与媒体沟通的最好的方法是给媒体提供信息。提供信息也是最好的控制信息的办法，所以政府要给媒体最权威的信息。

（2）持续对话。政府要开放所有平台让媒体记者联系，比如通稿、发布会、电邮、网站、微博、手机等平台，与记者保持顺畅沟通；一旦政府部门故意躲避，沟通通道堵塞，媒体记者可能就会去搜索一些碎片化的事情来报道，这样是不利于政府的。

（3）设置议程。政府部门要清楚告知媒体新闻在哪里。很多时候重大事件、危机事件错综复杂，媒体能看到的可能只是一个小小的切面，告诉记者新闻点，才能影响记者。政府权威部门可以通过提供信息来控制信息，同时提供对话，放开平台，让大家能获取这些信息。通过这样的议程设置，政府可以更好地进行舆论引导。

（4）错误规避。不要犯常识性的说话错误，如“无可奉告”等。又如，广州地铁经常出现事故，地铁部门的表态是“这属于密集型偶发”，这样的话也是一种错误。

（5）后台支撑。即事情的处置系统跟前端的发言系统要有衔接。各部门需要把后台的信息提供给前台的新闻发言人，如果新闻发言人不了解情况，可能会说错，所以前台跟后台一定要衔接好，让后台为前台提供强有力的信息支撑。

（6）学会引用第三方的发言。一些专业层面的事件不要由具体政府部门去说，否则只会越描越黑。例如，食品安全事件不能由宣传部门来说，而是应该由检测机构和专家来说，要由专业的部门回答专业的问题。

政府部门与传统媒体相互沟通时一旦出现危机，应当怎么办呢？以下是几点建议：

第一，管理好本地媒体。

第二，要启动公关渠道。对外地的媒体，可以通过一些合理的渠道进行沟通。例如，可以找对方的负责人或相关人士进行情况说明，使事态缓和。

第三，发生危险事件、重大事件时可以选择重点媒体。例如，发生大型事故时，现场是有控制的，并非所有媒体都能进去，此时可以选择重点媒体。但是在选择媒体的时候必须有依据、有说法，不能随机选。

第四，要掌握发稿规律。传统媒体有发稿时限和截稿时间，要学会掌握这一规律。对于一些马上要发布的信息一定要抢在截稿前发布，但是对于一些事态不是很明朗的事件，距离下一次发稿时间的中间可能还有十几个小时时间差，政府部门可以有艺术性地延缓，利用这段时间差把事情处理得更好再发布权威的信息。

第五，要营造良好的氛围，做好基本的服务工作，尽可能为记者提供一定的帮助，做好接待工作。重大事情发生后记者们找不到负责人，或者外地记者的吃住安排等接待工作没有做好，此时若记者聚在一起，负面情绪就会扩大，形成对政府部门不利的舆论。

（二）与网络媒体沟通的策略

与网络媒体沟通的策略与传统媒体有所不同。网络舆情具有复杂多变的特点，例如，信息会快速、病毒式地传播。网络舆情有一个阀值，一旦超过阀值，引发爆炸，将难以控制。但是，网络舆情也并非完全无法控制，它是可以预先辨识和引导的。

具体来说，与网络媒体沟通要注意以下几点：

第一，速度第一法则。快速是处理网络舆情的一个重点。要在舆情刚刚产生且还没有爆发之前，第一时间介入，第一时间发声，第一时间记录核心的事实。例如，顺德的“房叔”事件就是一个正面例子，顺德相关部门的反应速度快，在24小时内即作出回复，那时候很多人都在关注事情的进展，因为处理迅速，事件很快平息。尽管后期的发布可能有一些瑕疵，但是其反应速度仍然是值得称道的。

第二，搭建属于政府自己的媒体。微博、QQ、微信这些媒体平台是可以由政府部门自己搭建的。例如，利用官方微博进行动态发布。一旦发生事件，官方微博要马上动态地发布信息，在发布信息的时候要注意“@”传统媒体的微博，引起传统媒体的注意，形成互动。如果能够获得传统媒体的转发，政府发布的影响力将扩大，权威性也将提高。

第三，迅速向网络平台供稿，提供一些相应的情况说明。

第四，要有强大的后台去研判舆情，了解民意，帮助上级部门决策。

（三）新闻发布的策略

改进媒体应对方法的重要一点是从新闻发布会入手，要注意以下几个方面：

（1）要注意利用好规则。所有国际通行的发布会，都有八分钟的介绍时间，要尽可能把这八分钟用完，这样就可以在发布会上充分阐述自己想说的话，另外，记者提问的时间也就越短，被记者逼问的概率也会降低。

（2）要学会道歉。重大负面事件的新闻发布会是一个形象修复的发布会，要善于道歉，尤其是有人员伤亡的事件，还要鞠躬道歉。鞠躬道歉一定要注意控制时间，起码要有十秒钟以上，因为要给摄影记者拍照的时间。

（3）要善于定调。第一个发言的人，都是很重要的，要找专家人士定调。第一个提问的媒体也很重要，他提问的尖锐程度，也很容易影响整个发布会的基调。

（4）开会前押题。开会前要预计记者会提的问题并提出解答方案，不然会手忙脚乱。

（5）回答一定要有说服力，多运用数据，靠专业人士支撑观点。

（6）发布会不要搞“连续剧”，除非重大事件，一般要尽量一锤定音。

（7）注意说话的技巧。有几种话是不能说的：一是错误的话不能说。撒谎是最错的话。在新闻界有一句名言：“可以有不说的话，但不可以说假话。”所以在回答问题的时候首先不能撒谎，一旦谎言被揭穿，个人或部门的形象将瞬间崩塌；再者就是不要冷漠，当发生涉及人的生命和安全的事故时，不要将自己当作一个局外人。

二是消极的话不能说。无论事态多严重，政府也不能说消极的话，要保持积极态度和传递希望，传播正能量。假如一个煤矿发生事故，尽管救援的确很困难，也绝不能说“我们已经尽力了，真的是很难救”，可以换种表达方式，例如说“我们已经派了若干人，分成若干组，正在全力抢救，只要有一线生机，我们都不会放弃！只要通道一打通，我们马上把食物跟水送进去”。

三是不说无关的话。集中围绕要发布的事件来说，不要牵扯其他无关的事件。

四是不说冲动和尖锐的话。新闻发言人也有压力很大、心情欠佳的时候，此时再遇上挑衅性的提问，就有可能会冲动。这些时候一定要小心，切忌被人一刺激就冲动，注意不要说不该说的话，如“无可奉告”“这个问题很无聊”等等。新闻发言人可以先让自己的情绪缓解一下，或者迂回巧妙地拒绝回答。

五是不用不恰当的对比。例如，某区爆发了安全问题，新闻发言人发言时不能说“别的区比我们更惨”或者“隔壁区比我们环境污染指数更高”，此类对比是于事无补的。又例如，某地区今年某指数不乐观或者发生危机事情，不能说“我们去年比这还惨，今年还算好的”，这类也是不恰当的对比。

六是切忌官僚式的表达。某些新闻发言人喜欢说一些“伟光正”的话，却没有任何有用的信息，这样是不恰当的。

(8) 回避记者的提问陷阱。许多记者提问有很多习惯性的陷阱：

第一是不断追问，多角度重述。记者要问的问题，假如对方不想回答，记者会换个方式问，或者同一个事情问了之后还要继续追问，直到有满意的答案。例如某地发生火灾事故，记者会问“怎么烧起来的”“谁看见了”“多少人伤亡”“这些人是什么人”“在哪个医院”“去了几辆消防车”“面积有多大”等一连串的问题。所以新闻发言人要应对，必须事先做好功课，不要打无准备之仗，切忌毫无准备地去应对记者的提问。

第二是生硬地联系。很多时候记者会把 A 跟与之本来没有关系的 B 联系起来，这时候一定要切断这个联系，回答主要问题。

第三是提假设性的问题。很多记者喜欢问“假如……你会怎样”，此类假设性问题要谨慎回答，因为无论怎么回答都是不妥的。

第四是不恰当地推理。记者可能从一个事情推出一定的结论。如果事件与事件之间真的有联系，这样的推理是恰当的；但如果没有联系就是不恰当的推理，一定要纠正这种逻辑错误。

第五是另类采访。实际上，在与记者接触的任何时候都是采访。记者跟采访对象打电话预约采访的时候，其实采访已经开始了，可能很多信息就可以从此时透露出来；采访已经结束，大家都在寒暄、离场，这个时候也在采访过程中。因此新闻发言人要谨记，任何时候都要注意自己的一言一行。

第六是预设主题。有时候媒体在采访之前会有一个预判的主题。例如，某个官员被发现作风上存在问题，记者可能会问：“你对这起贪腐事件怎么看?”实际上这不能算是贪腐事件，但新闻发言人一旦回答了这个预设主题的问题，可能就会被认为是认同这种判断。

(9) 有技巧性地回应记者的提问。

第一个技巧，新闻发言人在回应敏感问题的时候要学会回转，说话要圆润。假如，记者问的问题不是自己想表达的，可以这么说：“你说的有一定道理，但是除此之外，我想补充一点……”这样的说法一方面肯定了记者，另一方面又表达了自己想说的话；另外，也可以说：“这个问题太大，我们来着重分析一点。”这样就可以将话题回转到自己想表达的内容上。如果新闻发言人对记者提出的问题是不认可的，此时可以说：“你说的问题很重要。实际上，很多人都有类似的误解。那么我今天就解释一下……”这样的表达就实现了很顺畅的过渡；或者也可以说：“对不起，你误会了我的意思，让我来澄清一下……”这就是学会回转。

第二个技巧，回应重点的话题要高举高打。记者采访很多时候没有明确的目标，因此新闻发言人的发言一定要学会总结。发言人可以说：“今天我们这个发布会主要是说明三个方面问题。”有时候记者在采访时可能会思路不清楚，这种总结性话语有助于记者理清思路。再者就是一定要学会强调。强调的说法有：“我认为最重要的是……请大家一定不要忽略这一点。”此时记者就一定会记住最重要的那一点。遇到记者提问空档的时候，一般人可能会问：“大家还有什么问题吗?”其实这个时候最好不这么说，而是说：“很多人还问我某某问题……”或者“别人也问过我某某问题，我这里再说一下。”此时就把握了发言的主动权。

第三个技巧，回应争议问题要留有余地，在某些问题没有明朗的时候，可以说：“这个事情还在处理中，有新的信息马上会通知。”这就会有一个回旋的余地，避免了把话说得过于绝对。

四、舆情危机管理的共性法则

政府和媒体的关系取决于政府及其管理人员的媒体素养。打一个比方，日常生活中交朋友要知道每个朋友的属性，对不同的朋友采取不同的交流方式。和媒体打交道也是一样，要了解每一个媒体的特点，并且根据不同的媒体采取不同的沟通方式。我们可以从同一事件中不同媒体的报道标题看出媒体的特点。例如，某个官员跳楼身亡，可能本土媒体或本土党报会报道称“一男子跳楼身亡，经证实是某单位领导”；而都市报则可能报道说“官员跳楼，现场惨不忍睹，民间流言四起”；而比较有人文气息的媒体可能会报道为“官员纵身一跃，留下几多唏嘘”；而类似《南方日报》此类关注深度的媒体则可能会报道成“官员跳楼自杀背后的政治生态”；如果是《南方周末》这种文学化写作的媒体，标题可能会是“一个典型官员的非典型人生”……通过这些标题，可以了解媒体的价值取向。

总体而言，舆情危机管理有三类法则：

（一）第一类法则

第一，“好心态，淡定应对”，出了事不要怕，要勇敢面对，千万不可推脱。

第二，“找根源，理性面对”，要知道事件的源头是什么、真相是什么，弄清楚了，才能理性地面对。

第三，“找伙伴，共同面对”，不要一个人战斗。如果涉及多个部门，要联动起来，一起面对。

第四，“快处理，务实面对”，“快处理”即双管齐下，一只手处理舆情，一只手处理事情，如果只处理事情不处理舆情，骂声和质疑声将会阻碍事情的处理；如果只处理舆情不处理事情，会被人视为“放空炮”，所以必须双管齐下。

第五，“找原因，科学应对”，一定要分析事情的原因，尤其是社会问题、历史问题或道德情感问题，要慎之又慎。

第六，“讲艺术，灵活应对”，应对的时候要有艺术性的策略。

（二）第二类法则

要注意积累三个“子”，即“面子”“底子”和“圈子”。“面子”是长期公共形象的构建，平时很有“面子”，形象良好，处理舆情会事半功倍；第二是“底子”，即要有强大的后台和舆情处置机制，要有相应的准备，才能快速反应；第三是“圈子”，即媒体朋友，要和媒体保持良好的关系，这样才能在有好事时获得媒体的锦上添花，有难事时得到媒体的雪中送炭。

（三）第三类法则

第一点是从“黄金 24 小时法则”到“黄金 4 小时法则”再到“黄金 2 小时法则”。以前应对传统媒体时，要在 24 小时内作出反应，是由传统报纸出版的流程来决定的；后来因为有了网络论坛，人民网就提出了“黄金 4 小时法则”，即一个事件曝光后一定要在 4 个小时内介入。到如今，微博、微信等平台兴起后，“黄金 4 小时法则”又变成了“黄金 2 小时法则”，即在 2 个小时内就要有反响。

第二点是“经常搞搞震，不会大地震”理念。媒体监督有利于反映舆情，疏导民愤，也有利于政府改进工作，因此对媒体监督要有包容的心态。

第三点是热点事件的“两周生命力”规律。许多事件的演变是有一条变化曲线的，从潜伏期到发酵期，再到爆发期，最后到后续期，是有规律的，一般在两周时间内完成，因此政府部门在两周时间内一定要处理。这一规律也引申出另外一种看法，即发生危机事件后重点在于“熬”，当前社会节奏太快、资讯变化太快，公众的焦点容易被新的事件吸引转移，只要坚持等到下一个舆情事件产生、下一个接盘者出现，前面的危机也就自然渡过了。当然，即便是要“熬”过危机，也得讲艺术，在过渡的阶段切忌再犯错误。

总而言之，在政府舆情风险管理与应对时，要善待媒体，巧用媒体，沟通让世界更美好。

第五讲：网络舆情与危机管理

主讲人：张志安

主讲人简介

张志安，中山大学传播与设计学院院长、教授、博士生导师，中山大学互联网与国家治理研究中心主任，美国国务院国际访问学者，英国埃克塞特大学、香港城市大学、香港中文大学、台湾政治大学访问学者。研究方向：新闻生产、新闻从业者、融合新闻等。主持国家社会科学基金项目、教育部人文社科等多个项目，曾赴美国、英国、日本、瑞典、挪威、新加坡、中国港台等多个国家或地区进行学术交流。编撰并出版《记者如何专业》《报道如何深入》《潜入深海：深度报道30年幕后轨迹》等10余本著作。

一、互联网治理与国家治理

中国已经成为世界互联网大国。继1994年首次接入国际互联网后，经过20年的发展，截至2014年6月，中国网民规模达6.32亿，手机网民规模5.27亿。互联网尤其是移动互联网普及带来的大规模“即时在线”、互联网产业的高速增长给经济结构带来的刺激和调整、互联网舆论对社会心理的冲击和对政治改革的要求，都构成了当下中国社会加速转型的重要动因和背景。如何从国家治理的角度充分认识和把握互联网带来的压力、机遇和挑战，是迫切值得我们思考的问题。

（一）互联网给国家治理带来挑战

当前，传统的国家一元化的管理模式已经无法完全适应正处于加速转型期的中国社会。贫富悬殊、分配不公、权力腐败等社会问题和社会矛盾，已经导致一部分社会公众对政府公权力部门的信任度和认同度有所降低。为此，我党在面对社会压力、化解社会矛盾的过程中，需要更加强化从“管理”理念向“治理”理念的转变。

过去20年，互联网技术的迅速普及和互联网应用的日新月异，既催生了庞大的网络产业，也带来了巨大的社会压力：①互联网作为“媒介”，可能发挥信息突破的管道作用，让过去政府可以有效控制的信息借助边缘突破的方式获得相当程度上的传播；②互联网作为“技术”，尤其是社交媒体的传播效能，会给一部分试图进行社会动员的公众赋权，从而更可能基于线上交往而产生线下行动；③互联网作为“空间”，给公众的意见表达和舆论监督提供了前所未有的平台，直接生成的网络舆论以及由此形成的民间舆论场会对政府造成巨大压力。

身处网络社会崛起所带来的全新社会景观，互联网治理便成为国家治理的重要组成部分。以美国为例，美国已经依靠先发优势建立起网络空间的国家整体战略部署，并形成比较成熟的互联网治理体系，具体体现为顶层设计能力（国家战略层面的重视和制度设计）、社会化能力（建立由政府、协会、企业、智库等多元行为主体共同参与的管理体系）和协同化能力（建立由其他公司和部门组织组成的信息交流、合作共享的机制）三种能力。这三种能力的背后，体现的是国家治理过程中对自由、开放等互联网治理的核心精神的尊重。

实际上，互联网治理可以为国家治理提供丰富的资源和动力。国家治理理念中包含着开放、平等、对话、协商的意涵，而这种意涵跟互联网治理的内在精神是高度契合的，因此，互联网治理跟国家治理具有相当程度的同构性。

（二）互联网给国家治理带来的机遇

我们应该看到作为技术工具的互联网，能够为国家治理、政府职能转型带来新的机遇：

第一，互联网时代，公众参与公共决策更加便利，有助于提高政府决策的科学性、透明性和参与性。互联网的技术特点使得信息传播方式更加开放、传播范围更广、传播成本更低。借助互联网，更多的社会公众得以参与到信息传播的过程中来，公民也有了更多的知情权、表达权和监督权。如果政府能够改变传统的管制思维，建立准确有效的舆论分析和民意研判体系，在公共政策制定和社会治理过程中充分尊重民意，将有助于提升政府决策的开放性和科学性。

第二，借助互联网，政府信息公开的平台、速度和效率将更加高效。大力加快政府网站、政务微博、政务微信建设，并投入人力、物力做好运营维护和交流互动，可以使政府信息公开的平台更多元、速度更及时、范围更广泛。

第三，各级政府可以充分利用互联网开展网络问政和社会监督，推动政治改革。各级政府中长期存在的行政效率低下、官员腐败不绝等问题，已经成为我国实现国家治理现代化必须跨越的障碍。而借助互联网，依靠人民群众的社会监督则可以更加有效地解决这些问题。比如电子政务的发展，有助于提高行政效率，而网络举报制度，有利于遏制官员腐败。

综上所述，互联网不仅能够为普通公民参与国家治理提供前所未有的技术赋权，而且能够切实推动国家治理水平和效率的提升。

总之，互联网正改变着国家的政治、经济、社会生态，在互联网影响和创造的全新社会场域中，政府必须懂得应对新的执政环境，实现从效率优先到公平公正、从被动应付到积极应对、从善政到善治的治理转型。

二、网络舆论认知与研判

当前，政府部门、社会公众和大众传媒经常讨论“舆论”问题，前不久《人民日报》还发文，专门讨论“网络舆论”到底是理性还是非理性的问题。不过，其实很多人（尤其是官员）并没有搞懂什么是舆论。因此，有必要普及一下相关知识。

（一）什么是舆论和网络舆论

舆论是什么？有一个简单的定义：在特定时间和空间中，大多数公众对公共事务或话题相对一致的意见或态度。《公共舆论》一书的作者、美国著名政论作家李普曼，对“舆论”生成的复杂性有精细的阐述，同时也对真实“舆论”的形成并不抱乐观的态度。比如，公众对各种问题有“刻板印象”，未必能理性地表达意见；传媒呈现的是“拟态环境”，而非真实环境……这些因素都会影响“舆论”的形成。

其实，舆论既是一个“过程”（公众针对社会议题表达意见，这些意见再汇聚成舆论），也是一个“结果”（大多数公众对这些社会议题总体一致的看法）。如果从“过程”的角度看舆论，则必须要有充分自由、开放的空间和渠道，让公众充分表达意见，否则，就不会有“公共”的舆论，而只有被代表、被建构、被引导的舆论。如果从“结果”的角度看舆论，那么，多少才算“大多数”、怎么才知道“大多数”人的意见和态度，这在统计和分析上都是不太可能回答的问题。

因此，要认识“舆论”，首先就是要意识到它的复杂性和公共性，它的难以测量甚至虚幻。回到中国当下的社会现实，新华社原总编辑南振中先生曾提出过“两个舆论场”的概念：一个是老百姓的“口头舆论场”，另一个是新闻媒体着力营造的“媒介舆论场”。如果“媒介舆论”跟“口头舆论”差异太大，所谓的“舆论引导”，其实是百姓的“口头舆论场”被“媒介舆论场”（背后是政府利益）代表了。

如果以“网络舆论”为例子，理论上应该是大多数网民对社会公共议题有着相对一致的看法。但在实际情况中，面临着一连串的问题：

谁是“大多数”？5 000 万活跃的微博网友，不能代表3 亿微博用户；3 亿微博用户，不能代表5 亿多网民；5 亿多网民也无法代表10 多亿中国人。何况，我们看到的“网民”还可能是“网络推手”或者“网络水军”。

有没有“社会议题”？西方国家的舆论更多围绕政治选举、堕胎、持枪等公共议题展开，我们国家的网络舆论却更多靠一起又一起的公共事件来激发。这种“事件频发、议题缺乏”的舆论格局，其实比较碎片、表面，很难看出网民对社会的真正态度。

能不能理性、充分地“自由表达”？舆论的主体是“公众”，公众不是大众，其公共表达应该相对理性。但是，受“结构性怨恨”和“普遍不信任”心理的影响，不少网民的表达可能是情绪化、非理性甚至群体极化的。

何况，还有一个最要命的问题是，能否自由、充分地表达？从理想的角度看，舆论应该是表达、对话、协商和达成共识的过程，其基本前提是“自由地说真话的环境”。如果网络表达受到压制，甚至稍有不慎还可能以“传谣造谣”或者“寻衅滋事”为名遭到拘捕，在这种环境下，网络舆论的真实性无疑要大打折扣。

可见，网络舆论很难代表中国社会真正的舆论，但是，它又是相对最真实、具体、鲜活的舆论。如果说，政府设置的是想要“引导”的舆论，媒介呈现的是“被建构”的舆论，那么，相比较之下，网络舆论则无疑是当下中国唯一接近真实的舆论。

（二）怎样分析和理解网络舆论

当前，各级政府部门都非常重视网络舆论的监测、分析和研究，新华社、人民网等主流媒体也相继推出“舆情监测”服务。研究中国的网络舆论，是具有挑战性的，必须要充分意识到其复杂性。具体来说，研究的角度可以包括：

第一个层面，研究网络舆论的纵向层次。理论上，舆论可以做三个层次的研究：第一个层次是所谓公众的意见，但调研所有人对公共议题的看法，基本是不可能的，相对比较可能的是第二个层次和第三个层次。第二个层次是积极的公众舆论。积极的网络舆论，就是研究比较活跃的网民对公共事务的看法。第三个层次是潜在的网络舆论，即没有活跃表达的网民潜在的真实心理和想法。做网络舆论研究，从纵向的层面看，比较可行的是做积极的网络舆论研究和潜在的网络舆论研究。

第二个层面，研究网络舆论的横向格局。第一个格局，墙内舆论和墙外舆论。因为我们现在有防火墙，以社交媒体为例，可以研究微博和Twitter两个舆论场的互动，不仅要关注内部防火墙——微博的舆论场，还要关注到防火墙外——Twitter的舆论场，看这两个舆论场的重叠和互动。第二个格局，不同网络空间的舆论。我们的网络空间有社区网站，如凯迪社区、天涯论坛等；有微博，以腾讯、新浪为代表；还有新闻媒体的网站，如人民网、南方网、奥一网等。针对不同空间的网络舆论，可以进行图景式的研究和梳理。第三个格局，即民间舆论、网络舆论、媒体舆论的互动关系。

第三个层面，网络舆论的生成机制和传播规律。可以通过一系列热点事件、热点话题的分析，总结和寻找网络舆论形成的过程、特点和内在规律。其中，特别需要注意区分真舆论（网民）和假舆论（网络水军）。

（三）网络舆论和社会管理的关系

舆论有多种功能：其一，预警功能，通过对舆论的监测发现问题和隐患；其二，疏导功能，通过一定的舆论引导可以疏通情绪；其三，宣泄功能，可以释放公众的情绪和意见，很大程度上起到社会“减压阀”的作用。

舆论最应该发挥的是其民主和监督作用。政府官员对舆论的态度，必须要谦卑，要顺应和听从民意。一方面，要重视和研究舆论；另一方面，也要倡导和建立一种共识：网络舆论本身并不能解决社会管理创新的问题，但一定能积极推动社会改革。我们要强调的是政府对网络舆论中包含的真实民意的尊重，让民意真正影响决策和改革。

政府一定要转变过去危机管理中对网络舆论的理解，更多地把危机公关转变成风险管理。当下，危机管理的主体还只是政府，背后的舆情处置和应对机制依然是控制思维，而不是对话、沟通和互动思维。因此，有必要大力倡导的不是对舆论的应对，而是对舆论的敬畏，以及在此基础上创建让网民参与公共治理、公共决策的机制。

过去这些年，网民的最大变化，是从单纯的意见表达和围观转向了公益行动和社会动员。在“微博打拐”等一系列公益事件中，可以看出网民是具有理性和行动力的。政府要在网络舆论研究和监测的基础上，把更多网民和公众引入社会管理中来，引入公共决策的开放和对话机制中来。

综上所述：舆论非常复杂，总体上，公众表达意见、形成舆论的机制还不够通畅和自由，由此，3 亿微博网友和 5 亿网民成为形成舆论的活跃主体。期待大家（尤其是政府官员）能在社会管理的大框架下，在体制改革和公民社会建设的大语境下重新理解舆论、把握舆论。

三、危机管理与新闻发布

（一）新闻发布的核心理念

笔者经常给各地政府新闻发言人做新闻发布及模拟演练的培训讲座，最近，逐渐发现一个新闻发言人回答记者提问或质疑时的“不变法则”：先强调，过去我们做了很多相关工作、付出了很多努力、建立了很多机制；再强调，将来我们还将继续加强重视、专题研讨、改善工作，让人民群众更加满意。

这种“过去—将来”的应答模式，听起来义正辞严、从容淡定，却唯独缺乏对导致“现在”出现危机的人为或制度原因的深刻分析，缺乏对“现在”给公众带来麻烦、造成损失的真诚歉意，缺乏对“现在”出现的问题、事件的深刻反省。

其实，只谈或重谈“过去—将来”、避谈或清谈“现在”的新闻发布思维，是不少政府部门或新闻发言人将这项工作逐步脱离实质意义、走向浮夸表面的直接体现。因此，我们有必要再次重申新闻发布的三个核心理念。

一是公开。新闻发布的根本目的在于公开，满足公众的知情权和参与权，回应公众对重大问题和公共事件的关切和质疑，及时通过发布信息来阻止谣言传播、维护政府公信、保持社会稳定。

做到公开，既看效率，更看内容。一方面，公开的速度要快。过去是“黄金 24 小时原则”，今天在微博时代，则可以采取“黄金 1 小时原则”，第一时间通过政务微博来发布消息和表达姿态。即便是短时间内，政府部门尚没有办法调查清楚全部事实和主要原因，也可以快速发布“简要事实 + 应急措施 + 积极态度”。最近，《新快报》某记者被北京警方拘留，“涉嫌寻衅滋事”的名义引起部分网友质疑，“@平安北京”微博 8 月 25 日凌晨 1 点半发布消息称：“《新快报》记者刘某因涉嫌制造、传播谣言已被北京警方依法刑事拘留。目前，案件正在进一步审查中。”这种做法至少从回应速度上值得肯定。

另一方面，公开的内容要真实。不少政府部门组织和实施新闻发布，通常习惯于将有利于政府的信息，通过大众传媒发布出去，急切地引导舆论。同时，规避或淡化对政府不利的信息。这种做法并没有真正贯彻“信息公开”的目的。如果政府只说自己想说的，而不说公众要听的，那么，这样的新闻发布只有公开的形式、没有公开的实质。

二是沟通。“新闻发布”这个词，从字面意思看，发布主体是政府，发布对象是公众。如果政府部门单纯将这项工作局限在以我为主的“发布”层面，则很难真正跟公众、媒体建立起对话和交流的机制，也很难真正起到信息公开、取信于民的效果。

“新闻发布”要有实效，则必须用“双向沟通”取代“单向发布”。一方面，想要沟通则必须认真倾听。在新闻发布会的记者提问环节中，不少新闻发言人并没有认真听懂记者的提问，而是习惯性地采用“搭桥法”，绕开记者关切的敏感问题，回到自己想要说的正面事实上。这种回应方式和技巧，尽管看上去自信、从容、流利，却给人巧舌如簧、推三阻四的印象。另一方面，想要沟通则必须回应重点。不少政府部门在新闻发布过程中，主要传递这三种声音：“政府做了什么”“政府还将做什么”“政府对发生这个事情表示歉意”。而实际上，公众和媒体最希望听到的是另外三种声音：“为什么会发生这个事”“谁应该对这个事负责”“如何才能避免此类事件再发生”。政府希望实现沟通的目的，则必须换位思考，站在公众的角度，“想清楚、准备好、说出来”公众真正关心的内容。

三是善治。一些新闻发言人由于经常参加新闻发布会，积累了不少嘴皮子功夫，即便是遭遇记者的敏感问题，也能运用各种语言技巧来巧妙应答。不过，做新闻发言人时间越久，越会明白：新闻发布工作做得好，光靠“前台”的表现是不够的，关键要靠“后台”的作为。

实际上，公众和媒体真正在意的不是新闻发言人的形象语态，也不是新闻发言人的语言技巧，他们更在意新闻发言人提供的信息和观点背后是否体现出政府部门公共利益至上的执政思维和廉洁高效的执政能力。“行动的矮子”不可能是“语言的巨人”，只有在工作中越自信的政府部门，在新闻发布过程中才会真正自信。

（二）新闻发布的四个原则

一般来说，危机事件发生后，相关责任部门的危机管理包括舆情监测、新闻发布、危机处置、事故赔偿、机制完善等一系列环节。其中，新闻发布的基本原则主要有四点：

一是及时。第一时间采取措施处置危机、调查原因，并及时进行新闻发布、向全社会公开。过去，新闻发布有所谓“黄金24小时法则”，即危机发生后一天内最好召开新闻发布会，这个时效要求主要是由报纸等传统媒体的报道周期决定的。而微博的出现和流行又对政府新闻发布提出了更高的时效要求，南京市委市政府提出了重大公共事件发生后要利用微博进行快速发布的“黄金1小时法则”。

二是公开。即公开是常规，不公开是例外。一般来说，发生危机后必须向公众公开事故进展、应急措施、调查原因以及处置结果等，以满足公众的知情权和监督权。

三是针对。新闻发布的服务对象，表面上看是记者和媒体，实质上是公众。此外，要及时与事件当事人做好沟通工作。

四是统一。即统一由新闻发言人来进行新闻发布，回应质疑、接受采访，避免“两张嘴”讲话，导致信息不一致。

概而言之，新闻发言人进行新闻发布的基本原则是公开和沟通。但实际上，不少政府部门和官员的心态还是掩藏和控制，即发生危机后，媒体不关注、不知道最好；一旦媒体关注和采访，尽量能躲就躲、少说为妙，或者想办法“搞定”记者，息事宁人、大事化小。面对这种害怕舆论、抵制监督的错误心理，少数观念不当的培训更容易推波助澜。

总体上，新闻发言人制度实施以来，的确很大程度上推动了各级政府的信息公开，提升了政府的传播能力，强化了官员的沟通意识。尤其是2008年5月1日开始实行的《中华人民共和国政府信息公开条例》，更使政府新闻发布工作有了制度保证。不过，新闻发言人制度在具体实施中，存在不少限制和约束因素，比如，发生危机后，“一把手”的意识和决策往往起决定作用，而非遵循危机管理的原则和新闻发布的程序；新闻发言人如果不是部门常务副职担任，往往没有危机事件处置的参与权和决策权，那么其新闻发布往往也没有话语权，而只是充当“传声筒”的角色；出于地方形象建设的需要或维护稳定的考虑，危机信息的发布总是过于有限、慎重或滞缓，无法真正澄清公众误解、回应媒体质疑等。

（三）“以沟通取代控制”是核心价值

作为一个合格的新闻发言人，的确需要不断学习和通过实战来提升能力。第一，要学会说话。掌握一些新闻发布和接受采访的传播技巧与沟通策略。第二，要把握底线。有的话也许领导不让说，或者暂时不适合说，但必须要保证说出去的都是真话，绝不撒谎。第三，要不断反思。心里要明白，如果屁股不干净，不敬畏生命和真相，嘴巴说的再好听，鞠躬姿势再好看，都没用。如果立场不正确，观念有偏差，那么所谓的“新闻发布”本质上仍然是信息控制而非信息公开。

笔者给各级官员培训危机管理和新闻发布时，经常会播放一张幻灯片，图片内容是一个官员没穿衣服、一丝不挂，但双手抱胸、盘着双腿。对着这个图，我开玩笑说：“看，有些官员觉得政府的信息公开，已经相当于全裸，貌似全部公开，但实际上是选择性公开，即不重要的部分可以公开，但要害部分没有公开。”其实，新闻发布只是政府信息公开的一个环节或一种途径。当前，政府信息公开尚有不少问题，如政府掌握主导权，以自上而下的选择性公开为主，而面对公众申请的“依申请公开”往往拖延时间或动辄以“国家机密”为由拒绝公开。这种制度性的尴尬，恰是新闻发言人制度意义受限的根本原因。

当前，在不少地方、不少行业，社会矛盾激化、利益冲突严重，一旦发生危机事件，很容易触动负面情绪，加上微博、论坛等新媒体的传播效能，导致公共突发事件接连不断。面对复杂的社会舆论形态和缺乏信任的心理症候，新闻发言人制度的核心价值应该从以往的“以沟通取代控制”逐步转向“以问责取代沟通”。一方面，政府和公众不要对新闻发言人寄予过高的期待，而应该从政府信息公开的结构特征去把握其价值、完善其机制、接受其局限；另一方面，要加强新闻发布配套制度建设和整体提升政府透明度。其实，只要政府真正高效、透明、廉洁，不管发生危机还是新闻发布有漏洞，都能及时补救，公众也会最终体谅。由此，回到那句老话：“做得好，永远比说得好重要。”

第六讲：危机传播与对策

主讲人：陈镇宏

主讲人简介

陈镇宏，毕业于中山大学哲学系，高级编辑。历任南方日报社社委兼理论部主任、人民日报社广东分社副社长等职。1995 年获“全国首届百佳新闻工作者”称号。1996 年获“广东优秀中青年新闻工作者”称号。

一、当今社会的新动向

当今我们遇到了很多问题和危机，打开电视和手机，天天都能看到很多危机事件。发生这么多事情的根源在哪里？

我认识一些身居高位的领导，他们经常感慨时刻都处于紧张的状态；而我们身边的老百姓更紧张，从生活到工作，从买房、买车到孩子上学都紧张。整个社会都弥漫着一种紧张焦虑的情绪。

（一）新动向之一：风险社会来临

传统社会里也会存在问题，但是不会像现在这样整天出现问题。从 20 世纪 80 年代末以来，我们社会出现了一种非常奇特的现象，就是“端起碗来吃肉，放下筷子骂娘”。曾经我们长期处于一种吃不饱饭的状态，在 80 年代，我们终于吃得饱饭了，但是骂声却更多了。“吃肉”表明富裕程度在提升，“骂娘”表明老百姓不满的情绪在增长。

这种矛盾的现象是怎么来的呢？从社会最表层的情况来看，就是分配不公、贫富悬殊、官员腐败。这些问题引起老百姓强烈的不满。

从更深的层次看，30 多年来，社会飞跃性的发展不是在一个平面上，而是从农业文明到工业文明的飞跃。用理论家们的话来说，是“体制转轨、社会转型、利益转换”。各种社会的风险都在积累、剧增。

以公路为比方，汽车在山路上转弯的时候，车上的人就会大喊大叫、会呕吐。社会在大转弯的时候也是这样，13 亿人民告别旧的生活方式不是小事。比如，中国拥有的人均铁路不到半支香烟的长度，但是每年春节期间要在一个多月里运送34亿人次，这里面有多少矛盾？

国家统计局在2013年5月27日发表了《2012年农民工监测调查报告》，我国的农民工总数达到了2.6亿，等于日本和俄罗斯人口的总和。现在的农民工和第一代农民工不一样了。第一代农民工去城里赚钱，到乡下盖房子。但是现在的农民工进城了就“不回头”了。这意味着孩子要吃饭、要上学，一下子2.6亿人口进了城，这对全世界任何国家来说，解决难度都很大。所以这种情况就带来了一系列大问题。

中国进入了风险社会，已经成为社会共识。工业文明为我们带来巨大的物质财富的同时，也带来了巨大的社会风险。主要的风险有：

1. 贫富差距不断拉大，社会阶层分化带来的风险

我不讲恩格尔系数、不讲二八定律，就讲一个具体的数字，平安保险的马明泽年薪六千二百万元，粤东山区农民的收入每个月五百到六百元，一年六千多元，前者正好是后者的一万倍。

社会分层从原来的不明显，到现在的非常明显。从住的地方就可以看出来，只要你说出你住在哪里，就能判断出你的阶层。如果你住在珠江新城，那里的房价五六万元每平方米，你是富人；如果你住在员村，那应该是租的房子，你是南下的、外来打工的人。

2. 政府存在执政基础流失的风险

我国几代中央领导人都强调“执政能力”，其中很重要的一个基础就是执政基础。

“打天下难，坐得好天下更难。”中国有一个“打天下、坐天下”的传统，第一代领袖打了天下，得到大量老百姓的拥护。尽管后来他们出现了错误，但他们的执政基础是稳固的。

对于当代的领导人来说，他们少了打天下的步骤，但是同样要面对巩固执政基础的问题。就现在的社会情况而言，基础变成要给百姓带来看得见的利益，要解决实际的问题，比如农民工就业、低收入保险、孩子读书、医保等问题。

3. 社会安全环境日益恶化的风险

社会安全环境包括国际安全环境和境内安全环境。“9·11”事件以来，国际安全环境受到威胁，恐怖主义势力猖獗，由种族和民族矛盾引发的不安定事件时有发生。外国危险势力可能危及我国境内，由此产生危及境内环境安全的事件。频频爆出的发生在机场的炸弹威胁事件、人群聚集区的公共安全事件，都给我们敲响警钟。

面对此类不安定事件，要做好预防和处理应对工作。我们的相关部门要针对性地出台一系列应对措施并定期进行安全演习；除此以外，舆情控制部门也要有所准备。在这个时候进行舆情监测就非常重要了，一旦发现舆情有上升势头，就要通知相关部门有所行动，包括及时发布真实信息、积极回应等。

4. 经济改革和对外开放带来的经济风险

近两年网上有很多文章对中国现状表示悲观，西方也发出对中国发展持悲观的论调，但是我本人持乐观的态度。

每一次中国在世界产生重大影响的时候，世界上都有两种不同的言论：一个是“崩溃论”，说的是一旦社会出了问题，中国就会崩溃；另一个是“威胁论”，说的是中国发展速度对西方来说是威胁。面对国际上的不同论调，最主要的对策是找准自己在国际社会中的角色和责任。

20 世纪 70 年代末、80 年代初之后，伴随着国内改革开放政策的实施，中国开始了融入国际体系的进程。随着中国实力的逐步积累，到 90 年代中期，中国的发展已经开始引起了国际社会的普遍关注，“中国威胁论”就是这种关注的反应之一。与此同时，希望中国做国际社会负责任一员的呼声也开始出现。

在战略理念上，中国先后提出了“新安全观”“睦邻、安邻、富邻”“和平崛起”“和谐世界”等体现国际社会发展趋势的先进观念，体现出中国负责任的姿态和维护国际秩序的良好意愿。在实践层面，中国更是积极承担国际责任，努力维护世界的和平与发展。

30 年来积蓄的风险可能在某一刻爆发，中国要做的是通过树立大国形象，承担国际责任，将戾气一点点消减。

5. 生态环境问题带来的风险

现在食物有毒、空气有毒等问题经常出现，如农民自己是种什么不吃什么，“毒姜”事件频发等。这些问题实际上反映的还是资源和土地的问题。比如，农药残留问题的根本是耕地的问题。

在 20 世纪 80 年代，有很多专家说中国的发展一定要避免西方“先污染后治理”的老路，但现在看来我们还是要走这条路。而且现在我们面临的问题更大，人类活动对大自然的影响日益加重，虽然人类创造了极大的生产力，但环境污染、自然资源枯竭、生态失衡等问题逐渐成为共同的问题，并反过来阻碍了社会的进步与经济发展，对人类的健康生存与发展也提出了巨大的挑战。现在很多富人移居国外，主要考虑的一大因素就是生态问题。

随着研究的深入，我们了解到生态问题并不是一个简单的问题，其复杂性使其根源为多方面而非单一，它的根源不仅有科技根源，还有人口根源、制度根源、道德根源等。

6. 文化问题带来的风险

中国在和世界打成一片以后，就出现了文化的问题，出现了两种极端的处理方式，一是“全盘接受”，认为什么都是西方的好；另一种是“盲目排斥”，认为只有原来的、本国的文化才是好的文化，而排斥外来优秀文化。这样的现象将会造成一种更严峻的形势：我们原本的文化体系、社会秩序被破坏，但是新的体系还没有建立起来，所以社会的失范现象比较严重。

目前我国已经进入中等收入国家行业，正在面临一个中等收入的陷阱。同时我国也处于社会矛盾的多发期，如果处理不当，可能会引起社会动荡，所以现任领导人和前面几届领导人的社会治理任务有别。前面几届提出的是“加快发展”的口号，而现在则要强调社会平衡、合理发展。只有这样，社会才能在体制、制度和利益分配上作出调整。在此期间，对于那些已经垄断了中国某些资源的既得利益集团，要控制、平衡各方面利益。所以五年内，我们的任务不再是一味地追求“快”。

最近，银行短期拆解率已经到了百分之三四十，但是中国领导人还很沉得住气，就是考虑到社会发展的趋势和权衡了各种利益关系。

所以，传统社会的风险主要是自然风险，而现代社会的风险主要是人为风险。特别是在当代中国，人人都有怨气，这很像社会心理学所讲的“踢猫效应”。“踢猫效应”是说：一个老板决策失误，心里很窝火，就把来汇报工作的中层干部大骂一通，中层干部挨骂以后就会向基层员工发火，基层员工只有把火发在儿子身上，而儿子只能踢猫来发泄不满，猫最后就变得非常凶狠，见人就抓。整个社会陷入一种戾气之中，在这种恶性循环中流转，人与人之间的关系就成为风险关系，这样的人在风险社会存在很多隐患。

2013 年 6 月 7 日，一群应届高中毕业生在准备参加高考的时候，被公共汽车带去另一个世界。原因在于一个对社会绝望的老人提着汽油上了公交车并进行引爆，终结了 46 个无辜者的生命。这说明我们不能忽视社会的风险，一旦隐患引发，灾难就无法挽回了。

（二）新动向之二：媒介化社会

现在的媒介在整个社会的作用可以说是无所不在、无所不包、无所不能。在政治上，网络反腐如火如荼，最新的进展是新华社记者实名举报华润集团董事长的事件。从2012年11月到2013年5月，全国接连有80多个司级干部被微博举报。官员的媒介形象已经对他的仕途起着越来越重要的作用。

当今，大众传媒正在逐渐超越信息交流这一最初的功能，开始形成了一股强大的力量，重构人们的日常生活，影响人们的政治生活、社会价值观，甚至情感世界和意识形态。人们对媒介的依赖亦愈加强烈。一方面，大众媒介飞速发展，无论是社会组织还是公众，从信息交流到文化沟通，都对大众媒介产生了高度依赖；另一方面，大众媒介的影响力与日俱增，日益渗透到社会组织和社会生活的各个领域。

在外交领域，以前老百姓几乎是处于被动状态的，但现在参与度和自主性逐渐提升。2013年5月5日，中国一艘渔船被朝鲜扣留，对方勒索120万元。无奈之下，船长发微博向广大网民求助，网民群起而攻之，中国外交部当月20号表态，最后，朝鲜无条件放人。过去中国渔民发生这样的事情通常是无助而被动的，如今他们可以通过更多的渠道求助、维护自己的利益，这就是媒介化社会带来的变化。

媒介在社会其他领域的作用也是无处不在的。如今，人们感知世界的方式不是走向自然，而是限制在媒介上，限制在电视、互联网、手机上。想一想现在的年轻人怎么生活？白天上班，对着电脑；回到家里，又打开电脑玩游戏。工作离不开媒介，生活也离不开媒介，现在人的生活都是围绕媒介展开的。

社会交往历来都是面对面的，但现在不是了。原来我们拜年是登门拜访，交换礼物，后来就变成电话拜年，再后来变成短信拜年，现在变成QQ、微信拜年。

在日常的生活里，通常会出现很多“被媒介绑架”的现象：几个朋友好不容易聚到一起吃顿饭，结果坐在一起大家就都拿起手机玩，和远方的朋友交流，上了一道菜就拿起手机拍照，拍了以后发出，说“我在这里吃了什么”。所以有网民调侃说现在人与人的交往是“有一种相爱叫互粉，有一种分手叫取消，有一种示爱叫评论，有一种调情叫私信，有一种暗恋叫关注，有一种力量叫粉丝，有一种冷酷叫拉黑，有一种暴力叫加密”。

在网络购物方面，我们会到虚拟世界去买日常生活里的很多东西，足不出户就可以买到自己心仪的货品，价格还比实体店便宜。淘宝网2012年一年的营业额是一万亿元，相当于一个中等省份，如陕西的收入。2012年“光棍节”那天，淘宝的营业额就是191亿元。网络购物在提供方便的同时也带来问题，比如，由于方便和便宜，人们购物就不那么理性了，现在很多网友都是上网买了很多不实用的东西。

现在还存在另一个现象：媒体的推介和炫富，使得人们的思想已经出现一种“符号亲情”，买东西的时候，买的不是该物品的使用价值而是符号价值。比如说一个包就几十万元，它的使用价值和普通便宜的包是一样的，但还是有很多人追逐这种“奢侈的符号”。

整个社会在媒介的包围下，人们是按照媒介的规律和运作方式去生活的。现在媒体提供的海量信息已经足够人们足不出户就可以过日子，所以出现了大量的宅男、宅女，导致了整个社会的媒介恐慌。

媒介之所以能够改变世界，是因为它能够改变我们对世界的认知途径和体验方式，改变我们的思维方式，媒介利用它的影响力改变我们的想法并影响社会变化。

社会媒介化极大地放大了社会风险。据统计，我国手机用户已达12.6亿，其中上网手机6亿部。从理论上说，6亿部上网手机就是6亿个传播主体。手机在开通了短信、微博、微信以后，一个简单的通信工具就变成危机传播的强大武器。

社会媒介化使危机传播呈现新的特点。主要体现在：危机传播主体大众化，危机传播渠道复杂化，危机传播内容多样化，危机传播速度急速化，危机传播范围国际化。

从某种意义上说，现在“危机四伏”，风险就在身边，防不胜防。正因为这样，如何与媒体打交道，如何有效地应对危机传播，成为我们日常生活的重要议题。

（三）新动向之三：大数据时代来临

大数据问题是当代传播学和很多其他学科正在研究的问题，内容新鲜且有很多需要深度挖掘的内容。我提出这个问题是想引起大家的关注，让大数据的观念逐渐普及。在美国，大数据已经被列为他们的最高国策，是未来新时代最重要的东西。

第一，“大数据”是什么概念？用术语来讲，大数据也称为“巨量资料”，指的是需要新处理模式才能具有更强的决策力、洞察发现力和流程优化能力的海量、高增长率和多样化的信息资产。大数据技术的战略意义不在于掌握庞大的数据信息，而在于对这些含有意义的数据进行专业化处理。换言之，如果把大数据比作一种产业，那么这种产业实现盈利的关键，在于提高对数据的“加工能力”，通过“加工”实现数据的“增值”。

通俗来讲，大数据有两种理解，一种是“绝对的大”，另一种是“相对的大”。“绝对的大”是数据之大是以前的任何工具都无法处理的，谷歌前 CEO 斯密特说“人类自从有了文明的曙光以后，到 2003 年数以万年记的历史长河里面，人类总共产生了 5EB 个数据”。我们没有必要去知道“5EB”具体是多少，它要表达的是很大的数据量。而到了 2010 年以后，人类每两天就产生 5EB 个数据，也就是说，现在每两天的数据量就等于过去一万年的数据量。

“相对的大”是什么意思呢？就是样本等于总体。在这种信息收集处理的方法里面，我们采用的不是抽样调查的思想，而是要求全面的思想。我举个例子来解释一下：比如测量长城的气温，以前可能要安排五个点，把五个点的测量数值进行平均计算就可以得出长城今天的温度，并以此预计明天的温度。但是预测结果往往和老百姓的感受有很大的区别。而大数据的方法是要求测量一千个点，每分钟把每一个观测点的数值都传入总部，这样把所有数据平均得出来的预测结果就比较准确了。

第二，大数据的特点有四个“非常”，分别是“体量非常大”“种类非常多”“价值非常大”“处理非常快”。一般认为互联网数据是这个时代的主流，而社交媒体又是大数据的爆发点。我们看到几乎所有的大数据技术都起源于互联网。

那么，大数据有什么功能呢？

大数据不仅是庞大的数字，同时也是一种工具、技术、方法。包括数据的收集、整理、传输、储存、预测，最后要作出决策、采取行动、取得效益。

我举一个听起来很神奇但是是真实发生了的例子，这个故事发生在美国。有一天，一个少女突然收到婴儿产品的广告，她的父母非常气愤，扬言要起诉那家企业。结果企业复函说：“请你息怒，你的女儿已经怀孕了。”最后这名少女在重压之下，终于说出了实情，而在此之前她父母完全不知情。那么，企业又是怎么知道的呢？原来企业的购物中心开发了数据挖掘软件，从客户购物的数据中就可以准确地判断出客户的个人情况，也就是说，通过记录和分析那个女孩的购买记录就得出了准确的预测结果。这个案例告诉我们要善于利用大数据的挖掘功能，但同时也反映出，大数据技术可能会对以后人的隐私保护产生威胁。

我通俗化地讲一个故事来解释大数据的应用：林彪打仗，每天晚上必做的功课就是听取战情报告。在辽沈战役决战的一个晚上，值班参谋照常读各部队送上来的战报，突然，林彪说“停，你再读一遍”。所有人都不知道是什么原因，搞不明白总司令怎么会这样。于是参谋再念了一遍，念的内容是发生在傅家窝棚一次不大的遭遇战。

林彪听了以后问大家："第一，为什么那里缴获的长枪和短枪的比例不一样，比其他地方高？第二，为什么那里缴获和炸毁的小车和大车的比例比其他地方高？为什么那里的俘虏和被击毙的军官和士兵的比例比其他地方高？"

林彪据此下了判断："我断定，那里就是敌人的指挥所。"于是他马上下令把傅家窝棚附近的部队全部转移到这个地方。在这个时候，廖耀湘正庆幸从共产党的军队手里逃脱了，并且已经和另外一支部队会合，准备进行反击。突然之间，解放军的大批部队从天而降，廖耀湘才知大势已去，不得已举手投降。

虽然那个时候还没有大数据，但是大数据和林彪这个故事的道理是一样的。数据是基础，分析、判断、预测是核心，行动是关键。

所以我们应该利用好大数据来应对危机传播，具体要做到：

首先，发挥大数据的预测功能。预测危机的发生，比如流行病、火灾甚至社会动向。美国甚至可以预测到某个人要到哪里实施爆炸行为，然后采取跟踪的策略。

其次，危机发生后，应用大数据分析的方法去分析危机发生的原因，减少危机可能产生的危害。

最后，危机的善后处理也要用大数据的方法找到各方利益的平衡点。这样处理起来就比较合理，容易被大家接受，舆情不易反复。

二、媒体双重性

我们要从根本上理解记者，才能更好地进行应对。对于记者，社会上有两种说法，一种说记者是"无冕之王"，另一种说要"防火防盗防记者"。一种把记者说成是天使，一种却把记者说成是魔鬼，为什么会这样？

媒体肩负着重大的社会责任，还是推动社会进步的重要力量。在历史上，美国的私刑就是因为媒体的不懈曝光而逐渐减少，最后被法律废除的。中国的酒驾入刑，也是在媒体曝光了许多惨烈的酒驾肇事案，引起社会舆论的强烈不满后，最终通过人大立法的。《南方都市报》和各大媒体关于"孙志刚案"的报道，最终让国家废除了收容遣送制度。从这个意义上说，记者确实是无冕之王，是"天使"，值得全社会尊敬。

但是，媒体不仅有崇高的社会使命，还有自身的生存危机。我国媒体具有企业和事业单位双重性质。这体现在：媒体一方面是党和政府的喉舌，要承担社会责任，要进行舆论监督，要符合社会效益；另一方面它又是企业，必须进行企业化管理，要自负盈亏，要抓经济效益，通俗一点来说，就是要自己挣钱吃饭。

大家都在“找饭吃”，就存在一个“争饭吃”的问题。现在媒体比较通用的办法就是给下级（如记者站、分社）下达创收任务，没完成扣工资，超任务多提成。很多媒体的记者没有底薪，仅通过写稿获得稿酬，生存压力很大。为了生计，有些记者就可能铤而走险，在诸多利益的诱惑下，突破道德底线，以笔谋私，敲诈勒索，成为“魔鬼”，影响到自身和媒体的形象。

三、善用媒体

先说一个“善用媒体”的经典之作。

共产党在延安领导抗日战争，地盘小、军队少（只有几万人），可以说是“弱势群体”。但是，毛泽东等领导人却敢于使用国统区甚至是美国的媒体来宣传自己，取得了惊人的效果。

美国记者斯诺采访延安，写下了《红星照耀中国》这本书（翻译为《西行漫记》）。过去我们更多地佩服斯诺的勇气，而没有从善用媒体传播信息的角度去理解。固然斯诺是主动要去延安的，但敢不敢让他来，能不能让他来，又是另一个问题。现在我们身处太平盛世，有些领导人尚且怕记者，把记者当作敌对势力来看待；那时延安贫困、弱小，但是党中央没有这么多顾虑，对斯诺彻底开放，毛泽东本人亲自陪他谈了好几个时段。结果让斯诺看到了一个贫困但是坚强的解放区，看到一个弱小但是有智慧的共产党。经过与国民党统治集团的官僚主义、腐败作风相比较，斯诺得出了一个惊人的结论：红星正照耀中国的西北角，它必定要照耀全中国！

现在我们正在进行的改革开放，显然也是前无古人的伟大事业，如何用好媒体呢？

1. 创造异常，吸引关注

有一个流传极广的故事。茅台酒在万国博览会（现为世界博览会）上无人问津，参展商情急之下，故意推倒一瓶酒，酒香四溢，引来众人品尝，一举成名。此事是否属实，有待考证。但从信息传播的角度看，创造异常，吸引关注，扩大影响，确实是加速信息传播的高招。

2. 反客为主，化危为机

2010 年上半年，富士康深圳公司出了“十三跳”，5 个月内先后有 13 个员工跳楼自杀，事件震惊全国。网络媒体以其惊人的速度将此事迅速传开。“风水不好”“血汗工厂”等传言令富士康的企业形象岌岌可危。

为改变“十三跳”造成的消极影响，2010 年 5 月 25 日，老板郭台铭来到深圳，邀请 200 多名海内外媒体记者，亲自带他们参观社区、厂区、车间、宿舍楼、员工关爱中心等。当着千余人的面，他深深三鞠躬，“除了道歉还是道歉，除了痛惜还是痛惜”。郭台铭鞠躬道歉的形象以及工人较好的设施和生活条件被境内外媒体广泛报道，实际上是企业形象的全面展示。同时富士康公司采取积极措施改进企业管理，这些措施及时切断了大众的猜想，拥有 40 万员工的大企业又重现生机。

3. 下情上达，借力解困

广东饶平县有个汛洲岛，居民 600 多户，共 1 000 多人，大部分人已出来打工。直至 2006 年，这个岛上还未通电。广东省人大常委会连续 11 年写提案，都解决不了这个问题。原因是隔海架设电缆，难度太大，成本太高，收益太小。生活在“黑暗”里的人民不断到饶平县政府、潮州市政府请愿。万般无奈之际，潮州市领导找到了《人民日报》记者站，希望能向上反映困难。记者以“汛洲人民盼光明”为题写了内参，时任广东省省委书记张德江批示，有关部门两个月便架好电缆，汛洲人民终于见到了光明。

4. 占领高地，引导舆论

评论是舆论场的高地，能否借力来引导舆论呢？回答是肯定的。

2005 年 11 月 28 日早上，广东教育学院退伍兵大学生张平清在公交车上严厉制止小偷扒窃，遭到疯狂报复。他下车时被小偷的同伙从背后猛刺一刀，直穿肺部。小张在身负重伤的情况下，一转身夺过歹徒的利刀刺向对方胸口。结果是，小张经抢救脱险，歹徒不治而亡。没想到的是，当时媒体不去赞扬张平清见义勇为，而是争论他是否“防卫过当”，有的媒体甚至报道歹徒家属准备起诉张平清。

广东教育学院师生闻讯十分气愤，在校园打出“向见义勇为的张平清同学学习”的巨幅标语。个别同学甚至扬言，如果起诉张平清，他们就上街游行。学院的领导找人民日报社华南分社请求舆论支持。那天（12 月 1 日）正好有海珠区领导去医院看望张平清，并送上鲜花。当晚《人民日报》的华南新闻安排领导看望张平清的消息和照片作为头版头条，大标题是“鲜花送给英雄大学生”，并配上评论《弘扬正气》，高度赞扬张平清弘扬社会正气的大无畏精神，号召全社会向张平清学习，勇敢地向坏人坏事作斗争，从而扭转了舆论导向。

报纸除了社论、本报评论员文章、短评外，还有署名评论，对于社会共同关心的问题，有关部门可提供相关资料给报社写评论，也可以直接写署名评论给报社。一个领导人，如果能够从评论这个高度去推进工作，那就不仅仅是领导水平，而且是领导艺术了。

最后，要强调说明，在媒介化社会中，尽管有善于制造轰动效应的媒体，但是，主流媒体仍然是舆论场的主阵地。

2013 年 9 月 2 日，网上转发《南风窗》刊发的一条新闻，标题令人触目惊心——“村支书性侵村民留守妻子：村里一半都是我的娃”。大小网站疯转，万夫所指，让新闻所指的河南省三门峡市喘不过气来。三门峡市委立即应对，联系到原文作者，请求提供线索，支持破案。作者表示，“遵循新闻工作职业道德，为信源保密”。为此，三门峡市一方面在网上积极应对，另一方面请党报支持。《人民日报》于 9 月 4 日刊出一则《就“村支书性侵留守妻”报道，三门峡市回应：作者拒绝提供“性侵”线索》的消息，客观报道了《南风窗》新闻刊发后的网络转载情况、三门峡市的应对及原作者的态度；9 月 5 日，以《河南日报》为代表的河南省各大主流媒体及网站纷纷转载《人民日报》的报道，形成传播合力；9 月 7 日深夜，《南风窗》终于向三门峡市市委宣传部发去《致歉信》，《河南日报》微博于 9 月 8 日零时发布这封致歉信；9 月 9 日《人民日报》又对此刊发了消息和评论，消息的标题是“《南风窗》发致歉信称，‘村支书性侵’报道原是‘私下吹牛’”。时隔一周，舆论实现了大逆转。

新闻界专家认为，在此次《人民日报》《河南日报》的舆论应对中，党报的主阵地作用明显，面对舆论热点敢于亮剑，从而扭转了舆论一边倒的局面。用主流媒体对付网上不良舆论，是向公众澄清事实的关键。

四、应对危机传播的六原则

全世界通行的危机公关的五个原则是“承担责任，真诚沟通，速度第一，系统运行，权威证实”。我在这里要讲的是应对危机传播的六个关节点。

（一）把握时间

危机一定要在第一时间处理，特别是现在新媒体发达的情况下。如果第一时间不出面应对，谣言马上就出现了。

如果第一时间没有东西可说怎么办？你至少可以把态度说出来。

葛兰素史克给我们提供了危机公关的样本。从 2007 年以来，它向官员和医生行贿高达 30 亿元。报道后的当天晚上，葛兰素史克立即发表声明，声明中说："某些员工的行为严重违背了本公司的规章制度、管理流程、价值观和标准。本公司对此行为绝不姑息和容忍，并表明支持中国政府根治腐败的决心，全力配合中国相关部门的调查。"这个声明在第一时间立场鲜明、态度诚恳、无懈可击。

（二）直面真相

2001 年 7 月 17 日，广西南丹发生特大矿难，导致 81 名矿工瞬间被水淹没而死亡。事件发生后，地方政府刻意封锁消息，并与矿主勾结，企图用金钱与受难家属私了。《人民日报》广西记者站（包括华南分社广西记者站，合署办公）接到群众举报，立即着手进行采访。记者给中央写了个内参，当时一位中央领导写下措辞严厉的批示："官商勾结，草菅人命。"并要求广西政府查明真相，严肃处理。结果是，由于极力掩盖真相，并确有与矿主勾结谋利的事实，南丹县委书记、副书记、县长、副县长及黑矿主一干人被判刑。所以在处理危机时应该直面真相。

组织和部门处于危机漩涡中时，是公众和媒体的焦点，一举一动都将接受质疑，因此千万不要有侥幸心理，企图蒙混过关。而应该主动与新闻媒体联系，尽快与公众沟通，说明事实真相，促使双方互相理解，消除疑虑与不安。

真实准确，公开透明，提高舆论公信力，是最好的做法。在公共突发事件面前，如实向媒体和公众披露与报告真实情况，积极做好解释和引导工作，政府就能把握舆论引导的主动权，及时告知真相，争取群众理解。面对突发事件，政府部门必须将事实真相及时公之于众，解答公众的各种疑问，让公众得到全面、透明、准确的信息。这是满足人民知情权、参与权、表达权和监督权的必由之路，是获得人民群众的理解、谅解和支持的正确途径，这也是体现人民真正当家作主的基本要求。

（三）认清性质

性质的问题一定要非常清楚，才能更好地把握方向。2013 年 4 月 24 日，报纸上登了一个东源县法官伪造判决书的报道。案情并不复杂，就是东源县人民法院的院长伪造了八份判决书去核销社保基金。这个行为是不合法的。这种不法行为是领导叫法官办的，但即便是领导安排的事情也应该分清楚性质，再怎么样也不能用犯罪的手段去掩盖另外一个犯罪行为。

广州有个区伯，因举报公车私用、监督政府部门的失职行为而得到媒体的广泛关注。有一次，广州某单位的一位处长晚上开公车去江边餐厅吃饭，被区伯逮住。该处长托人给区伯送去了两瓶酒和两千块钱，恳求区伯手下留情。结果区伯将照片、酒和钱一起送去纪检委。该处长因此受到处理。这位处长就是没有认清危机性质，应对不当。公车私用当然不妥，但那只是贪小便宜，性质属于违纪。而送钱送酒，在性质上就是行贿，属于犯罪行为。用犯罪手段去应对违纪危机，显然是大错特错。

总的说来，我们在应对危机方面经验不足，还缺乏心理准备、知识准备和思想准备。常常是对潜在的危机缺乏预见，危机出现之后束手无策，甚至是错误应对，用一个危机去应对另一个危机，结果使小危机变成大危机。

（四）抓住要害

这个原则要具体问题具体分析。对于企业来说，要害就是信誉问题。前些年，南京冠生园因为用了过期的月饼馅料来做新月饼而被媒体曝光，他们不仅没有承认错误，反而跟媒体对着干，发表无责任声明，甚至威胁媒体，这样的处理方式让这个百年老店失去了信誉，最后宣告破产。

对于政府的危机处理来说，要害是政府的公信力问题。百姓的信任和支持是进行下一步的关键。

（五）坚持原则

原则的问题在新媒体时代非常重要，新媒体中有一个现象叫“沉默的螺旋”。“沉默的螺旋”通俗地说就是网络上多数人的暴政，表现为支持者多的意见会有越来越多的支持者，而支持者少的意见就会越来越没有影响力。所以相关部门在处理的时候要避免“沉默的螺旋”现象发生，坚持原则，并保证每一个声音都能够被听到。

近年来，舆论很快会“螺旋”起来的话题有两类，一是穷人和富人的摩擦；二是百姓和官员的摩擦。舆论都会一边倒地为穷人、百姓鼓呼，有的时候甚至畸形化。

2009 年深圳机场女清洁工梁丽“捡金”案，是一个十分典型的案件。据《南方周末》报道，2009 年 9 月 25 日，深圳机场女清洁工梁丽“捡”黄金案尘埃落定，检方最终将之定性为“侵占”而非“盗窃”，并作出不起诉决定。这个结果出来后，同情梁丽的网民欢呼胜利，但检方同时披露的几个重要细节，也让不少法律界人士深感不解：第一是，事发时，装有黄金首饰的纸箱位于距离机场柜台仅一米的黄线处，当时失主去 2.2 米外的另一柜台咨询；第二是，失主离开纸箱仅 33 秒钟，梁丽便及时出现，并在半分钟内将纸箱从行李架上拿下，放到垃圾车上推走，4 分钟后，失主回来，发现东西已经不在；第三是，最关键的细节是梁丽将纸箱取走后，转移至残疾人厕所中，箱子被拆开后，梁丽的同事曾从箱子里拿出一件首饰到首饰店检验，证实是黄金，梁丽下班后将纸箱带回家，另有两个同事分了一包首饰。根据上述细节，梁丽所谓“捡”黄金的说法很难成立。接近于“偷”的梁丽为何被免于起诉？

《南方周末》认为，舆论在其中起了重要作用。在案情尚未明了之际，梁丽即被塑造为一个受害者形象。于是所有人的同情都集中在这个贫困的女清洁工身上，而对于她究竟做了什么却完全忽略。

据一位报道此事的记者称，本来不少专家认为梁丽构成盗窃罪，但他们的话却很少被报纸引用，而该记者本人亦倾向于盗窃罪观点，但报道中刚有一点苗头就被“骂死了”。

于是，在汹涌的“民意”面前，执法单位节节败退，先是宣布延期起诉，接着对梁丽取保候审，最后宣布不起诉。而在宣布不起诉后，梁丽俨然成为一个英雄，甚至有人专门为其召开了一个新闻发布会。而当地一家民营医院也高调宣布对其免费治病。梁丽被无罪释放之后，还提出国家赔偿。有法律专家指出，这是“道德与法律沉沦的闹剧”。这一切，都是相关部门没能坚守原则，被舆论绑架的结果。

（六）修辞恰当

修辞的问题也很重要。我在这里用一个历史故事来说明：宋朝秦桧的后代秦涧泉在乾隆十七年的时候参加殿试考状元，后来考上了。乾隆看到他文笔那么好，但是看到他的籍贯和姓氏就犹豫了，问他：“你和秦桧是什么关系？”秦涧泉此时面临危机，如果他说“我是秦桧的后代”，那他就会因为身份问题不能当状元；如果他说“不是”的话，他又犯了欺君之罪，可能被株连九族。

他是怎么回答的呢？他说：“禀告皇上，一朝天子一朝臣。”就是说他和他的祖上是不一样的，现在他是一心一意为皇帝服务的。所以他获乾隆御批当了状元。“一朝天子一朝臣”这句话的出处就是来自这里。

但是皇帝批准了还不够，中国有血统论，社会并不认可他。秦涧泉当了状元以后的第一件事，就是到岳飞墓前跪下，请他原谅他的祖先，还写了一副对联：“人从宋后羞名桧，我至坟前愧姓秦。”这样一来人们就认可他了，他之后的从政生涯也是获得后世肯定的。一句话说对了和说不对往往起到决定性的作用，说明修辞和说法在处理危机的时候也非常关键。

第七讲：公司上市前后的舆论风险防范策略

主讲人：黄义仲

主讲人简介

黄义仲，男，1977年出生，2000年7月毕业于暨南大学新闻系，同年进入广东省佛山日报社工作。现任佛山日报社经济新闻中心主任。从业12年来，一直在经济新闻领域从事报道工作。长期关注和报道佛山区域的经济和各大支柱产业、企业，对佛山的经济、民营企业、上市企业有持续、系统、深入的研究和洞察。2003年起开始在《佛山日报》主导推进城市主流媒体的经济新闻转型和改革，在国内地市媒体中率先创办《财经》专叠，在媒企互动实践中有较丰富的实践经验。工作以来，先后获广东新闻奖3次、中国地市报新闻奖共10次，撰写、刊发在国家核心期刊的论文多次获全省及全国一、二等奖。

作为制造业大市，实体经济是佛山的根本，企业通过上市等手段可以获得更强的发展动力。

近几年来，在企业自身努力和各级政府的支持下，佛山企业的上市步伐不断加快。仅在2012年就有华声电器、顺威精密、海天股份、欧浦钢铁物流、新宝电器5家企业上市。证券市场中的佛山板块已达37家，累计融资超过600亿。

那么，企业上市前后究竟存在哪些舆论风险？又该如何防范呢？

一、对公司上市舆论风险的了解

达芬奇家具是国内家具高端品牌之一，1994年在新加坡开设了首家零售店，现在中国已经有7家连锁店。2011年7月10日，达芬奇家具被指造假，达芬奇家具方面通过微博宣布，将召开新闻发布会介绍其在中国的运营以及销售情况。2011年12月，由于该公司拒付上海工商局133万元罚单，并否认造假，达芬奇家具再度陷入舆论的漩涡。“达芬奇事件”对佛山家具产业是一个重大打击，连跟此事无关的联邦家具也被卷进来，至今佛山的家具市场依旧萎靡不振。在此事件中，达芬奇公司犯了诸多错误，但它最大的错误，就是不肯承认错误，认为自己是对的，每天开新闻发布会都是在狡辩公司如何无错，公司总经理还在发布会上声泪俱下。在此我建议各大企业无论遇到什么公关危机，千万不要在新闻发布会上哭，因为这是无法获取公众或者媒体的同情的。一些行业规则，包括你认为正确的东西，公众却未必认为是对的。

成为上市公司之后要考虑很多东西，特别是财经传播策略。有些企业一遇到媒体的负面报道就打官司，去找记者或媒体讲道理，试图通过法律和行政、司法途径解决问题，殊不知这样做扩大了风险点。这种做法其实是将司法的法庭和舆论的法庭等同了。但实际上，在舆论的法庭上，道理不是由媒体来讲，而是群众在评论，如果你没有将事情解释清楚，会越抹越黑，即使在法律上是合法合理的，公众也不会这么认为。成为上市公司后必须要认清自身的角色，不能以原有的模式、方法继续应对媒体和公众了。

上市公司有别于非上市公司，公司上市后有几个变化：一是股权的变化，其他股东进来，分享企业控制权，原来民营企业的老总变成大股东；二是公司业务面临更大程度的监管；三是老板变了，原来的老板是民营企业老总，上市之后是证交所、投资者（包括股民）和金融活跃机构及人士；四是更重视季度业务和财务报告，上市公司每个季度、每年都要发布公告，所有信息都会在财务报表里面显示出来；五是公司决策的变化，以企业的控制权为例，小股东可以将大股东废掉，例如国美电器集团内部的纠纷；六是财务所得分配的变化，上市公司收入的一大半都要分给股东以及股民；七是定期的财务报告，包括季报和年报，所有记者都是通过季报和年报获取信息的；八是要注重各种投资者关系的沟通及并购分拆的问题，还有信贷问题，形成信息披露制度。

上市公司是公众公司，其公众性体现在分享企业控制权、分享财务收入所得、为股东价值而经营、定期发布财务报告（季报、年报）、开展各种投资者关系沟通活动和及时披露各种重要数据及信息。“公众”二字，决定了任何劣迹、任何负面新闻，都可能给公司的社会形象带来负面影响，给投资人造成损失，因此不能像以前还没上市一样随心所欲。公众这一特点一旦与公司挂钩，公司的信息传播、环境等都会发生巨大变化。

二、公司上市的信息披露与舆论风险

虽然上市公司的很多风险根源在于企业经营行为不当，但佛山上市公司的舆论风险很多源于重要信息的披露不当。一家上市公司需要公开哪些重要信息呢？

上市公司跟一般公司的公众特性不同，公司上市之后，证监会就会要求其建立信息披露制度，这个信息披露是超越新闻传播的，其披露的是所有的信息，包括有关收入的决定，任何程度的企业架构变动，重要管理层变动，重大并购或合并计划，股票分拆、分红与派发股息等的变化，一项重大合约的签署，重大借贷或有关借贷的变更，重大债务的产生，大股东卖股减持活动，重大的专利或发明，重要新产品的市场推广，公司章程的修订，企业会计制度的改变，企业生产安全事故，重大产品质量事故，各种可能构成重大伤害的新闻报道、传闻或其他信息。此外，大股东的信息、大股东的老婆买股票等，这些都要披露，这与一般的民营企业有很大的区别。

这些信息，无须上市公司公布，全球的记者都可以通过股票交易所公开的招股说明书、季报、年报找到这些信息。预披露的招股说明书里面包含大量信息，只需要选取其中的一部分信息就足以让媒体做一个专题报道。企业以前只需要提供业务信息，但上市之后，高管的行为，包括其妻儿的行为都必须在媒体的监管下。

三、八大舆论风险

中国上市公司高管常犯的错误是涉及内幕交易，这也是佛山上市公司这几年舆论风险的最大热点。内幕交易在中国于2012年6月已经进入了司法中的犯罪层面，很多被认为是资本高手的企业家均在此栽跟头。为此，本人从过去几年的上市公司中，大致地总结出了8大舆论风险：

风险1：内幕交易

内幕交易是指内幕人员和以不正当手段获取内幕信息的其他人员违反法律、法规的规定，泄露内幕信息，根据内幕信息买卖证券或者向他人提供买卖证券建议的行为。内幕交易行为人为达到获利或避损的目的，利用其特殊地位或机会获取内幕信息进行证券交易，违反了证券市场“公开、公平、公正”的原则，侵犯了投资公众的平等知情权和财产权益。内幕交易丑闻会吓跑众多的投资者，严重影响证券市场功能的发挥。同时，内幕交易使证券价格和指数在形成过程中失去了时效性和客观性，它使证券价格和指数成为少数人利用内幕信息炒作的结果，而不是投资大众对公司业绩综合评价的结果，最终会使证券市场丧失优化资源配置及作为国民经济晴雨表的作用。

2010 年 2 月，科达机电收购恒力泰的框架基本敲定；2010 年 3 月 23 日，科达机电临时停牌，次日继续停牌，直至 2010 年 4 月 29 日复牌。

2010 年 3 月 17 日，时任科达机电控股子公司佛山市科达石材机械有限公司董事的周和华，利用其妻账户，先亏损卖出了该账户内的“银河动力”股票，随后将账户内资金全部用于买入科达机电股票。他买入股票的第二天，股票马上飙升。

只要在百度上搜索关于这两家企业并购的新闻，至今全部都是负面报道，网络负面舆论停留的时间很长。

风险 2：关联交易

中国内地上市规则中，上市公司关联交易是指上市公司及其控股子公司与关联人之间发生资源或义务的转移。关联交易在市场经济条件下存在，有利之处在于，交易双方因存在关联关系，可以节约大量商业谈判等方面的交易成本，并可运用行政的力量保证商业合同的优先执行，从而提高交易效率。不利之处在于，由于关联交易可以运用行政力量撮合交易，从而有可能使交易的价格、方式等在非竞争的条件下出现不公正情况，侵犯部分股东的权益，也易导致债权人利益受到损害。

公开资料监测显示，2012 年左右，佛山照明内幕交易频发。佛山照明在过去 30 年间可谓缔造了中国资本市场的神话，国内玩股票的人没有不知道佛山照明的。至 2012 年初，佛山照明上市 18 年期间共转股 6 次，派现 17 次，累计派现 35.9 亿元，被誉为资本市场的“现金奶牛”。佛山照明 2009 年开拓新疆新能源板块业务，当时公司的一位副总经理及其妻子、女婿在筹划推动新能源项目期间利用内幕信息进行股票交易，后来被证监会罚了 18 万元。

内幕交易后，佛山照明又踩上关联交易的地雷。佛山照明年度财报连续 3 年未披露关联交易，被广东证监局警告，要求整改。此事引发大量财经媒体报道，演化成社会舆论关注度极高的风险事件，网上充斥着大量关于佛山照明的负面报道。

风险 3：财报（季报、年报）造假

前面提到，佛山照明年度财报连续 3 年未披露关联交易，被广东证监局警告，要求整改。在财务报表中不披露关联交易，一旦被发现，会被告到证监局。一些专业机构购买了很多某个上市公司的股票、基金，投资了大量的金钱到这个公司里，一旦被这些专业人士发现财报造假，出于保护资产安全的考虑，他们会立刻到证监部门告这个公司。

风险4：产品质量事故

2010年5月，央视《中国质量报告》报道美的紫砂煲紫砂成分造假，引发了整个紫砂煲行业的灭顶之灾。当时紫砂煲的行业规则是只要是用普通陶土做的就可以，是否用紫砂做成没关系。美的公司顶着巨大的压力快速应对，迅速发布公告：承认紫砂煲内胆造假，可以退货；最后直接砍掉紫砂煲业务。虽然在新闻炒作、退货等背后夹杂着与竞争对手、黑公关等斗争的影子，但无可否认的是，美的公司很好地应对了此次舆论危机，这件事之后美的公司的股价也没有太大的下降。

风险5：并购重组

许多问题都出现在并购重组环节，因此要高度重视并购重组环节。

恒力泰是佛山一家陶机龙头企业，企业掌门人缘何因内幕交易进了监狱？科达机电和恒力泰两大巨头重组缘何风险频发？法院公开资料显示，时任恒力泰法定代表人和董事长的“陶机大王”罗明照随口将“企业合并，科达机电将股票停牌的消息”告知弟弟，因而其弟在停牌前，大肆购入科达机电股票，交易金额高达358万元。2013年1月底，这对兄弟因被控内幕交易罪及泄露内幕信息罪，在禅城法院一审过堂。

风险6：高管违规抛售

2007年5月30日至6月20日的高管诚信披露中，时任佛山照明总经理于6月1日卖出500股，6月7日又买入500股，此举违反《管理规则》有关规定，对此，公司表示，此项违规是由总经理家属按错键、误操作所致。最后该笔操作获利的31.74元已上缴公司。

风险7：财经名人质疑

财经名人、微博达人对年度财报、产品质量等的系列质疑，会将公司推到舆论的风口浪尖上。

郎咸平曾针对科龙公司做了一个报告，指出科龙13亿应收账款疑被挪用，格林柯尔系面临崩溃。当时郎咸平以海外独立经济学家的身份研究科龙的财务，并提出了一系列质疑，引发了企业的一场大危机。

潘石屹指出顺特电气不诚信，因其在新疆项目中以铝线代替铜线，曾遭国家电网批评，因此SOHO拒绝使用顺特电气，改用国际品牌ABP。顺特电气第一时间站出来辩解。一个是上市公司的董事长，一个是上市公司万家乐的子公司，此事件引爆国内各大媒体的关注。虽然顺特电气一直解释这是生产和管理上的疏漏，是局部偶发事件，但没有从根本上解决客户的疑惑，伤害了企业本身。

风险 8：公司 IPO 前的风险

以上讲的都是公司上市后的风险，以下分享几个案例，来给大家重点讲讲公司上市前的风险。

首次公开募股也就是新股发行叫 IPO。新股发行是要通过证监会审批的，证监会开会讨论，对提出 IPO 申请的公司进行审核，审核通过后，提出 IPO 申请的公司将获得上市资格。这个过程就是 IPO 上会和过会。

1. IPO 过会节外生枝

通常一个公司成功申请 IPO，媒体的关注点都是该公司什么时候上市，上市的时候培养了多少个千万富翁。

招股说明书有许多风险点。企业披露招股说明书之后，记者第一眼看到的是股东会有多少股份，记者不会有太多空闲时间仔细钻研招股说明书，所以他今天看到前面的内容就会报道前面的，看到后面的内容就报道后面的。

佛山本土一家光电企业，在提出 IPO 申请前，有一篇副题是"企业上市或批量造千万富翁"的媒体报道中提及："按照企业本次拟发行 5 500 万股、募集资金 5.04 亿元作粗略计算，其发行价格或将定在每股 9.16 元左右（不考虑资金超募）。而从 45 名自然人股东的持股情况来看，前 27 名股东持股量均在 170 万股以上，一旦企业能够成功通过审核发行上市，对应地，他们的身家都将达到 1 000 万元以上。当然，自 2009 年 IPO 重启以来，新股发行频频出现超募的情况，当年第一季度 A 股市场超募比例为 100% 左右。"

但是由于这家公司是一家国企转制企业，一些员工不看好该公司，在公司上市前退股了。这个标题一见报，那些退股员工发现原来跟自己一样的员工突然变成了千万富翁，心里不平衡，就去有关部门投诉了。

在 IPO 上市成功之前，内部员工的矛盾很容易就变成外部矛盾，这是利益平衡的问题导致的。内部员工会觉得公司变富了，心里不平衡，骂高管、骂董事长。其实这些都只是账面的游戏，很多企业老总现在都不愿意上市，因为上市之后内部员工都在抛售配股，高管都把股份卖完了，董事长还在一个人站岗；高管卖股影响不大，但如果董事长也卖股，那整个企业就完了。现在民营企业老总上市面对这样一个瓶颈，股票禁售期是 2 ~ 3 年，上市所需要的各种费用和税费都是由董事长出资，包括给高管的分红，但是不到两年，许多高管都离职了，所以很多公司在上市的时候实际上都是亏本的。在 2007—2009 年，许多人因为公司上市一夜暴富，但在 2011 年之后，很多公司在上市的时候是亏本的。所以，上市如果是为了圈钱的话，根本不可行，如果是为了企业的发展，才是可行的。

2. 奔朗被海关处罚，申请 IPO 前撤销申请

当初网站“金融界”就为奔朗 IPO 做了专题报道，“奔朗新材料 IPO 四大隐患：涉嫌虚增利润”“应收账款占比过大　存虚增利润嫌疑”“广东奔朗新材料股份有限公司日前公布了首发招股说明书，然而记者在翻阅该公司的招股说明书后发现，拟登陆创业板的广东奔朗曾在 2010 年遭受海关处罚，触及上市红线，此外公司对关联方、已上市公司科达机电的依赖度正逐年走高，而公司应收账款过多，可能由此引发虚增利润”。

各大财经媒体都对奔朗进行负面报道，这一定程度上是公司与媒体沟通不足造成的。很多时候媒体都只是翻一下招股说明书的前面部分就报道，正面的东西反而不说。这些报道对申请上市的公司来说是致命的，公司上市之后会进入沉默期，风险都是在沉默期爆发的。很多时候这些申请上市的公司觉得很多东西不应该讲，也不知道该讲什么，但关键的时候即便公司自己不讲，很多媒体也会帮他们讲。招股说明书的风险很高。

3. 海天 IPO 预披露后，“躺着中枪”

2012 年 3 月，证监会通过海天股份招股说明书预披露，一场意外的风险在 5 月随身而至。

2012 年 3—5 月，也就是从招股说明书预披露到 IPO 上市期间，企业进入沉默期，广州一家媒体的报道标题“佛山某大型调味公司用致癌工业盐水酿酱油!”立即引发国内门户网站和微博广泛转发和评论，地点在高明，品牌又叫“威极”。(编者注：海天公司生产威极酱油，而被检查出有问题的是威极公司生产的酱油。) 大家看看这篇报道的开篇是怎么写的：“佛山年产酱油 8 万多箱的某大型调味公司，竟然用容易致癌的工业盐水代替食用盐，作为生产酱油的原料。”年产酱油 8 万多箱，在国内怎么排得上是“大型”？虽然不久之后海天调味对此事作出迅速有力的回应，但此事还是对企业形象造成了不良影响，需要企业花大量精力来弥补此事造成的损失。因此舆论风险有时候并非是否回应的问题，而是受外界猜测性、联想性的东西影响。

4. 佛山燃气

2011 年 6 月，佛山燃气股份申请 IPO 被拒也是因为比较意外的舆论风险。2009 年初，正值佛山燃气股份积极筹备上市期间，董事长却因“工作

调动”离开。佛山燃气股份 IPO 申报稿中显示，公司现任董事长发生了变动。然而，申报稿中仅仅声明，“发行人总经理、副总经理、财务总监等高级管理人员未发生重大变动，发行人控股股东、实际控制人近 3 年来未发生变更”。

媒体发现了报告期内佛山燃气的董事长变更并予以报道，因为这条违反了证监会的规定，过会当天，佛山燃气股份就因为此事被拒了。这也是很遗憾的事情，本来佛山燃气的改制进行得很好，就是对法例条文贯彻得不好，导致此事变成了舆论热点，引起证监会质疑。

四、全媒体时代的舆论风险，无处不在

在全媒体时代，我们怎么应对舆论风险的频繁化？媒体这么多，你应付不了这么多媒体，现在无论是对大的传播媒体，还是网络媒体，只能以不变应万变。

从 1993 年至今，佛山在上海、深圳、香港、新加坡、伦敦等境内外的上市公司已经达到 34 家，其中一家陶瓷上市企业在新加坡退市。2008 年佛山启动“金融发展三项计划”后，企业上市提速，上市梯队企业已超百家，直接或间接涉足资本市场的佛山企业队伍越来越庞大，但是风险也越来越多。

目前国内资本市场舆情的传播有其特别的载体：财经媒体、财经网站、本地主流媒体、微博、股吧、论坛、财经名人质疑等。从这些风险中可以梳理出三大风险高发点：第一个是公司高管，他们是风险高发人群，对其管理必须要严格，他们一旦进入了公众视线就都是公众人物；第二个是信息披露造成的风险；第三个是公司 IPO 前夜，董事会没能真正运作，成为“沉默的董事会”，失去话语权，造成风险。

在此我总结了上市公司面临的四大舆论压力：①上市公司的舆情爆发力强，负面舆情会带来一系列连锁反应，周转反复，很容易变成公众舆论热点；②信息披露更严格，不仅受制于监管部门，动不动证监会就会给你处罚，更受制于上市公司相关信息披露制度的规定和千千万万股民的监督；③多数上市公司没有建立舆情监测研判机制，导致其在多数舆情声誉事件中被动应对，都是像以前那样任由媒体采访，碎片化地传播，没有真正从公众角度来解决公众的问题；④从应对结果来看，很多上市公司舆情应对不够专业，多数采取沉默、矢口否认、转移话题的方式，使得舆论质疑不断。

所以大家要了解一下整个舆论风险的关键环节：第一，在预披露招股说明书里面就解释清楚什么时候成为公众公司；第二，排队等待 IPO 的时间加上证监会确认的时间也有两个星期左右，这段时间内媒体会做很多的报道；第三是在证交所上市的第一天，公司股价决定一切，媒体可以对募资情况做深度报道，所以上市第一个月风险也很大。

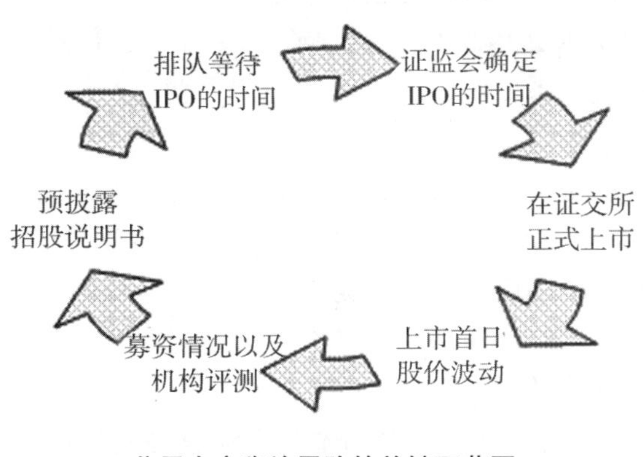

公司上市舆论风险的关键环节图

五、舆论风险防范

（一）内控规范

很多人一想到公司上市舆论风险防范，可能第一反应是找公关公司，然后再找媒体。我个人认为，第一步应该是建立企业内部控制的基本规范。很多时候找公关公司治标不治本，如果不做内部控制规范，对品牌或者公司会有一定的影响。大家从这几年佛山公司上市前后的风险中可以看出，如果企业内部的基本规范体系没有建立，那公司的行政部门就成了“救火队”，在全媒体时代疲于应对来自四面八方的舆论风险。2008 年 5 月，财政部对外发布《企业内部控制基本规范》征求意见稿，当年 6 月由财政部、证监会、审计署、银监会、保监会等部门联合召开企业内部控制基本规范发布会暨首届企业内部控制高层论坛。2009 年 7 月 1 日，该规范正式实施，为中国企业上市加强内部控制建设提供了基础性、权威性的指引，全方位提高上市公司的经营管理水平和风险防范能力。按照这些规范信息处理，就不会被证监会处罚。请大家一定要查找这些规范信息，进行深入学习。毕竟，比起找媒体，从内部来解决整个风险可以从根本上一次性解决问题。

“凡事预则立”，所以做好企业内部控制基本规范的第一步就是要做好“预”的战略性文章。全媒体时代，风险无处不在，要做好舆论风险应对，就必须在内部环境、风险评估、控制活动、信息与沟通、内部监督等方面建立起企业的内部控制基本规范。

防范舆论风险，先要建立内部控制基本规范，然后才是建立危机防范体系，不能本末倒置。内部防范包括财务、会计、高管等方方面面的内部管理规范，要上市或已上市的企业很有必要对其进行系统研究。唯有如此，内部控制规范体系才能以“不变”应“万变”。

（二）传媒沟通

大家经常有一个误区，就是企业要上市了就应进入沉默期，认为很多信息不方便透露，“沉默是金”，却不懂舆论的风险就在沉默中爆发。一家公司预披露招股说明书后，董事会秘书对媒体、公众的任何沉默和对抗是没有任何意义的。招股说明书每天都在发布，行业造谣者在网络论坛、微博上造谣，门户网站转载，引来更多的媒体跟进，在网络上形成热点，负面效应进而扩散，企业一旦没有控制住，就无法扭转局面。

中国大众媒体记者的专业性不强是财经新闻的一个瓶颈。我们应该跟哪些媒体打交道呢？公司上市应该在哪些媒体上进行信息披露？证监会有一个规定就是在三大证券报——《中国证券报》《上海证券报》和深圳的《证券时报》上披露。但这些媒体明显不足以适应全媒体时代的需求。

美国证交所对上市公司的最低信息资料披露要求更加符合实际：就是除了在路透社、彭博社、《华尔街日报》等专业财经媒体和证交所披露外，要加上公司总部所在地的两家报刊。

策略性财经传播要考虑哪些人群？客户、员工、投资者、合资伙伴、具有影响力的人士还有监管性机构，这些都是传播目标。现在企业思维必须要转化，必须把挑战当机会，必须把媒体的采访压力变成资源，要讲什么东西，什么该讲什么不该讲，想传递什么信息，都要事先做好充分准备。此外，要理解媒体真正的需求。上市公司接受采访的宗旨在于传递信息，而不在于回答提问，否则会陷入专业财经记者设计的一系列连环提问当中，第二天见报了，你却发现报道内容并非如你所表达之意。实际上，大多媒体的采访，并非要一个明确的结果或答案，而是希望得到企业的回应，让新闻有更新的时效和更多的声音。

在这里简单地分享一个成功的案例，就是志高空调上市。2009 年，志高在香港上市，为适应传媒多元化时代的环境，志高基于企业信息传播的规范，满足所有媒体采访的需求，在几大门户网站均开设了 IPO 新闻专题网页。这种上市前的传播，目前为止做得最好的就是志高，只有志高做主动式的拓展，即把所有媒体的采访宣传变成由自己来主动进行，用直播的形式将志高上市的所有资料放到腾讯、新浪、搜狐等网站上，媒体和记者需要的信息都可以在那里找到，这就满足了所有财经媒体的需求。志高在上市前就称自己上市不是为了“圈钱”，并且用行动证明了他们上市的确是为了公司、员工的发展。2009 年 11 月，志高发布公告称，将向董事会成员、公司雇员及客户授出 5 000 万份股票期权以作激励。除 104 万股授予 7 名董事成员外，其余由 599 名志高员工和 5 名客户获得。虽然志高在家电业不是老大，但是志高的传播持续性、系统性较强。

因此，不要害怕媒体采访，要把各种媒体的采访当成“有计划传播”的机会。当然，在接受采访前，要制定清晰的策略和流程。

（三）舆情监测

佛山企业上市的舆论风险防范有两大瓶颈：①舆情监测分析空白（都是靠媒体在做）；②舆情应对能力不足。上市公司是城市形象的重要组成部分，佛山上市公司队伍越来越大，涉及国内和境外，一旦发生大的舆论风险，佛山经济将受到较大的影响。

其策略性防范应对应该从政府层面入手，由金融、宣传等部门牵头，联动本土媒体建立佛山上市公司板块的舆情监测平台系统。像工商局的商标注册预警那样定期、及时为佛山企业上市和上市企业提供全方位的舆情监测和防范应对建议。这个系统一旦建成，佛山的上市公司将受益良多。

另外，还可以从企业层面入手，上市公司应该购买专业的舆情监测服务系统。舆情监测最大的难点是舆情数据的分析。像舆情数据分析如此专业化的操作对上市公司而言是有一定难度的，而这一操作又是必不可少的，许多上市公司只是简单地获取舆情数据，然后把这些数据交给公关公司，让公关公司解决问题。购买专业的舆情监测服务系统，它会帮助上市公司分析、研究、跟踪舆情数据，然后完善企业治理、企业内部控制规范和企业防范应对体系。

第八讲：网络爆料后的媒体采写及政府应对

主讲人：洪启旺

主讲人简介

洪启旺，现任《羊城晚报》区域新闻部主任，1995 年本科毕业于复旦大学国际政治系，2002 年赴英国留学一年，曾获广东新闻奖一等奖。先后在《羊城晚报》任广州生活部记者、政法部记者、东莞记者站站长等，从事过近两年的网事新闻报道。

一、来自网络的线索已成为新闻的重要来源

传统的新闻线索来自哪里？主要来自政府部门举行的发布会、发布的会议通知，或者是记者到政府部门去挖料，发展基层通讯员，还有社会上的职业爆料人提供线索以及广大群众的来信来电等。比如，我们可从领导讲话中找新闻线索。一个时期，领导在强调什么，在关注什么，在指示什么，在要求什么，这里边必定有值得我们关注和挖掘的新闻线索。此外，还可以从会议中发现新闻线索，各级政府部门各个时期都会召开各种会议，我们要打破就会议报道会议的常规思维，跳出会议来寻找新闻线索。再者，要重视读者来信及热线电话，很多新闻机构都开设了热线电话，并设立报料奖，这样的举动就是鼓励人们提供好的新闻线索和新闻素材，而新闻机构可以把这些当作新闻线索，然后让记者去了解新闻事实，采访新闻人物，采写新闻报道。

如今，互联网的快速发展给新闻业带来了巨大的变化，网络成为记者寻找新闻线索的重要渠道，传统的爆料方式在互联网时代所占的比例日益缩小。在这个网络时代，记者寻找新闻线索最直接、最简单的方式，就是浏览网络信息，特别是那些新加入新闻工作领域的记者们，认识的人不多，报道领域也不了解，这时网络可帮了他们的大忙，他们可以进入聊天室、微博、微信公众号等，看看最近网民都在关注什么事情，哪些帖子是

点击率最高、跟帖最多的；哪些内容是当前大家都在关心，并且还没有结论的。这些都可以看作新闻线索，记者只要发现值得挖掘的内容，就可以进一步进行采访、追踪，查个水落石出。网络作为继报纸、广播、电视后的“第四媒体”，本来就是消息传播的渠道，经常浏览网络寻找线索，应当是当代记者的重要选择。

网络线索的特点之一是海量。在网络上，每时每刻都有数以亿计的文字、图片、视频、音乐、程序被上传。互联网诞生的几十年间，信息传播的总量已经超过了人类社会在网络时代之前传播的所有信息的总和。网络上的海量信息正好成为记者寻找新闻线索、获得新闻线索的一个重要的“新闻源”。

网络线索的特点之二是发布成本低。在互联网时代，人人都是通讯员，个个都是记者，网民可以通过各大门户网站、各大论坛、微博、微信、贴吧、视频网站等在网络上自由发布信息。网络具有“信息发布完全开放”的特性，在网上发布信息几乎不需要任何成本，信息发布者不需要核实身份。当然，这样一种开放性的平台，也为一些不实信息或恶意消息提供了方便、快捷的传播途径。

网络线索的特点之三是交互性。在传统的新闻传播模式中，媒介和受众之间是“我说你听”的传播方式，传播者和受众之间没有很好的互动。而网络时代，受众既是新闻接收者，也是新闻传播者，传播者和接收者可以在网络上进行互动。这种互动性还体现在对证据的补充上。比如，今天某网民发布了一条信息，明天另外一个网友又发布新的证据，网民“围观”之后，证据得到多方补充，真相很容易浮出水面。这和传统的爆料方式不同，传统方式下的信息源是孤立的，无法及时形成互动和补充。

网络线索的特点之四是影响范围广。传统媒体时期的新闻线索仅限于一定的区域，但是网络线索影响全国乃至全世界。在一个地方发布的信息，很容易扩散到各个地方，很容易被上级领导看到，这也是让很多部门感到有压力的地方。

网络线索的特点之五是难以删除。对于负面信息，不少部门的直接反应就是删除。在互联网时代，一条负面信息发布之后，很多论坛和网站都会转发，这使得删除的难度变得非常大。有的人会找删帖公司或者采取其他方式删除负面信息，但由于有网络快照留底，负面信息其实是无法删除干净的。

二、媒体如何利用网络线索进行采访报道

如今，中国规模稍大的媒体都有专门从事网络新闻采写的人员。以广州为例，广州的报纸行业竞争激烈，有重大活动的时候，各路媒体在新闻刊载方面各出奇招，各显神通，吸引注意力，提高关注度。多家媒体集中报道是对记者水平的考验，记者的水平在第二天看稿件质量时就即刻分出高下了，这就给记者带来很大的压力。从事网络新闻报道，不是传统意义上的几十家媒体之间的竞争，而是成百上千家媒体之间争夺受众的激烈战争。新华社就专门设有新华社网事报道部门，有专业的人员以及专门的版面来进行报道和发稿。几百个专业网事记者，天天盯着互联网，如果哪个单位出现了负面的消息，很容易就会被这些记者留意到。由于记者之间能够互通信息，这就意味着一个记者发现了新闻线索，其他几百个记者都会知道。如果是涉及佛山的网络线索，佛山记者站的记者会立即跟进。如果是涉及政法的网络线索，各媒体负责政法报道的记者也会跟进。在这么多双眼睛的注视下，对政府部门信息发布的公开度和透明度的要求变得越来越高。

网上的信息线索是海量的，我们应该如何进行筛选？筛选信息首要考虑的是关注度，考虑信息是否关乎公众的切身利益，是否为大家关注的热点话题。如官员腐败、为富不仁、为官不善、城管打人、人事招聘腐败、公安乱执法、强征强拆、上访受阻、政府工作人员不作为或者乱作为、浪费公共财产资金、违背伦理道德以及对公共权力（包括国企）的监督等问题。中央的某项规定或政策颁布后，处于在风口浪尖的时候，人们对其关注度会更高。新闻媒体会根据事件的热度相应地进行选择，会更多地关注政府、官员、富人，因为对他们的监督符合公共利益，能够引发公众关注。

当一条爆炸性的新闻线索出现在网络上时，媒体一定要按新闻的要求多方核实，要采访当事人、发帖人、被投诉人等相关人士进行求证。如果发帖人在网上呈现了一些发票、照片等证据，一定要对这些证据进行核实。核实方法有网上核实和网下核实两种。所谓网上核实就是通过百度搜索引擎、专业网站等工具进行比较分析。比如学术论文造假情况的核实，可以通过学术网站寻找到被举报的论文和源论文，查看发表时间和论文内容，是否造假就一目了然了。网下核实一般是通过打电话联系当事人。有的时候，当事人提供了联系电话，这是有利于记者采访调查的；但也有很

多时候，当事人不提供联系方式，这就需要记者主动去联系。根据六度分割理论，任何两个素不相识的人之间所间隔的人不会超过五个，也就是说，每个人最多通过五个中间人就能够认识任何一个陌生人。举个例子，如果记者要找某地国税局办公室主任，可以先打 114 查到国税局办公室电话，然后打电话给工作人员联系该主任，说明自己的身份，将事情交代清楚，请对方回应，一般都可以联系上。若实在是找不到直接当事人，就找间接当事人，甚至是找主管领导。比如要采访佛山某个违纪官员，若该官员回避采访，官员所在部门也不予回应，记者可以直接联系佛山市纪检委，通过上级对其施加压力，核准事实。

总而言之，媒体对于事关公众利益的问题，必须追问到底，但也要注意做到真实、客观。真实是指必须核实清楚所有事实才可以报道，客观则是要给予涉事各方解释的机会，不偏向任何一方。此外，媒体还要厚道，不能揪住当事人一些无关大局的小问题不放，让人难堪。

三、近年网事新闻经典案例介绍

按照来源不同，可以将网事新闻线索分为以下几种类型：

（一）当事人、受害者有意曝光事件

案例 1 ：广西来宾市烟草局局长韩峰在日记中自爆玩弄女人和收受贿赂的“日记门”事件。2010 年 2 月 27 日，一位叫“含仙子”的网友，在网上发布了一个帖子，题目是“老婆，韩局长叫你出去开房”。帖子的内容就是广西来宾市烟草局局长的私密日记，这些日记以第一人称，记录了从 2007 年 1 月到 2008 年 6 月近一年半的时间里，这位局长的日常生活琐事，基本上每天都写，其中有很多是这位局长吃喝玩乐、收受贿赂的内容，还包括他跟多名女同事发生不正当男女关系的详细经过。“含仙子”自称是韩峰的日记中多次与韩峰发生性关系的某女下属的丈夫，发布时称：“希望媒体曝光他，让他身败名裂，让他尝尝妻离子散的滋味！”帖子一经公布就引发网络热议，接下来又引发传统媒体报道，最后韩峰被开除党籍和公职，并以受贿罪被判刑 13 年。

案例 2：江苏省常州市溧阳卫生局局长“微博直播开房事件”。2011 年 6 月 20 日，天涯论坛等网站出现有微博截图的帖文。“宝贝，我上午一直在市长那汇报工作。”“我先把房卡给你，你先去休息一下，等会我去。好吗？”这段打情骂俏的微博对话，让网友怀疑两人在相约“开房”，同时微博信息也透露出对话者的身份是政府官员。相关微博对话迅速在网上传

播，根据当事人的微博头像，有网友指认出是溧阳卫生局局长谢某。谢某刚学会使用微博不久，以为微博跟QQ一样是私密的网上聊天工具，根本没想到自己的微博对话会在网上散播。后来谢某得知微博内容被网友转载，赶紧删掉微博内容，但是为时已晚。

案例3：广州白云区新市街道办事处主任刘宁的“艳照门”事件。2011年6月，多个网站的微博上出现了广州白云区新市街道办事处主任刘宁在网上“裸聊”的照片和相关帖文。在网友爆料之后，《羊城晚报》对此事也进行了报道，负责报道的记者当晚9点多打电话问刘宁：“你记不记得是什么时候裸聊的？”对方回应说：“不记得了。”刘宁的回答等于他承认了“裸聊”的事实。当然，即使刘宁本人不承认也没关系，网络爆料中有较为清晰的视频截图，这是无法抵赖的。这些“裸聊”图片是刘宁的“裸聊”对象公布出来的，也算是当事人有意曝光。

案例4：武昌公安分局派驻湖北省委大院的便衣警察误打领导家属事件。2010年6月23日上午，湖北省政法委综治维稳办一位副主任的妻子陈玉莲到位于武汉市武昌区水果湖的湖北省委机关办事，在门口打手机给政法委领导时，突然从省委大院冲出6名男子，对陈玉莲头部、腿部猛踢猛打。后经查实，打人者均系武昌公安局的便衣警察。后来，该副主任委托律师把妻子遭暴打的整个过程的录像放到了网上。这是属于受害人主动曝光事件。

（二）因为内部斗争或内部矛盾遭网曝

案例5：中石化广东石油分公司“天价酒事件”。2011年4月11日，天涯论坛出现名为“中石化广东石油分公司总经理鲁广余挥霍巨额公款触目惊心”的帖子，引起网民极大关注。网帖贴出了4张发票，总消费金额约168万元。除此之外，网帖还贴出文字材料，矛头直指中石化广东石油分公司总经理鲁广余，指其“今年中秋节前，指使手下用便利店非油品促销费，从2010年9月起，先后购进高档酒3批，总价值259万元……所有酒都由总经理鲁广余个人支配使用，无人知道酒的去向”。这件事属于中石化广东石油分公司内部人员曝光，因为非内部人员是无法获取这些发票和具体款项信息的。事件曝光后，中石化广东石油分公司还进行了“查内鬼”行动，严密追查向媒体泄密者。

案例6：肇庆市端州区区长带队公费出国旅游被曝光事件。2009年2月，国内外多家网站曾流传广东肇庆市端州区区长谭日贵等13人前往南非、土耳其、埃及等国旅游的视频，这一“出国考察”事件被肇庆市纪委认定为公款出国旅游，谭日贵因此被免职。据谭日贵本人说，这些视频是当时随队出国的一个公务员因为违法违纪被开除后为了发泄私愤而公布的。

案例7：广东省茂名市前副市长陈亚春玩弄北京女记者被举报事件。2010年10月，一个自称北京女记者的举报者在网上发布对时任茂名市副市长的陈亚春的举报信，陈述陈亚春骗奸她并多次受贿的事实，称自己掌握大量的录音和视频材料，并公布了陈亚春的几张裸照。此后该举报信在网上被大量转载。这名女记者在举报信中提及举报的原因，是陈亚春一直拒绝履行与原配离婚的承诺，也没有履行为其开办公司等承诺。这就是因为当事人和举报者的内部矛盾而被网络曝光的事件。

案例8：电视台女主持人自称被国家档案局副局长范悦诱骗包养事件。2013年6月14日，新浪知名报料人“姚健说”发出的一条题为“美女主持人自称被高官包养四年”的网帖在网络上疯传。网帖配了中国经济与旅游电视台节目主持人纪英男披露细节的长微博及她跟范悦的亲密照。纪英男在微博上披露细节，揭露范悦隐瞒婚史与其谈恋爱和同居，范悦四年来在她身上耗资一千多万。当事人之所以爆料，是因为2012年末她被已升职的范悦打发走人，对方以欺骗、威胁、恐吓、殴打、经济买断等手段对付她。所以这个事件归为源自内部矛盾的网络曝光。

（三）真中有假、假中有真的网帖

案例9：“‘郭寒韵’发帖卖身救父”事件。2011年元旦，网友“郭寒韵”在天涯论坛发帖称，其父郭元荣14年前因举报当地官员的相关问题，被公安局关进十堰市茅箭精神病院，家属屡次想将其接回家都未能成功，至今已被关14年。该网友表示，谁能救出其父，“姿色尚可，至今守身如玉”的她愿以身相许。该帖有逾10万网友点击，并跻身“热帖榜”。这件事有两大新闻点：第一是举报官员者被迫害关进精神病院14年，第二是“卖身救父”这一行为。后来有记者进行跟进调查，发现整个“‘郭寒韵’发帖卖身救父”的所谓网络曝光事件，其实是湖北省十堰市两位网民彭宝泉、陈永刚为了救出郭元荣，共同策划和精心包装的，事实上并不存在“郭寒韵”此人。郭元荣因举报被关进精神病院14年的事情是真的，“卖身救父”是假的，这种真中有假、假中有真的网帖也会成为记者报道的线索。

（四）利益无关的网友出于义愤的爆料

案例10：陕西的“表哥”事件。2012年，在有36人遇难的延安特大交通事故现场，陕西安监局局长杨达才面带微笑的照片被曝光，成为舆论关注的焦点，引起网友公愤，网络上对其的人肉搜索随即开启。有网友搜集了有关杨达才出席各种活动和会议的公开报道，将这些图片对比后发现，杨达才在出席不同的活动时，经常更换自己的手表，至少有5块。有网友估算其价值共约20万元。随后，有网友在微博上贴出照片，称杨达才的眼镜超过10万元，同时在该微博后面还配上了杨达才戴4副不同眼镜的图。不仅如此，杨达才系的高档皮带又被网友扒了出来。按照杨达才的工资水平，是无法购买这么多高档奢侈品的。由此，从“微笑门”“手表门”到“眼镜门”，网友群策群力，使杨达才的贪腐行为渐渐浮出水面。

（五）无心之失的网络爆料

案例11：珠海市“学酒哥”事件。2013年1月15日，有网民在一家论坛上以“老子一顿晚餐光葡萄酒就消费七八万，穷人算啥?”为题，曝光国有企业珠海金融投资控股公司总经理周少强等人，披露其在当地一家豪华会所公款消费总额高达七八万元人民币。珠海市国资委纪委调查后称，周少强等人当晚只喝了6瓶，另6个空瓶是“学习红酒知识的道具”。此论一出，舆论哗然，周少强也被一些网友戏称为“学酒哥”。此次爆料缘于在场的一名当事人有拍照发微信的习惯，他将当天自己参加酒宴的现场照片发到自己的朋友圈，这本是无心之举，却被朋友圈里的有心人留意，继而被举报。周少强最后受到免职处分。

（六）媒体人的直接爆料

案例12：“雷政富事件”。2012年11月，资深调查记者纪许光在实名认证的微博中曝光了重庆市北碚区区委书记雷政富的不雅视频，引爆舆论。

案例13：“刘铁男事件”。2012年12月6日上午，《财经》杂志副主编罗昌平在微博向中纪委实名举报时任国家发改委副主任、国家能源局局长刘铁男涉嫌学历造假、巨额骗贷、对他人恐吓威胁等，引发媒体和网友的关注。

不知名网友的爆料引起的关注不一定很高，而知名人士的爆料通常有巨大的冲击力，能够迅速引发关注。

四、网络线索被曝光后的几种走向

（一）曝光后被处理

例如前面提及的广州白云区新市街道办事处主任刘宁的“裸聊”事件、江苏省常州市溧阳卫生局局长“微博直播开房事件”、“表哥”杨达才事件等，由于证据确凿，都得到了纪委和监察部门的重视，经过调查之后，当事人都受到了相关处分。

（二）淡化处理

有些事件被曝光后得到的是淡化处理。一方面，由于没有媒体继续跟进，网络上的热点更替也快，社会大众逐渐淡忘这些事件；另一方面，主管部门也不想大张旗鼓地处理这些事件。

（三）线索有误，后被澄清

案例 14：湖北恩施州公安局副局长“被日记”事件。2010 年 11 月，国内某知名网站社区出现了一个题为“腐败书记微博”的帖子，帖文所称的“主角”指向湖北省恩施土家族苗族自治州公安局副局长谭志国。《腐败书记微博》的作者名为“某书记”，两天内连续发了 60 多篇日记，其中充斥着色情、官商勾结、腐败等内容。见诸网络后，3 天内吸引了近 10 万的点击量。后来记者去调查核实，发现日记里有很多内容不实，一些核心人物和事件并不存在，而且日记的文风和写法跟谭志国本人一贯的表达方式完全不同。这个就属于网络爆料线索有误，调查之后予以澄清的事件。

（四）迟迟不予处理，事件持续发酵

案例 15：“延安城管打人事件”。2013 年 5 月 31 日，延安市城管监察支队凤凰大队稽查一中队对市区旅游景点周边的流动商贩进行例行检查。在执法过程中，执法人员与商贩发生冲突，将商贩刘国峰踩踏致面部出血。由于城管部门负责人过了十几天才道歉，导致事情持续发酵。

（五）弄巧成拙，火上浇油

案例 16：江苏省盐城市滨海县新四军老战士的房屋遭强拆事件。2011 年 1 月，江苏省盐城市滨海县 82 岁离休干部刘太香家的两间房子夜间遭遇强拆，曾是新四军敢死队队员的刘太香抱病“出阵应战”，不明身份的拆迁人员却逃跑了。在“缴获”的挖掘机里睡了一夜后，刘太香决定在网上拍卖这个“战利品”以补偿损失。这一事件被拍照写成网帖发布出来，引发了舆论关注，本人围绕此事进行了深入采访。当地政府主管部门做了一项处理，结果弄巧成拙，火上浇油。跟踪报道的时候，我按照论坛提供的老战士家属的电话号码打过去，有人接了电话并声称政府部门已经做了令人满意的赔偿，事件得到了圆满的处理。我听了之后不太相信，就做了进一步核实。由于我在第一次采访的时候让当事人多留了一个联系电话，我接着拨打了这个额外保存的电话号码，才明白当地政府部门已经控制了当事人公开的电话，接听电话的其实是政府工作人员而不是当事人本人，当事人并没有得到一分钱的赔偿。我将这种情况报道出来后，引发了公众的第二波声讨浪潮，当地政府主管部门的公信力因此大受影响。

在案例15中，延安城管也干了一件弄巧成拙的事情。就在延安城管打人事件逐渐告一段落之际，一篇名为“致广大关心‘延安5·31事件’网友的一封信”的网帖，再度引发激烈争议。作者以被踩头的商贩刘国峰的口吻，称“我也有一定责任”，希望“不要因为这样一个特殊事件否定延安革命圣地的形象”。对此，延安被踩头的商贩刘国峰接受《城市信报》记者的采访时称：“信不是我写的，不代表我的意思。”当地政府想通过道歉信进行危机公关，却因为处理不当导致舆情再度爆发。

（六）假调查，真包庇

在案例11中提到的珠海“学酒哥”事件中，珠海金融投资控股公司总经理周少强等人利用公款消费七八万元人民币，新闻刊登以后，珠海市国资委成立专项调查组，调查后居然宣布当事人当时喝的酒并不多，有一些空瓶是“学习红酒知识的道具”，而且喝酒的钱也是由当事人自掏腰包的，这样的调查结果显然无法令网友信服。在舆论压力下，珠海市纪委介入调查，宣布国资委此前的调查结果不实，责成对调查不实负有领导责任的珠海市国资委纪委主要负责人员向市纪委常委会作出深刻检查，将在调查中负有直接责任的调查组负责人员调离纪检监察队伍。珠海市国资委本来想包庇下属，结果受到牵连。

（七）处理及时，快速切割

现在社会正处于一种急剧转型的时期，社会矛盾、社会问题都非常尖锐复杂。出了问题不要紧，关键是解决问题的态度。出现了个别的问题，要及时处理，快速切割，不要影响到整体。

案例17：中山市人力资源与社会保障局纪委书记改分事件。2012年7月31日，有网友发帖举报，称时任中山市人力资源与社会保障局纪委书记的梁国影利用职权篡改分数，帮儿子林钰成考上中山市农业局的公务员。此事被曝光后，立刻在社会上引起了广泛关注，社会舆情更是纷纷声讨梁国影的舞弊行为。广东省人力资源和社会保障厅、中山市委市政府责成纪检、监察等部门迅速调查核实有关情况，并对涉案人员进行了严肃处理：梁国影被开除党籍、开除公职，中山市农业局局长陈锦标被建议免职，副局长何金寿被免职，更改成绩的中山市人力资源考试院科员被撤职调离，另有2名面试考官被免职。主管部门及时反应，严肃处理当事人，从一个侧面反映了主管部门的态度和决心。主管部门的做法得到网友称赞，时任省委书记的汪洋也表扬中山市，这就是典型的把坏事变好事，把负面的东西变成正面的东西。

五、政府部门如何应对网络曝光

（一）要避免的风险

（1）避免不及时回应的风险。面对负面信息不予回应，公众会认为这是一种做了亏心事不敢承认的心虚。现在的网络传播是非常迅速的，越不回应，负面信息传播得越快，误会也就越深。这种公共关系的失策会造成很大的问题。

案例 18：故宫博物院的文物失窃事件。2011 年，香港一家知名私人博物馆与故宫合作举办了一个文物展览，在展览期间的某个晚上发生了盗窃事件，部分展览品失窃。故宫博物院文物失窃的事件在网上曝光之后，引发公众关注，但是故宫博物院官方对此事件不作任何回应，导致质疑声越来越大，公众对故宫博物院的管理非常不满。直到几天后抓住盗窃者，故宫博物院才召开新闻发布会并向公众道歉，可是此时道歉已经无法挽回之前因为沉默造成的形象损害。

（2）避免说谎的风险。

（3）避免虽有回应但不及时处理的风险。

（4）避免假调查、真包庇的风险。

（5）避免调查不清楚引发的风险。事实没有调查清楚之前，政府部门千万不要随便发布信息和否定负面信息，否则会引发更大的舆情。

案例 19：广州某区武装部部长方大国殴打南航空姐事件。2012 年 8 月 29 日，空姐“@ 花 Money 买毛豆”在微博自曝称，一位乘客因行李放置问题，一言不合，直接拿行李殴打她，致其手部瘀青，脖子、身上有多处挠痕，衣服也被撕裂，且飞机落地后该名乘客还叫来军车威胁。随后，广州媒体记者曝出打人者疑似广州市某区区委常委、武装部部长方大国。这一事件引发网友极大关注。事件曝光后，该区区委宣传部举行新闻发布会，回应称方大国与空姐发生了冲突但未打空姐。网友对此回应表示质疑，紧接着记者介入调查，来自非洲的同航班乘客、中非共和国留学生多班指证方大国殴打空姐。9 月 3 日，新华社广东分社官方微博向该区区委宣传部连发三问：“你们果真做了全面、客观的调查吗，如果没有，为何仓促公布调查结果？你们是否因为调查手段不足而遭遇‘被蒙蔽’，如果是，谁在蒙蔽你们？你们的调查所获果真形同公布的情况吗，如果不是，这是为什么？”由于调查不清楚而否定负面信息，该区区委宣传部这次是引火上身，弄得很狼狈。

在前面提及的“刘铁男事件”中，当刘铁男在网上被实名举报后，国家能源局的新闻发言人立即召开新闻发布会，称举报内容纯属诬蔑造谣。该新闻发言人还称，“我们正在联系有关网络管理部门和公安部门，正在报案、报警。将采取正式的法律手段处理此事”。后来经过中纪委调查，刘铁男严重违纪属实，该新闻发言人被众多网友嘲笑，形象大损。这也是未经调查就发布信息，从而引火上身的典型案例。

（6）规避弄巧成拙的风险。

（二）给政府部门的建议

（1）政府部门及其当事人，在面对网帖曝光时，一要及时回应；二要讲真话；三要认真调查，真诚处理，才能化危为机。没有问题的话就快速反应，有问题的话就诚恳认错，切忌刻意隐瞒和说假话。

（2）对于政府部门来说，要公开、公平、公正，程序上合法，增加透明度，让公众没有误会、质疑的机会，即便有误会也能够及时澄清；对于个人来说，不做违法乱纪的事情，是规避网络曝光的最安全的办法。

第二编：媒介素养

第九讲：互联网时代的媒介素养与“下一个社会”的管理

主讲人：胡智勇

主讲人简介

胡智勇，《南方日报》珠三角新闻部主任，曾任《南方日报》佛山记者站站长，在佛山工作近10年，对佛山的政商环境、产业经济和区域发展有深入研究，曾出版《草根力量：南海民营经济30年》《智变：一个工业重镇的转型》等专著，策划《中国大镇调查暨佛山新型城镇化发展报告》《佛山八问、八论、八策》《佛山经济年报暨战略预测》等大型政经报道，对互联网背景下的媒介融合、政府转型、经济及社会变革有一定的研究。

这次的交流，我选了一个比较复杂的题目，这个话题牵涉到最前沿的互联网时代的社会特征，牵涉到在专业学科领域里面较为晦涩的传播学的相关理论，还牵涉到目前社会多元化治理当中的一些多层次的社会关系。

我想先从3个问题开始。昨天上午李贻伟书记进行了网络微访谈，就佛山吸引人才的相关政策回答网民们的提问。大家可以通过各种渠道关注李贻伟书记的网络微访谈的内容，包括即时进行微访谈的微博、微信，还有电台、电视台和报纸。如果没猜错的话，大家对李贻伟书记更深层次的认知，尤其是思想层面的认知更多地来自报纸，其次是电台，再次是电视台，而排在最后的反而是跟大家交流最直接的微博。微博为什么成为大家最少用于了解李贻伟书记的一种媒介？这是第一个问题。

第二个问题与信息交换紧密相关。我们知道，社会是人与人的关系的总和，人与人之间的交往是整个社会的基础。而人与人之间的交往是以两个交换作为基础的：一是信息的交换；二是商品的交换，也就是物质的交换。整个人类历史的发展，都体现了这个规律。我想问大家的是：现在大家除了跟身边的亲友同事直接面对面地交流之外，每天进行信息交换的渠道还有哪些？这些渠道对大家的思想和行为产生了哪些影响？

第三个问题是，我们现在都已经习惯了各种文件的上传下达，也习惯了关系国计民生的各种方针政策通过报纸、电视、网络等各种媒介向社会传递，但我们知道中国最早的文字——甲骨文出现在商朝，但在商朝之前已经出现了国家——夏朝，也就是说国家是先于文字出现的。那么，我的问题是：在文字出现之前，君主是如何进行国家治理的？他们的各种治理指令和理念，是通过什么渠道来发布和传递的？

以上 3 个问题，其实都反映了同样的道理：任何时代要进行信息传递和社会治理，都离不开一定的媒介。任何管理者要实现有效的社会治理，都必须具备一定的媒介素养，只有这样，管理者的理念和方针才能得到有效传递，也才有可能得到被治理者的理解和支持。尤其在当今的互联网时代，新兴媒介层出不穷，信息传播的途径和方式不断变化。在这样的大背景下，社会管理者更应充分具备新时代的媒介素养，懂得运用适合的媒介传播信息，实现良性的社会治理。

一、媒介素养的定义

加拿大著名的传播学大师麦克卢汉曾说过“媒介即讯息”，这意味着媒介本身就是信息，而不仅仅是信息生产、传播的载体及渠道。对于社会来说，真正有意义、有价值的“信息”，不是各个时代的媒体所传播的内容，而是这个时代所使用的传播工具的性质、它所开创的可能性以及它带来的社会变革。新媒介的产生开创了社会生活和社会行为的新方式，成为推动社会发展的重要动力。麦克卢汉的《理解媒介：论人的延伸》这本传世之作，是从整个社会变革的高度来理解媒介的作用的，建议大家有兴趣的话读一读这本书，会对媒介素养有更深刻的认识。

我们认为，媒介素养是管理和运用媒介内容与媒介渠道的意识和能力。按照麦克卢汉的理论，信息传播决定了社会运作的广度和深度，主宰着国家的发展与进步，所以以信息传播为基础的媒介素养直接决定了一个区域乃至一个国家的社会治理能力。对于执政党来说，了解媒介特性、综合应用媒介素养是治理国家的关键，而政府宣传则是综合应用媒介素养的一种体现。伟大的政治家列宁说过：“报纸不仅是集体的宣传员和鼓动员，而且是集体的组织者。”斯大林曾表示：“报纸是我们党最有力的最锋利的武器。”毛泽东主席也曾提出了“政治家办报”的新闻思想。由此可见，宣传对巩固执政党的地位、促进国家发展繁荣具有重要意义，它不是简单地传播信息，而是对信息内容与传播渠道的综合运用，其实质是对媒介素养的掌握和应用。

二、媒介形态的演变及其对社会发展的影响

社会发展催生了不同的媒介形态，与此同时，媒介形态的演变又对社会发展产生了重大影响。正确理解媒介素养与社会管理的关系，就要充分认识不同历史阶段的媒介形态，把握其演变的过程及规律。

1. 图腾

最早出现的媒介形态是图腾。在原始部落中，人们将某种自然物视为神灵的载体，用作本氏族的徽号或象征，这一载体就是图腾。图腾是最早的社会组织标志，具有团结群体、密切血缘关系、维系社会组织和互相区别的功能。正如当代人对国旗心怀崇敬，原始人对图腾同样拥有无可比拟的敬畏之情。当一个部落的人们看到共同崇拜的图腾时，其精神将受到极大的振奋，彼此间产生强烈共鸣，心灵的凝聚力大大增强。

2. 神话和诗歌

在文字出现之前，中国已形成完整的国家形态，那时候人们主要是面对面地交谈，通过口耳相传的方式传递信息。神话具有故事性，反映了远古时期人们对自然及文化的原始认知，满足了人们对神灵的崇拜；诗歌则韵律优美、朗朗上口。因此，神话和诗歌成为当时最重要的信息传播载体，肩负着传递语言的重任，并一度成为封建君主治理国家的重要手段。

3. 文字和印刷术

文字是人们记录语言的符号。文字的产生使语言突破了时间和空间的局限，得以在远方散播，得以长久保存、世代流传。随着文字的日益成熟，社会中不同群体间的交流日益频繁，代际间的沟通不断加强，信息的流动性与稳定性大幅提高。在封建社会中，作为信息、文化的载体，文字这一媒介被广泛应用于社会治理之中。秦始皇统一中国后制定了一系列措施来巩固中央集权制度，其中一点就是统一文字。文字的统一消除了各地区之间交流的障碍，保证了中央政令的畅通，大大增强了国家的凝聚力，维护了社会的稳定。

印刷术是保留人类文化和思想的媒介，其出现与普及扩展了文化传播的范围，提高了文化传播的速度，推动了社会的发展进步。印刷术是中国古代的四大发明之一，随着印刷术的发展，中国开始进入以农业为基础的封建帝国时代。印刷术改变了人类社会信息传播的方式，极大地促进了人类文化的传承与发展，推动了科学技术的进步。实践证明，现代文明的每

一次飞跃，都或多或少地与印刷术、电话、电报等媒介传播技术的应用相关联。

4. 货币

货币是劳动价值和信息的浓缩，其本身也是一种重要的媒介形态。从某种程度上说，商品流通的过程就是信息交流的过程。在商品交换中，人们通过彼此间信息的交流而达成对某种商品价值的共识，并通过货币的形式表现出来。例如，某人做了 10 个小时钟点工，得到了 100 元的报酬，这 100 元就是其劳动价值的浓缩，是买卖双方通过信息交流达成的共识。而今天，Q 币、微信红包等已经成为具备了虚拟货币属性的新兴玩意，其所依附的互联网平台不是一开始就被看作一种媒介吗？

5. 大航海技术

随着工业城市的出现，飞行及航海技术的发展大大缩短了时空的距离，人类社会步入“地球村”时代。“地球村”的出现首先是因为大航海技术。大航海技术让劳动力和资源得以在世界范围内配置，极大地促进了世界贸易的发展，中国的鞋子可以卖到非洲，美洲的橡胶可以运到中国。世界各地的贸易往来日趋频繁，生产渐渐步入专业化的轨道。在促进商品流通的同时，大航海技术还将世界各地的人联系在一起，加快了全球范围内信息的交换，推动了“全球文明”时代的形成。所以，大航海技术促进了媒介的繁荣。

6. 汽车和铁路

随着工业时代的到来，汽车和铁路出现，城际间货物的交换更加便捷。商品流通与信息交流渐趋融合，极大地促进了社会发展，推动了城市的兴起与繁荣。许多人认为汽车和铁路不过是交通工具和交通设施，不能与媒介形态相提并论。然而，正如自来水看似与媒介毫不相关，但其实质也是一种媒介形态一样，汽车和铁路同样可以被看作一种媒介形态。传播学家曾在自来水背后发现了一些有趣的事情：在自来水出现之前，水井被视为村庄的中心，人们聚集在井边打水，水井渐渐演变成社会信息沟通的场所，成为社会运行的基本单元。然而，自来水出现后，人们“各取所需”，不再聚集于井边，于是，“水井”这个社会信息运作的场所便被解构了，它不再是政府进行社会治理的重要场所。自来水的出现改变了人们交流信息的方式，解构了原有的信息传播渠道，因而有传播学者认为自来水也是一种媒介形态。同样地，汽车和铁路在促进商品交换之时，也大大推动了人口的流动，实现了不同地区的人们的信息交流与传播。所以，汽车和铁路也可以被看作一种媒介形态。

7. 电报

在电报出现之前，信息交换的速度与商品流通的速度一致。信使承担着信息交换的任务，但在古代，邮递员只负责国家时政大事的传达，人们日常生活中的信件传递则主要依靠“商帮”。商人出海运送药草、烟草，顺道捎送信件。所以，当时的信息交换速度与商品流通速度基本一致。用我们今天的话来说就是：信息流与物流的渠道是统一的。

然而，电报的出现改变了这种格局。由于电报传播信息的速度较快，而且不再依附于物流进行信息传递，信息流和物流开始分离。针对这一变化，马克思曾说：“以时间消灭空间。”麦克卢汉则说：“空间作为社会安排的主要因素随之结束。”《共产党宣言》曾提出：“过去那种地方和民族的自给自足、闭关自守状态，被各民族的各方面的互相往来和各方面的互相依赖所代替了。”这些论述表明，媒介形态的演变及媒介技术的发展带来了全球化的商贸流通，促进了全球性的生产专业分工，同时改变了信息传播的方式和途径，催生了新的信息载体，解构了旧媒介。如果没有信息技术与媒介技术的整合，社会不可能发生如此巨大的变化，像英国那样号称“日不落”的海洋帝国就不可能出现，“地球村”更是遥不可及。

8. 电视

电视曾是信息传播的重要载体。许多家庭在茶余饭后都喜欢围坐在电视机前，边看节目边谈天说笑。然而，随着传媒技术的发展，互联网、移动终端等新兴媒介的出现打破了电视“一统天下”的格局，相较于聚集在一起看电视，人们更乐于回到自己的房间里“刷微博”。媒介形态的变化从根本上改变了社会运作的基本单元，随着电视媒介日益被新兴媒介所取代，“客厅”这个信息交流场所逐渐被解构，“客厅文化”随之消失。一家人相聚进行思想交流的时间慢慢减少，“家庭”不再是思想的联合体，而只作为经济和社会的联合体而存在。甚至有些传播学者认为，随着新媒介的不断发展，“家庭”将不再成为社会治理的基本单元。是不是这样？我们拭目以待。

三、“下一个社会”的管理

（一）“下一个社会”的含义及其带来的变化

“下一个社会”，即以新兴媒介技术为基础形成的崭新社会。电报的诞生使信息流与物流分离，而互联网的出现尤其是电子商务的发展使信息流和物流重新整合。以淘宝为例，淘宝既是商品流通的主要渠道，也是信息交换的重要平台。目前，淘宝正致力于开发“来往”社交软件，建立以社交关系为基础的信息传播渠道。依托于淘宝电商平台，“来往”中衍生出的社交行为，将商品流通与信息交流联系起来。信息流和物流的重新整合将使社会发生巨大变化。

首先，媒体行业尤其是传统媒体将遭受冲击。广告是报纸盈利的重要渠道，而随着电商平台的日益发展，传统媒体的广告收入将大幅下滑。报纸曾是广告的“主战场”，最早的时候，报纸上会刊登夹缝广告，后来慢慢衍生出各式各样的分类广告。事实上，夹缝广告和分类广告就是商品信息，它们的刊登在一定程度上促进了商品的流通。然而，电子商务的出现打破了报纸作为广告主要载体的局面，随着信息流和物流的整合，各商家可以通过自己的购物平台进行产品宣传、与消费者展开互动，无须再去报纸上购买广告位。因此，信息技术的发展带来的信息流与物流的重新整合将对传统媒体造成重大冲击，这在一定程度上改变着社会媒介资源的分配。

其次，社会企业的商业模式将发生变化。去年《南方日报》曾经做过一个题为“中国大镇”的大策划，对佛山的专业镇进行比较研究。我在其开篇评论中写过一段话：“信息技术的进步，让电子商务正一点一滴地侵入我们的生活，由此带来的商业模式的变革是颠覆性的。佛山原来很多专业镇凭借邻近广州的地缘优势，自发形成了繁荣的专业市场，这些专业市场再进一步拉动生产环节在佛山的聚集，这种‘前店后厂’的模式是大部分专业镇崛起的关键。但是，当电子商务成为主宰全球商品流通的主要方式，只拥有区位优势的区域很可能只会沦为商品的仓储地，却不能成为商品的集散地。道理很简单，存放在大沥、里水的铝型材等商品，即使远在大洋之外，只要通过手机按钮就可以对其进行调度。这时候，谁才是商品流通的主宰者，谁才是商业模式的主导者？”

最后，“下一个社会”将对社会管理乃至国家治理造成不可估量的影响。管理学大师德鲁克在《下一个社会的管理》中指出，“下一个社会”将在 2030 年出现。在工业革命时代，资金和技术是社会发展的主导力量，随着互联网技术的出现和渐趋成熟，信息的交换速度愈来愈快，知识呈现出爆炸性增长的特点。信息和知识成为主宰新时代的决定性因素。毫无疑问，“下一个社会”将是知识社会，知识会成为社会的关键资源，知识工作者将成为最主要的劳动力。在这个社会中，知识的流动没有边界，任何受过正规教育的人都有力争上游、获取成功的机会。以知识为主导是“下一个社会”最为重要的特征。除此之外，这个社会还是受信息技术支配的社会，在这个社会中，信息要素与生产要素“并驾齐驱”，成为推动社会发展的重要动力。在“下一个社会”里，人人都可以获得生产工具，人人都是信息的传播者，这对社会管理提出了新的挑战。传统的社会管理在对不同阶层的人群进行划分的基础上进行管理，而知识社会则要求包括教育部门、人才管理部门在内的政府各部门创新管理模式，充分考虑信息获取方式、信息内容、信息传播途径、信息传递时间、信息接收者的兴趣等因素，把握信息传递和接收的过程，掌握信息发布的主动权，建立新型管理模式。

（二）“下一个社会”中媒介形态的选择与社会管理

不同的媒介形态在社会管理中具有不同的功能，灵活运用各种媒介形态进行管理，充分发挥不同媒介的优势，是“下一个社会”发展的内在要求。例如，1952 年尼克松进行总统竞选时，由于电视还未广泛普及，电台成为尼克松最重要的竞选手段。尼克松把握了电台这一媒介形态的优势和传播规律，通过电台，他谈吐自然而富于思想性，赢得了许多人的支持，成功当选总统。然而，1960 年尼克松再度参与总统竞选时，却败给了年轻的肯尼迪。当时电视在家庭中落户，个人在电视中的形象直接影响到选民对候选人的印象。肯尼迪是演员出身，在镜头前表现得年轻而富有朝气，相比之下，尼克松则显得更为沉闷和老成，在电视辩论中的失分让尼克松与总统之位失之交臂。可见，尽管尼克松拥有鲜明而深刻的思想，但这种思想经由电视媒体表达出来却比通过电台表现出来要逊色得多。归根结底，还是在于尼克松对电视媒介的认识和把握不足，没有充分利用其优势为自己服务。而今天的美国大选，奥巴马已经在推特上开设个人账户，通过自媒体的“粉丝”来进行“拉票”了。

所以，佛山在进行社会管理时应该充分考虑不同的媒介形态对社会发展的不同作用，依据传播内容的不同来选择不同的媒介形态，以最大限度地增强传播效果。佛山是“车轮上的城市”，自驾车是佛山人重要的出行方式。而现在的汽车，已不仅仅是一种交通工具，更是一种信息交换工具。人们在汽车上听广播的过程，就是个人与外界进行信息交流的过程。基于这一特点，佛山在进行社会管理时应注重电台的作用，利用好电台进行思想政策的传播，以普及更广大的人群。

麦克卢汉还有一个重要的论断是“媒介是人的延伸”。腾讯的 CEO 马化腾也说过，“智能手机正成为人类新器官”。在智能手机出现之前，人们用眼睛看电视，用耳朵听广播，眼睛和耳朵是人们获取信息的主要器官。智能手机的问世延伸了人类眼、耳、口的功能，与此同时，手也渐渐成为人们获取信息的重要方式，手指触碰屏幕的过程实质上就是人们进行信息交换的过程。尽管这种变化看似微不足道，但这种媒介形态的变化也终将会对整个人类社会的运作产生重要影响。与以往的任何媒介工具不同，手机基本上是24小时不离身的。所以，从某种程度上来说，智能手机已成为一个机械化的器官，影响着人们信息发布和接收的过程，进而可能影响整个社会运作。随着科学技术的不断进步，新兴媒介的发展在促进人体器官发挥能动性的同时，也给政府部门的社会管理提出了新的挑战，如何选择好、利用好不同的媒介，并将其运用于社会管理之中，是当今政府部门应充分考虑的问题。

（三）“下一个社会”与佛山未来的发展方向

以上这些，对佛山的城市形态和社会结构会产生哪些影响呢?

第一，基于专业镇空间结构的生产组织应成为佛山“下一个社会”管理中的基础性工程。专业镇是佛山独一无二的经济结构，它是建立在地区优势基础上的产品制造基地，以某一产业为龙头，实现产品的专业化生产，具有明显的地域特色。同时，专业镇的发展体现了城市“去中心化”的趋势，该趋势与当今互联网的发展态势相吻合。在社交网络时代，每个人都可以在网络上表达自己的观点，网络内容已不再由专业网站或特定人群产生，而是由全民共同创造出来的。因此，政府部门在进行信息发布时应把握地区差异，充分考虑不同地区的人们的不同需求。

例如，交通部门在进行交通布置规划时应充分考虑专业镇的空间结构，根据不同的地理特点作出合理规划；信息主管部门在日常工作中则要基于专业镇的空间结构做好对信息流的把握。简单来说，北滘镇和乐从镇百姓关心的信息可能不一样，那么政府部门就应根据他们的需求和喜好有针对地提供信息，而不能不顾地区差异进行统一“灌输”。

由此可见，以专业镇为基础的社会结构的不同决定了各专业镇彼此间信息传播的差异，因而政府在进行社保、教育等政策宣传时，要充分把握不同专业镇的特点，之后再进行媒介内容和媒介形态的规划与选择。

第二，提高创新能力，建设创新型城市。知识是“下一个社会”发展的核心动力，在未来的道路上，佛山要立足知识，勇于创新，建立知识型社会，打造创新型城市，把信息流的交换作为城市发展的重要基础。

第三，实现全球化的资源配置，不断提升自身竞争力。在农业社会中，劳动时间和劳动质量决定了生产者在市场中的竞争力。比如，人们在小作坊里生产衣服，效率较高、质量较好的生产者往往能在市镇的销售中占据“一席之地”，拥有更大的竞争力。然而，在互联网时代里，科学技术的发展缩短了人们之间的时空距离，地球骤然变成了一个“村落”，人与人之间的联系日益密切，交流渐趋频繁。“地球村”的形成给生产者带来了新的挑战，只有实现全球化的资源配置，促进生产要素在世界范围内的流动，加强与各地的经贸往来及商业、产业合作，才能拥有新的竞争力，占据生产发展的制高点。因此，相关部门一定要用全球化的视野来看待佛山未来的发展，将佛山置于世界的大潮中综合考量，基于全球化的市场来配置资源、谋划发展。同时，要时刻保持创新的活力，让整个城市的思想与世界各地的先进思想嫁接、融合，在此基础上建立佛山的新制度。

第四，建立开放体系，促进信息自由流通。我们常说要“改革开放”，改革不难理解，即调整旧有的生产关系、上层建筑，使之适应生产力的进步和发展。但是开放的含义不容易被准确把握，对于许多人来说，一想到开放便想到经济，开放指的就是经济领域的开放。这种思想极具有片面性，忽略了社会的开放，没有从媒介的选择、信息的流动与交换等角度来理解开放。置身于互联网的大潮中，政府部门要明确认识到“下一个社会”运作的重要基础之一就是信息交换，无论是经济发展还是社会管理，都离不开信息交换和信息沟通，离不开对媒介素养的把握。

四、媒介素养在社会管理中的具体应用

对于政府来说，媒介素养意味着要把政策制定和执行的过程向民众开放，以开放的姿态传递自己的声音，我们经常说的“善待媒体、善用媒体”，也就是指与媒体的互动非常重要。

比如，禅城区前段时间召开区委全会，所有驻佛山的媒体负责人均被邀请参与会议，共同就禅城区的发展事宜展开讨论。毫无疑问，禅城区委全会报告将决定禅城区在未来相当长一段时间内的发展理念及行动目标，而这些理念和目标的实现则需要全社会的共同参与。禅城区委首先向媒体敞开大门，将主要的方针政策信息传递给各媒体负责人；再由媒体负责人将信息传递给自己的团队，交由记者写稿；稿件出炉后，刊登在媒体上，将信息传递给家家户户。这样，政府的方针政策便最终传递到基层社会，并借用媒体的影响力扩大了信息传播的范围。禅城区此举是政府对媒体开放的体现，是媒介素养在社会治理中的运用。

又比如，在2011年召开的佛山第十一次党代会上，佛山市委书记李贻伟说“开放系统才能兴盛，封闭必然导致灭亡”，并提出要通过网络、微博等新媒体建立党和政府与民众联系的双向渠道，建立开放型政党和开放

型政府，建立开放系统，实现动态治理。在南海区，“微博书记”邓伟根刚到南海区便开通了政务微博“@樵山潮人”，在微博上听意见、谈工作、讲思路，并发动南海区建起了中国最完整的政务微博群。现在，南海区的政务微博群已和行政服务中心的基本网络相联系，共同建构起“微行政”线上服务体系，该体系涵盖了政务微博、呼叫中心、网上办事等功能，平衡了因跨部门而带来的各种问题。市民通过微博、微信端口可以直接与行政服务中心的后台相连，实现在微博、微信上办事办证。此外，市民还可以通过微博、微信与政府进行双向的信息沟通，对南海区各政府部门所做的任何工作进行评价。与此同时，南海区还推出了新的管理办法，构建起“事前—事中—事后”的“三单”管理模式，即通过推行负面清单、准许清单、监管清单“三单”管理制度，运用“网络倒逼”的方式建立透明公平、监督有力的权力运行新机制。南海区政府的这些开放实践有力地推动了社会的动态治理，促进了官民之间的沟通交流，是媒介素养在社会管理中的很好应用。

互动环节

1. 问：佛山市的经济形态以专业镇为基础，在佛山每个镇的信息交流和共享中，应该采用哪一种媒介形态？

答：佛山的北滘镇产生了两个千亿级的企业——美的和碧桂园。千亿级企业的资源配置是全球性的，其信息交换、资金交换、资金流动也是全球性的。一般来说，一个镇远远不足以支撑巨型跨国企业的发展；而北滘镇成功支撑了美的和碧桂园，这说明北滘镇的信息交换实际上是全球性的，它有能力支撑巨型跨国企业。

随着时间的推移，佛山将渐渐出现很多像北滘镇一样的全球性的信息交换城镇。在专业镇的信息交流和共享中，政府相关部门应采取怎样的方式进行管理、应通过何种渠道向居民传递信息，这些问题不仅涉及媒介形态，还牵扯到其他各个方面。在这样一个复杂的社会里，政府要围绕着具体的社会管理目标，在充分理解媒体、社会与信息流动的基础上设计媒介产品、策划媒介推广。在实际操作中要具体问题具体分析，把提升媒介素养与明确社会管理目标放在首位，围绕工作目标展开具体设计。

2. 问：佛山北滘镇政府在社会管理中是如何建立开放系统的？这些举措可为其他政府部门提供何种借鉴？

答：要了解北滘镇的社会管理，首先要了解北滘镇的人群划分和人群行为习惯，只有充分了解北滘镇的人群划分，深入研究每一类人群的日常行为习惯、获取信息的习惯，才能判断政府应采取何种社会管理手段。

随着媒介形态的演变，社会运作的基本单元不断发生变化。在农业社会中，水井是一个可供政府运用的社会治理场所；在传统社会中，客厅也是社会治理的重要场所，政府可以运用“客厅”这一信息文化单元来进行社会管理。如今是新经济的时代，互联网的快速发展颠覆了传统的制造业，企业便成为社会治理的基本单元。企业不仅是经营的场所，也是一个“社会”的场所，是会产生社会关系的地方。倘若对企业管理不善，则容易产生许多社会问题。2011 年发生的富士康“七连跳”事件便是很好的例子。富士康科技集团有几十万员工，其人口规模相当于一个小县城。如此大规模的工厂仅靠总裁郭台铭进行社会管理，让一个企业主承担本该由这个社会承担的责任，就容易出现诸如“七连跳”等社会问题。

佛山的企业数量众多，政府应懂得如何与企业互动，如何通过企业渠道交换信息并将其融入社会管理中。当今时代是自媒体的时代，每个人都是信息传播的渠道和载体。以前，信息的传播是垄断的、以权威人群为中心；而现在微博、微信的兴起打破了特定人群对信息的主宰权，为政府提供了更为广阔的交流平台。政府各部门应适应新时代的发展要求，利用好这些新兴媒介与企业展开互动沟通、进行社会管理。

3. 问：媒介素养是一种掌控的能力，在“下一个社会”中，政府的媒介素养会以怎样的姿态出现？政府会成为掌控者、引导者，还是仅仅是一个参与者？

答：事实上，媒介素养并非一种“掌控”的能力，准确地说，它是一种“管理和运用”的能力。政府的媒介素养体现在政府应建立开放而富有弹性的媒介系统，并随时根据不同的管理目标、多样化的民众诉求进行调整。“开放”是最为基本的原则和姿态。

此外，在“下一个社会”，媒介的选择也非常重要。尼克松之所以在电台时代成功当选总统，在电视时代却遭遇滑铁卢，是因为不同的媒介往往会传达出不一样的信息，从而产生不尽相同的结果。因此，政府要选择合适的媒介传递信息，在选择时应充分考虑需要影响对象。例如，南海区农村改革的宣传采用的是漫画，因为其要影响的人群是农村百姓，对于农村百姓而言，最直观、最通俗易懂的媒介形态就是漫画。倘若农村改革的宣传对象是佛山市委市政府的专家学者，报道就得采取深度解读的形式。

4. 问：在目前的媒体生态下应该如何定位政府和媒体的关系？怎样的互动方式才是良性健康的？

答：媒体在社会信息交换中承担着两个职能，分别为信息生产的职能和信息渠道掌握的职能。从媒体运行的角度来看，媒体和政府的目标是一致的，都是在信息交流的基础上让社会更加良好地运作。

媒体人应强调社会价值，综合考量信息的生产和传播给社会带来的影响，努力传递正能量。政府在运用媒体时也应立足全局，致力于促进社会的良性健康发展。

例如，我曾见过一篇极富视觉冲击力的稿件，讲的是有人相信人血馒头可以治病，于是把弃婴的血淋到馒头上吃，以致触犯法律的事件。我看了这则通稿后并没有将它发到编辑部去，因为这样的稿件会让社会大众产生阴暗心理，不利于社会的良性运作和发展，因而不值得刊发。

第十讲：眼见为实
——舆论场中的视觉力量和较量

主讲人：龙建刚

主讲人简介

龙建刚，资深媒体人、学者。1985 年大学毕业后从事新闻工作，曾被团中央授予“全国青年报刊十佳记者”称号。现在为佛山科学技术学院社会科学研究中心副研究员，兼任《南方日报》佛山观察首席顾问。2007 年 12 月起，担任佛山电视台《画龙点睛》节目主持人，2014 年 4 月，开设时事评论电视节目《龙说》。

一、“茂名 PX 事件”的教训：民间图片失控，政府失语

最近，从我们佛山出去的两位官员遭遇了很大的危机。一个是在江门的刘海，另一个是在茂名的梁毅民；一个是因为“核电事件”，另一个是因为“PX 事件”。江门的事情处理得比较快，群众一闹就宣布停建；茂名开始还抗衡了一下，现在也宣布停建了。

尽管两次危机看起来暂时过去了，但留给我们的思考仍然在继续。我曾和茂名市的主要领导做过一次很深入的交流。谈及处理这起事件的经历和感悟，他说了一句让我印象非常深刻的话：“这次事件中，打败我们的是微博、微信。”

“茂名 PX 事件”处理过程中，茂名市实际上通过有关部门删除了几万条网上消息，但是事件依然愈演愈烈，主要原因是微信。微信的力量更多不是来自文字，而是来自图片。有些图片把“昆明火车站砍人事件”和“新疆乌鲁木齐事件”都移植到“茂名 PX 事件”身上。整个事件中，从小孩举着的标语到微博、微信的传播过程都可以明显看出，民间的行动是非常有组织的。

政府部门在整个“茂名 PX 事件”中的反应速度和组织能力远远低于民间。政府部门只是发了一个简单的公告，然后举行了一场新闻发布会。新闻发布会也非常简短，新闻发言人在会上就是念公告，没有任何内容补充和即兴发挥，没有回答任何记者的提问。而且，在整个事件中，官方没有发布一张图片。

在我们国家，政府管理部门在利用传统媒体发布信息方面积累了丰富的经验，但在网络资源的开发、网络媒体的利用方面则存在一定的欠缺，具体表现为信息量不足、更新速度慢、缺乏互动等。尤其值得一提的是，在利用互联网进行议题设置、主动引导舆论方面，一些政府管理部门尚缺乏足够的认识。这一点需要向国外学习。以英国教育部新闻办公室来说，每当有重大事件发生，该办公室就会立即组织传统媒体的新闻发布会，请部长出面发言，或接受某几家主流媒体的专访、深访；同时利用互联网，在公共讨论区发消息、发表评论，以驳斥谣言，在官网上滚动发布信息，利用视频网站上传视频文件、资料等等。新旧媒体手段并用，立体、交叉、全方位地传播信息，形成信息强势，有助于更好地引导舆论、化解危机。① 在读图时代，图片应当成为政府相关部门日常信息传播和危机应对的重要手段。

在视觉文化时代，人们对图像的依赖越来越突出。在信息的选择上，由于现代人处于一种浮躁而紧张的快节奏生活中，更加倾向于选择直观、形象的视觉信息。通常来说，人们会认为通过视觉符号传播的信息是真实的、有说服力的，因此当人们需要求证事实真相的时候，会倾向于选择视觉信息。在娱乐的选择上，视觉文化传播能够满足人们对于感官刺激的追求，因此人们更愿意选择视觉的娱乐方式以获得更多的娱乐快感。这就造成了视觉符号对其他非视觉符号及文字符号的挤压，形成了视觉符号的霸权。②

也就是说，图片可以将传播个体的情感和其他信息通过简洁明了的方式进行传递，既契合快节奏的现代社会环境下公众对于信息获取和分享的高速和高保真要求，也符合“读图”时代人们对于无限接近现实和获得感官愉悦刺激的信息传播需求。成为传播和分享内容主要载体的图片，不仅具有很好的传播效果，而且杀伤力非常强。从博客到微博到微信，我们可以看到，我们的交际方式正在发生深刻的变化，图片正日益超越文字，成为交流、分享和传播的关键。

---

① 程曼丽：《欧洲三国新闻发布制度的启示》，《新闻与写作》2010 年第 7 期。

② 张洁：《全球化语境下的视觉化传播》，南京师范大学硕士学位论文，2005 年。

比如左边这张图片，民间利用当时最流行的电视剧《来自星星的你》中的台词“如果这里活不下去，我们就去火星”作为标语，然后由小孩将其推出来，能强烈地震撼公众。民间有大量具有视觉冲击力的图片，从而掌握网络话语权；而政府部门有的只是一个简单的公告，文字却远没有民间的图片来得生动直观和富有冲击力。政府部门在舆论引导上的滞后往往意味着把事件的描述权、解释权、评论权拱手让人，放弃舆论主导权。在“茂名 PX 事件”中，茂名的政府部门就是从失图到失语，最终陷入被动。

图片本身是一种符号，但就更广泛的概念来讲，图片又是一种信息。信息是符号和意义的统一体，因而图片不仅是作为能指的符号载体，也包含着作为所指所指向的意义。[①] 索绪尔曾指出：“人类传播在现象上表现为符号的交流，而实质上是交流精神内容，即意义。”危机事件中的图片符号是政府官员用于与民众交流沟通的桥梁，而接收这些图片符号的民众对于符号意义的理解，取决于他们自身的知识结构及图片的配置结构。“茂名 PX 事件”让我们再一次意识到政府在危机事件图片传播中扮演着向民众传达意义的角色，在宏观和微观方向上的传播中起着把关作用。

我相信很多人并不知道 PX 项目到底有没有伤害，那为什么民间还那么多人恐惧，甚至出现了暴力和流血事件呢？从“茂名市民游行反 PX 项目事件网民观点”的调查结果可以看到，比例最大的选项是“PX 项目被妖魔化”。民众不仅仅是对 PX 项目感到恐惧，也是在宣泄对政府的不满和不信任。此次事件中，政府在舆论引导和控制方面之所以出现问题和麻烦，舆论受到境外势力左右是原因之一，但政府与民众缺乏沟通，导致政府公信力丧失和舆论失控，才是问题的根本所在。

危机事件中的图片处理对于政府而言是一个挑战，面对危机事件期间各种信息传播舆论场的众声喧哗的态势，如何把握好图片传播的度和量，特别是图片符号所传达出的意义，还需要政府不断地思考和实践探索。

---

① 于志君：《危机事件中门户网站的图片传播机制研究》，山东师范大学硕士学位论文，2013 年。

二、“小悦悦事件”：沉重的代价

“茂名 PX 事件”是茂名市政府的惨痛教训，佛山也为“小悦悦事件”付出了沉重的代价。在事件发生的次日，各个媒体都作出了反应。《佛山日报》的头版大标题是“这一天，他们令佛山蒙羞”；《新快报》头版用了“我们不做中国的路人”的大标题；香港《东方日报》用了很大字号做头版标题“中华民族到了最缺德的时候”。随着 18 个路人从小悦悦身边走过的视频在网上传开，国内掀起了关于道德问题的大讨论。这是图片的力量，视频的力量，视觉的力量。

佛山日報

这一天，他们令佛山蒙羞

海天酱油

小额贷款

发表完道德演说以后怎么办?

新快报

我们不做中国的路人

如何让自己的精神，在每一个深夜，走向 10 月 13 日的那个下午，走向佛山的广佛五金城，走到被汽车碾压的悦悦身边，弯下腰，伸出手，张开爱心——这不仅是救她，更是救我们自己。

集体反思，才是最可贵的品质和勇气。

这事我们人人都有责任。

我们来做第一步，重拾这个社会的信心。

你光明，中国便不黑暗。

媒体对“小悦悦事件”的相关报道

（图片来源：《佛山日报》和新快报官网）

对于“小悦悦事件”的舆论恶化，有的政府负责人认为原因之一在于没有在一开始就把视频封掉。这种思维定式是极其错误的，必然导致政府形象的受损。

在之后发生的“佛山一环暴力执法事件”中，佛山市公安局交警支队一环大队副大队长吴明以为只要拿到了视频，消灭了证据，就能让打人的真相瞒天过海。但他不知道，在打人的时候视频已经在网络上传播出去了。后来南方电视台播出了打人的现场视频，在节目安排中先播放了司机说“他打我们了”的画面，然后播放主管局长说“法制社会哪里还打人，他是污蔑”的视频，两者形成鲜明对比。

这两件事情看似没有直接联系，但都可以看出政府和民众两种全然不同的思维模式。首先是政府部门对负面信息封堵和删除的思维定式，他们误以为只要没有视频，再加上封堵信息，就没有了证据和真相。但事实是，在现代社会，大家都有手机，每个人都可以拍照、录像，每个人都可以发声，监督无处不在。

而从普通民众的角度而言，图像之所以有这么强大的力量，原因在于受众具有眼见为实的突出的群体性心理特点。眼见为实的本质，是受众的求真心理。穆青老前辈说过，新闻图片是最真实、最直接、最形象、最具体的事实凭证。文字报道，人们可以不相信，说是夸大了或者歪曲了；图片新闻，真凭实据，摆在公众面前，容不得半点怀疑。受众具有眼见为实的心理，尽管今天的暗房和数码摄影技术已经可以以假乱真，但他们对于摄影图片瞬间性的真实感和历史感是坚定不移的，他们几乎相信图片上的一切，而不会产生怀疑的态度。①

上面这两张图片，一张是在 2011 年 6 月 12 号的“新塘事件”中，四川民工和当地村民发生冲突；另一张是 2011 年 7 月 23 号发生在佛山陈村的袭警事件。发生在陈村的袭警事件的情况是这样的：为争夺黄家围地块，顺德陈村绀现村二龙股份社理事罗某等人商量胁迫土地承包经营户停止耕种、退还土地。因被害人杜某拒绝清理鱼塘、退还土地，罗某等人召集多名村民前往被害人杜某承包的鱼塘的堤围上，对其承包的鱼塘的塘基进行挖掘破坏，导致鱼塘与外河河涌相连，养殖鱼流失。在事发现场，公安部门派出的 3 个便衣警察被陈村村民绑到汽车上，浇上汽油，随时准备点火。这一幕被顺德公安局发到了顺德公安的网站上。后来图片被撤，理由是图片对公安形象的杀伤力太大。

我相信每个有良知的人，看到这张图都不会说“村民干得好”，而会

① 李培林：《图像传播语境下的媒体受众观与受众读图心理研究》，《南京师范大学学报》（社会科学版）2006 年第 6 期。

说“村民太过分了”，这是正义的力量。但遗憾的是，主管部门将图片撤下了，使得不少公众不明真相。在旧的体制和观念的影响下，政府对社会舆论过于强调“思想统一”“主旋律”，在危机信息传播方面存在着种种“误区”，如担心在媒体上公开危情会“暴露社会的阴暗面”“影响党和政府的形象和社会的稳定”。而且，政府对网络等新兴媒介的舆情缺乏足够的重视，对网民心态缺少研究和分析，对这些新媒介进行舆论引导的意识不强、办法不多、效果不好。这种惯性思维直接导致了政府的这种处理方式。真相最有力量，图片最有力量，却不能被政府充分利用。

佛山市政府为上面几起事件都付出了沉重的代价，在这些事件中，有两点值得我们反思：首先，政府要转变思维，勇于直面真相；其次，政府要重视图片的力量，要学会运用图片。

三、读图时代的舆论掌控

我们再看下面2张图片：第一张是在安徽火车站，照片主体是一个嘴边衔着车票的女孩；第二张是在广州火车站，一个为了排队买票站了三天三夜的女子昏倒，最后被众人从空中抬出去。所有情绪都展现在这些图片上，力透纸背，这就是图片诉诸情感的一个体现。

（图片来源：百度）

（图片来源：《楚天金报》2008年2月2日第1版）

在20世纪60年代，法国思想家居伊·彼得就提出“历史已经进入‘景观社会’”。那个时候相机还不普及，但是彼得敏锐地意识到，随着照相机的发明，世界将进入景观时代，也就是读图时代。同时，他还意识到读图时代的到来将对舆论控制提出挑战。

21 世纪以后，美国思想家德里克·詹姆斯提出，当代文化有 3 个特点：全球化、商品化和视觉化。全球化和商品化，都与视觉化息息相关，都需要通过图片来传递，最终落脚点都是视觉化。例如丰田轿车的广告，整个片子只在最后有一句话：“车到山前必有路，有路必有丰田车。”这是通过图片传达商品的例子。视觉化是一个支撑物，也是我们分析当今文化现象的一个重要维度，是政府在处理危机公关和对民众的信息作出反应时的一个重要出发点。

四、北京怀柔：中美两国的攻防战

阿尔温·托夫勒在他早期的未来学著作《第三次浪潮》中就曾指出：人类社会正在孕育 3 种文盲，即文字文化文盲、计算机文化文盲和视觉文化文盲。计算机的普及、数字技术的发展和多媒体产品的日益丰富，使视觉文化传播成为 21 世纪全球文化的主导力量。

我之所以研究图像，与我的一次经历有关，在这里分享给大家：

1995 年，我到世界妇女大会做采访，大会在北京怀柔召开。中美两国在妇女人权问题上发生了激烈的交锋。中国妇女代表团用大量的文字来说明中国妇女儿童工作所取得的巨大进步，而美国妇女代表团的发言没有用很多文字，而是请大家看了一组图片。

美方展示的是中国长寿之乡——广西巴马县的图片。一位美国记者用了 5 年时间，深入跟踪巴马县的一户人家。这对夫妇的头三胎生的都是女孩，但“不生男孩，生育不止”的观念让他们即使在被政府拆掉房子、没收土地、牵走牛羊的情况下，又怀了第四胎。第四胎是双胞胎，两个女儿。这时候他们家里已经一无所有了，连棉被也要亲戚接济。一年半后，这对夫妇终于怀上了男胎。一家人的生活又重新焕发生机，可那时他们已经没有房子了，只能在山洞中安家。为了养活这么多儿女，父母平时要出去找野菜、打小工。平日里是姐姐带着弟弟和一帮姊妹出去摘桑葚果填饱肚子。突然有一天，几个孩子食物中毒，家里唯一的男孩没有被抢救过来，死了。结果，男孩的父亲发疯自杀了，母亲患了精神病，见到人就说“我的儿子，你看到我的儿子没有”。

美方通过大量的图片讲述了这个发生在中国妇女身上的故事，这个故事能否客观地反映出中国妇女的真实情况，答案是否定的。但真实的图像打动了现场很多观众。

接着，美国代表团又用图片展示了一个关于中国儿童的故事。这个故事发生在广州。北方水果在通过铁路运送到广州的过程中难免有些会腐烂，商家在上市前要进行筛选。被堆积到一个地方的坏果子久而久之形成了水果垃圾山。很多流浪儿童爬到那个水果垃圾山上，拾捡烂得不那么厉害的果子吃。美联社记者抓拍了这一镜头，并将其命名为“中国小孩如饥似渴地啃腐烂的苹果”。美方的演讲以“中国妇女儿童 SOS”9 个字结尾，震撼力非常强大。

我相信在场所有的人和全世界的媒体记者，都记住了希拉里的那几张图片。这就是图片的力量。尽管我当过很多年的编辑，我也编过很多图片、版面，但是我从来没意识到在政治的角力中，图片的力量竟如此之大。这是一个深刻的教训，也是我开始致力于图像研究的原因。

五、西方的图像攻势

西方利用图片对中国发起攻势的例子，不只出现在北京怀柔的那次世界妇女大会上。

我们再来看看下面两个杂志的封面。第一张是在全球拥有巨大影响力的英国杂志《经济学人》的封面，第二张是美国著名的《新闻周刊》的封面。

《经济学人》的封面是哈佛大学商学院的一个学生设计的，被评为当年度的世界最佳封面。封面的事件背景是中国的 GDP 超越日本，紧随美国，成为世界第二。我们知道，在世贸大厦被炸掉之后，帝国大厦作为美国的最高建筑，成为美国经济的象征，而熊猫则是中国的象征。无论什么民族的人，看到这张熊猫爬上了帝国大厦顶楼的照片，就能明白图片所要传递的含义。

作者选择“熊猫”这个符号来代表中国的原因，我直到前年去了一趟联合国教科文组织后才弄明白。在联合国总部，我看到了一份文件。文件说代表中国的有四大符号：第一个是万里长城，第二个是熊猫，第三个是毛泽东，第四个是中国功夫。这其实也是世界如何认识和评判中国的一种体现。

对这张图片，大家首先解读出来的是熊猫爬上去了，这是图片中蕴含的一个重要命题：熊猫具有攻击性。但这张图片能解读出的不仅是“中国威胁论”。熊猫爬上去是一个很危险的动作，如果熊猫支撑不住摔下来，结果会怎样？那一定是粉身碎骨。所以这里还蕴含着“中国崩溃论”。“中国威胁论”和“中国崩溃论”完美地在这个图片上获得了结合。

这种用符号暗指国家的做法并非由哈佛学生首创。早在 20 年前，美国著名的《新闻周刊》的封面就使用了身穿和服的自由女神像来暗指日本。20 世纪的日本与当下的中国相似，经济发展很快。当时本田汽车的创始人本田宗一郎就提出，如果日本继续努力，可以把好莱坞买过来，把自由女神像买过来，从纽约湾移到东京湾。日本的丰田车、本田车把美国笨重又耗油的福特车打败得一塌糊涂。日本还拉高了美国物价，美国人对此非常恐惧，当时也出现了“日本威胁论”。《新闻周刊》的这个封面其实是美国对日本发出的警告。也就是从这期杂志开始，美国吹起了搞垮日本经济的号角。20 多年过去了，日本经济还没有复苏。在这张图片出现后，中国各界也纷纷猜想，这会不会是美国对付中国的开始？

（图片来源：《纽约时报》）

美国的攻势不仅如此，我们看下面这些图片。

第一张是 2010 年 5 月 1 日深夜，在白宫地下作战室里，美国高官们紧张地看着海豹突击队坐直升机从阿富汗飞到巴基斯坦摧毁本·拉登别墅的全过程的照片。

从图片中可以看到，奥巴马坐在角落里，三军参谋长、副总统拜登坐在奥巴马前面，有些高官站着，小官反而坐着。在中国绝对不会出现这种情况，美联社抓住了这一点，知道中国人对这张图片的解读会与美国人完全不同，所以特意用中文发了这张图。这是美国的攻防战，用以彰显美国的民主。

（图片来源：网易新闻图集《“平民大使”骆家辉》）

我们再看两张骆家辉的照片。第一张是骆家辉从美国启程到中国赴任美国驻中国大使馆大使时拍的，当时他和女儿在机场排队买麦当劳；第二张是骆家辉来中国上任以后，自己提包坐飞机到大连出差，而且坐的是经济舱。

一个大使提着行李的图片有什么意义呢？这也是美国的攻势，是美国高明的政治宣传。正如塞缪尔·亨廷顿认为的：“总的来说，人类在文化上正在趋同，全世界各民族正日益接受共同的价值、信仰、方向、实践和体制。”这里所说的共同的价值、信仰等都是以西方发达国家，尤其是美国的文化为标准的。美国通过视觉文化的传播，垄断着全球文化的话语权，并且试图将自己的文化观念转化为世界共同的观念。[①] 图片中暗含的美国思维和文化在中国人心里产生巨大的影响力，让国人不自觉地反思自己的政府，通过比较发现自己的政府存在的问题。

六、图像改变中国

在沉重的代价面前，我们意识到，不能再固守以前的“鸵鸟政策”，

① 张洁：《全球化语境下的视觉化传播》，南京师范大学硕士学位论文，2005 年。

要以世界听得懂的方式说话。

我之所以选择一张手持手机拍照的图片，是因为图片所传达的内容是“人民拿着手机对着领导人”。我们知道，国家领导出行，一般人是无法靠近的。但是现在人民可以拿起手机，拍摄胡锦涛总书记，这是一种很大的改变。此外，让人民近距离地感受到一个退休国家领导人的生活，还原我们领导人“人”的那一面，这是中国宣传策略的变化，是一种非常大的进步。

（图片来源：新华网）

从上面这个例子中，我们可以感受到中国在运用图像上正在发生改变。图像在重塑中国，在改变中国。

说回佛山，政府部门不能再抱着“外面你怎么报都无所谓，只要我自己的媒体不报道就行了”的想法和态度了。“不想把事情闹大”实际上是“鸵鸟政策”，很容易瓦解本地政府和媒体的公信力。所以，佛山要跟上整个中国的大步伐，转变理念，学会和人民用心对话和交流，而不是生硬地使用行政力量掩盖人民的声音。

（图片来源：纽约时报网）

再看一张图片：这张照片是从《纽约时报》网站上下载下来的，内容是广州的一户居民坚守多年，拒绝拆迁，在周围高楼大厦林立中，这幢破房子显得非常醒目和突出。房子挂着的标语是“强拆民宅，国法无存，法院无法”，这是中国官民的焦虑和矛盾，是复杂中国的象征。从这张图片上也可以看出，尽管我们的经济发展非常迅速，但是我们积累的矛盾也非常尖锐。

能否在危机到来的时候，通过对话、妥协、谈判来实现官民和解，这是对政府最大的挑战，也是中国政府未来对国民最大的重塑。只有实现了这一点，才能真正地实现中国梦。

互动环节

1. 问：刚刚这么多的图片案例确实给我们带来震撼，回到现实中，回到佛山来，我们在日常的具体操作中应该怎么办呢?

答：一定要强化图片意识，政府部门更多地是习惯靠文字、靠通稿说话，但是人民是靠图像说话的。千万不要以为撤掉了相关的图像和视频就掩盖真相，事实上，人们获得现场图像和视频的途径很多，这些是没办法删除干净的。

2. 问：您刚才讲到“要以世界听得懂的方式报道、解读”，缩小一点就是要以我们老百姓听得懂的方式来解读。这句话很简单，但是我觉得对于我们在座的很多政府部门的人员来说难度不小，您怎么看?

答：这是一个观念改变的过程。大家都知道图片的重要性，利用图片把这种个人的理解转化为一种对世界的理解。这是一种观念的变化。怎么来做，除了增强图片意识，还要有公开意识。政府部门有很多东西不敢公开，觉得画面太直观了，怕引发不良反应，这种观念是错误的。我们要承认和面对现实中存在的图像，然后想办法去化解它，处理它。

第十一讲：网民心理与网络舆论引导

主讲人：朱　颖

主讲人简介

朱颖，女，中国人民大学新闻学博士，复旦大学新闻传播学博士后，现为广东外语外贸大学新闻与传播学院教授，新闻系主任，硕士生导师，对外传播与区域发展研究所研究员，广东省高等学校“千百十工程”培养对象。主要研究方向是新闻传播理论、政府传播与危机管理。曾主持和参与多个省部级科研项目研究，目前正主持教育部人文社科研究规划项目 1 项和广东省社会科学基金项目 1 项，发表学术论文 40 余篇，出版专著 2 部。

一、互联网已经成为舆论主阵地

随着互联网在世界范围内的快速发展，网络媒体被公认为是继报纸、广播、电视之后的“第四媒体”。中国的互联网虽然起步晚但是发展迅速，近年来，网民数量激增。根据 CNNIC 中国互联网络信息中心 2014 年 1 月发布的《第 33 次中国互联网络发展状况统计报告》，截至 2013 年 12 月，我国网民规模达 6. 18 亿，全年共计新增网民 5 358 万人；互联网普及率为 45. 8%；我国手机网民规模达 5 亿，较 2012 年底增加 8 009 万人，网民中使用手机上网的人群占比由 2012 年底的 74. 5% 提升至 81. 0%，手机网民数量继续保持稳定增长。

当前，互联网已经成为舆论的主阵地、社会思潮和利益诉求的集散地、文化传播的新平台、人们生活的新空间，更成为意识形态工作的新阵地、社会管理的新领域。互联网带来传播模式的巨大革命，人人都成为传播者，这也给政府舆情应对工作带来极大的挑战。每一个政府工作人员，都必须学会使用网络，利用网络获得各种信息并且应对各种网络舆情。

（一）网络舆论特性

1. 主体的隐蔽性和广泛性

与传统媒体有明确的传播主体不同，网络的传播主体是模糊的，既可以明确，也可以不明确。主体的隐蔽性是网络舆论的鲜明特点。在传统媒体和社会组织中，个人的话语权是十分有限的，网络给人们提供了一个空间，发言人一般用昵称、代号等匿名方式出现，在虚拟身份的掩护下，可以更少地顾虑外界因素的影响，从而大胆地畅所欲言。匿名传播能使网民摆脱现实社会关系的压力，让精神得到一种相对自由的解放，网络使网民不仅得到了更多的话语权，也保护了自身，因而得到广大网民的高度支持。网络传播的主体本身具有广泛性，隐蔽性则给网络舆情本身增加了许多复杂的因子，使其发展具有多变性和不确定性。①

2. 内容的丰富性和争议性

舆论客体的丰富性主要是海量的网络信息所造成的。网络舆论的内容无所不包、无所不及，各种文化思想、价值观念、生活准则、道德规范都可以找到立足之地。传统媒介的信息承载量是有限的，而网络具有海量信息存储能力，不受版面和时段控制，而且超链接的独特功能，使得网络能够便捷地汇总、整合信息。

随着我国市场经济的发展，利益群体的分化，多种价值观并存，各个群体出于自身情况和利益的考虑，对于公共的社会问题必然会有意见分歧。尤其是对社会焦点和热点，在网络上的讨论和争议尤为激烈。而网络舆论与传统舆论相比，无论是在言语层面上还是行为层面上，也都更加激烈。言语上，批判、谩骂、攻击性质的语言占了舆论的主要部分；行为上，几乎每个网络事件都伴随着人肉搜索发生，网民在现实社会中针对网络事件的活动增加。

3. 内容的非理性和负面性②

（1）非理性——情绪宣泄多，理性思考少。

网络舆论通常比较感性化、情绪化、简单化，具有明显的非理性色彩。网民作判断、卜结论，往往仅凭个人好恶和直观感受，缺乏深入的思考，也不讲究起码的思维逻辑，网络舆论因此常常充斥着捕风捉影、道听途说、夸大、耸人听闻之辞，在表达方式上也呈现出偏激、粗俗的倾向，甚至不时出现一味谩骂、恶意攻击的帖文。

---

① 曹劲松：《网络舆情的基本特点》，《新闻与写作》，2009 年第 12 期，第 39 页。

② 参见柯缇祖：《网络舆论：民意的“自由市场”?》，《人民日报》（海外版），2011 年 9 月 2 日第 7 版。

这种特点的形成，一是因为网络舆论参与的门槛低，为那些在现实生活中缺少有效表达渠道的人群提供了一个便捷通道，并已日益成为弱势群体、边缘人群的情绪宣泄平台。二是因为网络舆论变动速度很快，从发酵、升温到大规模扩散，可在短时间内完成，人们几乎来不及冷静思考、深入分析就仓促发表意见。此外，这也与网民年轻化有关。目前，我国网民中有77%为35岁以下的年轻人。年轻人有浓厚的参与热情和强烈的表达意愿，是网络舆论活跃的主体，但他们受学识、阅历所限，往往激情有余，理性不足，很难理解实际情况的复杂性，认识问题难以全面，言论观点难免偏颇。

（2）负面性——批评的多，肯定的少。

总体而言，网上各种舆论交锋，常常是负面舆论压倒正面舆论。其原因在于：一是负面新闻、负面事件、负面话题具有天然的吸引力，用外国新闻界的一句名言来说就是“Bad thing is good news”（坏的事情就是好的新闻），负面的内容容易诱发人们的好奇本能，引发人们的探究讨论，而且一般情况下人们发表批评性意见的动力要比发表肯定性意见的更强。二是由参与制造网络舆论的人群自身因素所致。一些现实境遇不佳的网络舆论参与者对社会有负面情绪、负面心态，往往戴着“有色眼镜”观察社会、解读现实，在网上自由发表各种批评意见成为他们发泄不满的主要方式；而另一类网络舆论参与者往往把批评作为展示自己“独立思考”能力的主要形式，甚至“为批评而批评”。三是负面舆论场一旦形成，就会自行强化。肯定性意见没有得到充分展示，加上大多数网民选择沉默，就造成了批评性意见一边倒的态势。这使负面舆论场又形成一种压力，进一步削弱了网民发表肯定性意见的意愿和勇气，使得正面舆论更加式微。

4. 传播的爆炸性和扩散性

网络舆情传播与传统媒体舆情传播不同，网络舆情传播呈现的是非线性的散播路径的交叉、重复、叠加式的传播覆盖，具有爆炸性的特点。网络在传播舆论信息的同时，它的关注度也不断提升，网民的意见、评论也得到传播，每个发帖人或跟帖人都能看到自己的意见参与所引起的网络舆情变化。自身行为引起网络舆情变化，给传播个体带来了满足感和成就感，越来越多的人便参与其中，产生了“滚雪球”效应，更多的人被吸引来为网络舆论添砖加瓦。

比如，2011年的“郭美美事件”就是在网络上引起了轩然大波，短短48小时内，仅相关微博量就超过11万条，到第5天，达到35万条。各大媒体也疯狂转载。公众开始严词质疑中国红十字会背后的利益链条，对中国红十字会等慈善组织的信任度急剧下降。据民政部中民慈善捐助信息中心介绍，全国捐赠数据监测显示，“郭美美事件”发生后，公众通过慈善组织进行的捐赠活动大幅减少，2011 年 6—8 月，全国慈善组织接收捐赠额度降幅达到 86.6%。

（二）网民心理与网络舆论引导

1. 重要性分析

2011 年百件影响力较大的社会热点事件中，约 30% 因网络爆料而引发公众关注，即 3 成社会舆情因网络舆情而起。可见，网络舆情越来越引发人们的关注。近年来，我国在社会经济高速发展的同时，矛盾也在积累和叠加，作为贯穿网络舆情发展始终的网民心理呈现出的复杂性和多样性，促使网络舆情的表达诉求越来越多元化，一旦引导不当，极易爆发危机网络舆情，影响社会和谐安定。因而，基于网民心理的网络舆情引导成为一个新的课题。

党的十八届三中全会提出：“健全网络突发事件处置机制，形成正面引导和依法管理相结合的网络舆论工作格局。”分析网民心理在网络舆情中的类型和表现出的特征，认清网民心理在网络舆情引导中的作用，分析基于网民心理的网络舆情引导取得的成绩和存在的问题，形成我国基于网民心理的网络舆情引导策略，是新形势下我们必须解决的重要课题。

2. 必要性分析①

必要性分析是基于当前网民心理的网络舆情引导存在的问题而言的。网络舆情引导的研究是近几年随着舆情事件的爆发而逐渐被重视的，网民心理作为影响网络舆情的重要因素，在网络舆情引导中的地位日渐提升。但基于网民心理的网络舆情引导还是一个新课题，在不断的研究和探索之中虽然取得了一些成绩，但存在的问题不容忽视。这些问题主要体现在：

（1）网络舆情酝酿时对网民心理关注不够。

网络舆情酝酿阶段是舆情话题形成焦点事件并在网络上逐渐扩散的开始。在其“少数话题—舆情热点—焦点事件—网络舆情”的发展过程中，信息的不断扩散促使网络点击率急剧上升，越来越多不同类型的网民开始参与进来，面对海量信息，网民在发表个人意见时其心理往往发挥着重要作用。因此，在网络舆情酝酿阶段，如果能及时有效地关注网民心理并进行合理的引导，就能正确导向网络舆情，减少情绪化、盲目性观点的涌现，及时有效地阻止非理性网络舆情的蔓延。近年来，网络舆情突发事件

---

① 参见曾小梦：《基于网民心理的网络舆情引导研究》，湖南大学硕士学位论文，2013 年。

频率增高，但引导效果不佳，从网络舆情引导时间上看，网络舆情引导主体在网络舆情萌生、酝酿阶段没有及时关注网民心理，使其快速发展，从而一发不可收拾。

（2）网络舆情演变时对网民心理把握不准。

网络舆情演变是信息高度膨胀、网民情绪迅速集结的时期，此时，舆情事件在网络上的传播和扩散速度将呈现爆炸式增长。网民作为网络舆情的主体力量，在推动网络舆情演变中发挥了重要作用，不同类型的网民由于心理活动不同，所扮演的角色也不一样。如普通网民在一般讨论交流中，容易受到谣言的刺激，被激起从众心理，从而失去理智甚至出现偏激行为；一部分别有用心的网民（俗称网络搬运工）在转移、扩大网络信息时，为了吸引人点击和观看，会不断在事件中加入具有冲击性的因素，使事件被放大而更具观赏性；网络意见领袖对事件进行掌控式主导，通过不断的重复和传染作用聚合网民力量，使网民的态度、意见和观点出现分化，陷入激烈的讨论和争辩中；网络推手则进行加工式引导，在事件高速扩散的过程中加入商业元素，通过炒作、恶意煽动等手段使事件变得更为复杂，同时容易引起网络暴力。这 4 种力量在网络舆情发展过程中能短时间聚集、爆发，是推动网络舆情演变的重要因素。

要正确引导网络舆情，在网络舆情演变阶段正确把握以上 4 种网民的心理特征很关键。但是由于心理的不可捉摸性和网络舆情引导者自身能力的缺陷，引导者对网络舆情演变时期的网民心理着力点往往把握不准。

（3）网络舆情产生后对网民心理引导不力。

网络舆情产生后，由于网民心理的多变性，舆情引导主体必须及时对其心理进行引导，以免导致舆情愈演愈烈从而衍生出新的网络舆情，形成恶性循环。目前，基于社会背景、体制机制、引导观念等原因，网络舆情引导主体在网络舆情产生后在对网民心理的引导上存在问题。主要表现在：

①一堵了之。网络舆情发生后，一部分网络舆情引导主体出于惰性等原因完全不发声，对网络舆情事件不澄清、不解释，充耳不闻，对网民心理忽略不管。另一部分采取“堵、压、封”的方式来应对，这种行为极易激发网民的逆反心理，引起网民对政府的不满，引发新的质疑政府公信力的网络舆情。

②错失引导时机。网络舆情事件中，网民心理经历从个体心理演变为群体心理的过程或者个体心理与群体心理交替存在，因此事件发生后，网民从众性、盲目性心理特征明显，往往使舆情事件在短期内迅速发展，形

成巨大影响力。此时此刻急须舆情引导主体及时介入才能有效遏制，否则，网络舆情很快会发展为社会舆情，对社会造成不良影响。

③重处罚轻引导。在一部分网络舆情引导主体看来，网络舆情发生后，只要将舆情主体加以处罚，比如法律制裁，就能有效遏制舆情的进一步发展。这种做法虽然短时间内能产生一定的效果，实际上没有深入思考网络舆情产生的深层次原因，即网民心理在其中的作用，容易引发网民的抵制情绪，增加网民情绪化因素，甚至引发更严重的网络舆情。

④仓促发布结论。重视网络舆情需要严谨的态度。如果只为应付而应对，在真相调查清楚前就急于发布结论，试图转移网络舆情焦点，非但不利于舆情引导，还会引起网民更多的质疑和不满，进而使引导者成为网络舆情的攻击对象。

二、网民个体心理特征与引导策略[①]

1. 好奇心理

猎奇心理是人们都具有的一种心理。在网络群体性事件中，这种心理表现为对真相的探求。受到这种心理的驱使，网民会对事件的真相通过各种手段进行探究，再加上当前网络的便利为网民的探求提供了有利的条件，网民可以通过搜索引擎获得各种各样的相关信息，以满足自己的好奇心。在好奇心理的推动下，网民自主地对一些网络群体性事件锲而不舍地进行探究，企图找出真相，这在一定程度上推动了事件的发展。

针对性策略：应主动提供关于外部世界的各种信息，充分满足网民的知情权。在互联网时代，要完全隐瞒事实、阻碍信息传播是不可能的。如果政府部门不能满足公众的信息需求，公众会从其他途径甚至是某些别有用心的境外媒体处了解信息，结果可能会对政府不利。

2. 娱乐心理

有关调查发现，网络新闻中网民最感兴趣的内容之一是娱乐。他们认为娱乐可以缓解紧张的生活压力，而现实生活空虚无聊，没有意义，使得越来越多的人迷失自我；有的网友认为网络集体狂欢能增加社会的活力，不然社会就显得死气沉沉。在网络娱乐中审丑心理产生的快感往往大于审美的快感，网民热衷于关注讥讽假恶丑的一面。芙蓉姐姐身材样貌普通却自诩天仙，口中也尽是极尽夸张的言论，网民在反感的同时却因为这种简

① 参见李凌凌：《网民心理与相应的传播策略》，《当代传播》2004 年第 1 期。

单甚至是俗套的娱乐刺激而放松下来，隐藏在虚拟的网络背后对这个滑稽的闹剧推波助澜。正如著名传播学者波兹曼所言，高度的理性和秩序，超常的冷静和客观，都已渐行渐远，“娱乐时代”款款而来，“文化生活被重新定义为娱乐的周而复始”，“一切公共事务形同杂耍”，我们在娱乐化文化精神的道路上越走越远，甚至“娱乐至死”。

针对性策略：①要加强娱乐产品的开发，网络文化产品的风格宜谐不宜庄，应增加一些轻松、休闲的内容；②娱乐产品还要努力保持一定的社会品位，而不能一味迎合一些网民的低级趣味。

3. 反叛心理

当下，越是为主流价值观、道德观所不容的东西，越是被特立独行的网友追捧，这种禁果效应下的反叛心理在网络集体狂欢中得到张扬。如被网友誉为“究极华丽第一极品路人帅哥”的犀利哥，引来众多网友的追捧。肮脏褴褛的衣着，被赞叹为“欧美粗线条搭配中有着日泛儿的细腻，绝对日本混搭风格”；蓬乱的头发，则“叫人销魂”；忧郁的眼神，“风华绝代”；甚至有粉丝因为他偶尔的淡淡一笑，而激动得差点晕倒。可看出网民颠覆审美主流与反叛的强烈诉求，为了反叛，他们标新立异，以恶搞为乐趣，以显示自己的与众不同。

图 1　网友热捧犀利哥

（图片来源：百度）

网络社会逆反心理的具体表现是：“对政府政策、官方言论、主流观点、社会精英、富裕人群统统持怀疑态度，怀排斥心理，宁信其错，不信其对，宁信其坏，不信其好；一些有违社会公德的人和事，在网上不仅很少受到抵制，反而受到追捧。”在看待政府或相关部门的问题上，网民的逆反心理尤为突出。在诸多网络热点事件中，网民对政府或相关部门持强烈的批判和怀疑态度。

针对性策略：①网络传播者要注意报道的客观、平衡与理性。按照传播学说服理论的研究，采用“两面说”的方式效果更好。也就是说，既报道事情的正面，也报道事情的反面，而且尽量采用客观的报道方式，结论由网民在掌握充分材料的基础上自己来下。②要营造多元意见空间。舆论的一元空间是造成受众逆反心理的一个重要因素。因此，在意见选择上，要破除单维度意见，给多维度意见以更多的生长空间；在意见表述上，要采取多样的表述方式，客观上形成意见多元化。③注意报道量的把握。过度宣传报道也是逆反心理产生的因素。

4. 宣泄心理

中国正处于社会转型期，生活节奏快、竞争激烈，人们经常会遇到一些挫折和不遂人意之事，社会现实与民众期待之间存在一定的落差，民众在现实社会中积累了越来越多的精神焦虑。根据弗洛伊德的学说，人们积累的心理能量总要寻找宣泄的出口，以获得情绪上的解放。大众传媒对社会机体具有调节作用，能够帮助人们宣泄不满情绪，因此被形象地比喻成“排气阀”和“导气管”。如果常规的民意表达渠道不畅，传统媒体又不能及时发挥报道功能，那么网络便成为网民泄愤的出口，很多问题便以网络热点事件暴露出来，如山西“黑砖窑事件”“邓玉娇案”“杭州飙车案”等，都是最先由网络发起或者由网络主要参与完成的，事件在网络上的空前传播折射出常规渠道处置不力、民意表达渠道不畅等一系列问题。[①]

以现在网络上流行的咆哮体为例。咆哮体是一种流行于网络的文体，一般出现在回帖或者 QQ、MSN 等网络聊天对话中。咆哮体没有固定的格式或内容，就是包含了带许多感叹号的字、词或者句子。这种看上去带有强烈感情色彩的咆哮体引来了网民的追捧。刚开始人们是在发泄私人领域的压力，表达对现实生活的不满。如“办公室上班族你伤不起！每天手机打卡机跟你作对有木有！聊个 QQ 还得小心被抓到有木有！上下班挤成饼干有木有！”后来则用于直陈民众呼声颇大的社会问题，折射出当前社会的一些缺陷。

---

① 参见史树梅：《网络事件中的网民心理特点与行为影响研究》，山东师范大学硕士学位论文，2011 年。

针对性策略：①要在法律和政策许可的限度内，给网民提供适当的宣泄平台。②网民的匿民宣泄有时候会有一定的负面效果，应努力对网民的宣泄做好引导，将其控制在法律允许的范围。

5. 实用心理

中国互联网络信息中心数据显示，网民的上网行为越来越讲究实用性。越来越多网民通过网络获取信息（政治、经济、文化、生活等信息）、获取服务（购物、网上办事等），这促使电子商务飞速发展。

针对性策略：①网站应加强服务性，提供更多的实用信息和便捷服务。以政府门户网站为例，可以开通网上办事大厅，如果网民能够在这个网站上办理签证申请、公积金提取等各种政务手续，不用长途跋涉和排队等候，政府门户网站自然能吸引网民关注和使用。②做好信息的分类整理和精加工，为网民的信息检索提供方便，节约网民的时间和精力。

6. 自我实现心理

美国人本主义心理学家马斯洛提出了需要层次说，并提出“自我实现”的核心概念。他指出，人类基本需要包括 5 个层次，即生理需要、安全需要、归属和爱的需要、自尊需要和自我实现需要。而自我实现需要是人类所独有的，是人生追求的最高境界。我们每个人都看重自己的价值，都有施展能力、实现目标的本能愿望。但竞争日趋激烈和相对复杂的现实社会充满了变数，实现自我价值并非易事，人们也很容易受到各种困难的挑战和打击。相对而言，虚幻的网络世界所创造的独特的网络沟通环境，却正好能够满足网民追求自我实现的心理要求。他们从中可以感受到自身具有的可待挖掘的潜在能力，体会到网络交流的快乐，品尝到获得网友认同的成就感。

针对性策略：①网站要提供尽可能多的创造性平台，设计一定的激励机制和表现舞台，把网民的精力引导到创造性的、对社会有所贡献的方向上来。比如，引导网友为政府献计献策，利用网络舆论的力量推动社会发展，开展多样化的网络原创作品大赛（如 2014 年汕头市举办了一个网络文化节，举行微电影、微小说大赛，吸引网友参与，倡导社会主义核心价值观），加强网络和传统媒体、现实生活之间的互动等。②可以经常请网友通过多种方式对政府的内容编排、报道计划、专题设置等问题发表意见，对网友的反馈要尽可能回复，以保证他们的参与热情。

7. 人际交往心理

网络狂欢背后隐藏着的是空虚的灵魂和寂寞的群体，有人直接喊出了“我发的不是帖子，是寂寞”。网络用户可以通过多种方式与他人构建关系，进行互动，逐渐形成以论坛、聊天室、博客、网络游戏等为载体，围绕一定话题、活动内容、社会现象，由各种不同利益关系的人构成交互作用的网络社会。这种网络交互作用突破了现实社会中人际作用的时间和空间界限。

针对性策略：网站要加强互动性的设置，重视建设网站的论坛和聊天室等互动空间，给网友尽可能开放的言论空间，提高网友互动的质量，对论坛和聊天室的话题做好引导。用良好的交流氛围来吸引网民更久地逗留，留住网民也就留住了网站的活力之源。

8. 仇富仇官心理

仇富心理，就是指人们对富贵阶层，特别是一夜暴富者所表现出的怀疑、迁怒、嫉妒、蔑视、不屑、愤懑、仇恨等复杂的心理状态。当下，中国社会的贫富差距逐渐加大，这极易使社会成员因利益格局反差明显而产生严重的相对剥夺感或社会不公平感，再加上很多人富了以后，为富不仁，这些是仇富心理产生的主要原因。

仇官心理，是指人们对贪污腐败、滥用职权的官员表现出来的怀疑、愤怒、不满和仇恨的心理。当前社会，官员贪污腐败、滥用职权的现象层出不穷，以至于人们对官员形成了不良印象，由此产生了对官员的仇视。

网民是和公民相对应的，网民其实就是网络社会中的公民，他们的心理特征有一定的现实性。而仇富心理和仇官心理就是对现实的映射，因此，网民也都具有仇富仇官的心理特点。在网络中，这种心理变成了人们对社会正义的寻求。在网络群体性事件中，凡是涉及富二代和官员的话题都比较能吸引网民的高度关注，比如，“70码事件”、烟草局局长“日记门”“表哥事件”与“房叔事件”等，这些事件之所以能造成比较普遍的影响，实际上是网民仇富仇官心理的反映。网民通过在网络中的发言和行动来表达自己对弱势群体的同情以及对不公正现象的斥责。

针对性策略：①政府要在政策价值取向上进一步关注民生，在制度安排上着重体现公平，在社会安全机制构建上着力强化保障，在思想文化建设上重点突出和谐。②建立贫富之间和官民之间的有效沟通机制，增进政府、富人、普通公民之间的交流与信任。③对弱势群体要有“同情和理解”，引导要建立在有人情味的基础上。没有情怀的批判和引导只会毁坏人心和激发冷漠的对抗。

三、网民群体心理特征与引导策略

1. 意见领袖心理

“意见领袖”（Opinion Leaders）这一传播学的经典概念起源于20世纪40年代。大众传媒向社会大众传递信息时，存在着二级传播的现象（媒介—意见领袖—受众），由大众媒介发出来的信息并不会完全、立即到达每个受众，而是可能先为一部分意见领袖接受，意见领袖经过自己的判断分析，对信息进行筛选加工，加入自己的看法和见解，再将这些信息有选择地传达给其他受众（大部分是较少接触大众传媒信息的受众），以此影响其他受众对该信息的看法或态度行为，并可能在小范围内形成舆论。[①]同样，在网络舆论中也存在着“网络意见领袖”。

在网络中，一些网民不愿人云亦云，盲目从众，而是愿意充当事件的调查者、舆论的“风向标”，希望能在事件中处于核心地位，找到事件的突破点。这种“舆论领袖心理”也是自我实现与普通网民依赖的需要。“意见领袖”不是任何网民都可以担当的，他应是有权威、知识储备丰富、信息渠道广、思路清晰且有说服力的网民。“意见领袖”一旦形成，事件就向组织化发展，有一部分网民自觉进入这个场域，并且通过发帖支持“意见领袖”的观点。“意见领袖”一旦得到大家的认可，就会获得极大的现实生活中不能满足的成就感与参与感。

针对性策略：利用网络意见领袖的力量来进行舆论引导。

2. 从众心理

从众心理即指个人受到外界人群行为的影响，而在自己的知觉、判断、认识上表现出符合公众舆论或多数人的行为方式的一种心理。有些学者认为从众是由群体压力引起的个体行为或信念的改变。

对于上述现象，也可以运用传播学中“沉默的螺旋”这一概念来进行分析。沉默的螺旋描述了这样一个现象：人们在表达自己想法和观点的时候，如果看到自己赞同的观点，并且该观点受到广泛欢迎，就会积极参与进来，对这类观点越发大胆地进行发表和扩散；而发觉某一观点无人或很少有人（这部分人有时会受到他人群起而攻之的遭遇）理会时，即使自己赞同，也会保持沉默。意见一方的沉默造成另一方意见的增势，如此循环往复，便形成一方的声音越来越强大，另一方越来越沉默下去的螺旋发展过程。

---

① 杜筠：《网络传播中意见领袖的角色分析》，《东南传播》，2009年第5期，第124页。

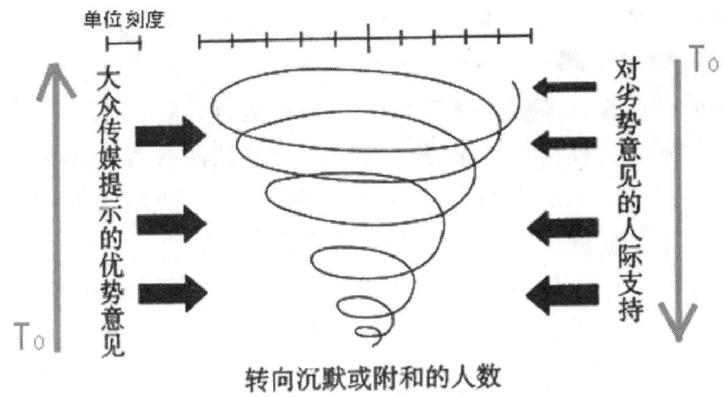

图2 “沉默的螺旋”模式

（图片来源：中文百科在线）

在网络群体性事件中，很多网民在激烈的讨论和争执中逐渐无法坚定地保持自己最初的态度和看法。这是因为当整个群体形成一种一致性的“优势意见”，而网民个体又对外界环境没有充分把握的时候，网民总是倾向于将多数人的行为作为自己的行为参照。而且迫于群体压力，很多网民个体会选择改变自己最初的意见，或者将自己的反对性意见压制下来。

针对性策略：从众心理和行为本身并无好坏，它的作用主要取决于从众行为本身的性质和社会意义。要发挥从众心理的正面作用，以正确的舆论引导人，正面宣传营造氛围，影响网民心理；消除从众心理的负面作用，抵制不良的社会风气和消除不正确的思想观念，减少不利于社会的从众行为。

3. 旁观者心理

旁观者心理产生责任扩散效应，指的是“人群中的每一个人都将行为的后果看成是所有参加者的责任，或者说是将责任分布在每个成员身上，实际上也就是每个人都不负责任”。群体的责任扩散效应使每个人承担的责任减少了，这必然弱化网民的责任意识，极易使网民作出独自一人时不敢做的事情。

在群体中，个体因为责任意识的淡化，原本被道德规范和法律法规所束缚的人格的“恶”的一面表露无遗。个体原本深藏在心底的一些原始和本能的欲望在免责鼓励下开始爆发性地释放，更有一些主张暴力行为的夸张意念也渐次出现在网上，并在暗示、传染这一系列心理作用的影响下逐渐有转到现实生活中的倾向。这些倾向往往会给社会带来不稳定的因素。

针对性策略：强化个体参与意识，从而强化个人责任感。

4. 接受暗示心理

群体的存在往往造成个体之间的相互影响，这种相互影响主要表现为成员之间的暗示、模仿、感染等。网民的一些共同心理正是产生于彼此之间的相互影响。暗示对人的心理和行为存在一定的影响，如果人接受了暗示，就会产生相应的观点、意见及顺从的行为。

在网络社会中，任何网络信息都具有一定的暗示作用，暗示的方式主要有文字、图片、表情符号等。在浏览或参与网络讨论的过程中，网民极易受到一些关键词语或图片等的影响，当他看了这些文字或图片，表现出与他人不一样的心理特征，并对文字或图片产生一致的认同感时，就接受了暗示。网民接受暗示后就可能产生模仿行为。

暗示是造成群体过于情绪化的主要原因，因为最初的引导或者零星提示，会通过相互传染快速进入所有网络群体中个体的头脑之中，并牵引着群体情绪的走向，在情绪化的群体中，暗示成为既定事实并被群体认可，一直延续下去，蔓延开来。

针对性策略：用积极正面因素暗示网民，用正面宣传引导舆论。

四、网络传播的心理效应与舆情应对

1. 首因效应

首因效应也叫首次效应、优先效应或“第一印象”效应。它是指当人们第一次与某物或某人接触时会留下深刻印象。第一印象作用最强，持续的时间也长，比以后得到充足信息对事物产生整体印象的作用更强。

启示：先入为主有利于奠定舆论基调。在危机产生之后，政府部门要第一时间发布公告，抢占第一落点。

2. 近因效应

与首因效应相反，是指在多种刺激一次出现的时候，印象的形成主要取决于后来出现的刺激，即交往过程中，我们对他人最近、最新的认识占了主体地位，掩盖了以往形成的对他人的评价，因此，近因效应也被称为“新颖效应”。多年不见的朋友，在自己的脑海中留下的最深印象其实就是临别时的情景。

启示：最后的印象，往往是最强烈的，可以冲淡在此之前产生的各种印象。舆情事件后半程处理得精彩，大可弥补前半程的缺憾；如果最后的关键性问题处理不好，可能会使之前的努力前功尽弃。因此，政府在舆情处理过程中必须自始至终保持重视，不能轻易放松。

3. 归因偏差

归因分歧带来的偏差，即对于同一行为，实施行为的人与旁观者所作的归因是不同的、有分歧的。研究表明，实施行为的人往往强调情境的作用，对自己的行为多强调外部原因，力图将责任推给外界和他人。而旁观者常常强调并高估实施行为的人自身的、内在的因素。

启示：①总结经验教训时候，不要过于利己主义，不要将责任推给他人。是自己的问题导致的失误，必须勇敢承认。公众会非常反感推卸责任的行为。②可以对归因偏差进行正向利用，通过降低人们的预期，事先将困难说得足一点，具体一些，这样如果结果不太好，人们会归因于这些困难，如果结果很好，人们会归因于你的能力和努力。

4. 名片效应

两个人在交往时，如果首先表明自己与对方的态度和价值观相同，就会使对方感觉到你与他有更多的相似性，从而很快地缩小与你的心理距离，更愿意与你接近，结成良好的人际关系。在这里，有意识、有目的地向对方所表明的态度和观点如同名片一样把你介绍给对方。

启示：恰当地使用“心理名片”，可以尽快促成人际关系的建立，但要使“心理名片”起到应有的作用，要善于捕捉对方的信息，把握真实的态度，寻找其积极的、你可以接受的观点，“制作”一张有效的“心理名片”，引发情感共鸣。

5. 名人效应

名人的出现所达成的引人注意、强化事物、扩大影响的效应，或人们模仿名人的心理现象统称为名人效应（亦称“粉丝效应”）。名人效应已经在我们生活中的方方面面产生深远影响，比如，名人代言广告能够刺激消费，名人出席慈善活动能够带动社会关怀弱者等。

启示：利用名人进行舆情引导，例如网络“大 V”和权威专家。出现呼吸道传染病导致公众恐慌的时候，邀请在非典防治中建立了声望的呼吸科权威专家钟南山来澄清事实，防止谣言扩散，比卫生部新闻发言人的话更有效。

6. 自己人效应

在人际交往中，彼此会相互影响。这种相互影响有时是无意的，有时则是有意的，即一方对另一方有意识地施加影响，以便矫正对方某种行为。有意施加影响的技巧很多，其中“自己人效应”便是其中之一。所谓“自己人”，是指把对方与归于同一类型的人。“自己人效应”是指对“自己人”所说的话更信赖、更容易接受。

启示：在互联网生态系统中建立自己人团体，构建群体认同。如发展一些有影响力的版主，通过版主影响舆论。

7. 晕轮效应

又称“光环效应”，属于心理学范畴，晕轮效应指人们对他人的认知判断首先是根据个人的好恶得出的，然后再从这个判断推论出认知对象的其他品质的现象。如果认知对象被标明是“好”的，他就会被“好”的光圈笼罩着，并被赋予一切好的品质；如果认知对象被标明是“坏”的，他就会被“坏”的光圈笼罩着，他所有的品质都会被认为是坏的。这种强烈知觉的品质或特点，就像月亮的光环一样，向周围弥漫、扩散，从而掩盖了其他品质或特点，所以就形象地称之为光环效应。消极品质的晕轮效应也叫扫帚星效应。

启示：传播者自身形象和个人魅力的塑造，影响到传播的说服力。领导干部必须重视自身形象塑造，从执政理念、工作实绩到言行举止的每一个细节，都要有意识地进行管理。

8. 参与效应

20 世纪 30 年代，美国心理学家梅奥在霍桑实验后提出了著名的“社会人”假说。梅奥认为，人们的行为并不单纯出自追求金钱的动机，还需要管理者能够满足自己获得尊重、自我实现等方面的社会需要。因此，管理者应该把员工当作社会人来对待。

“参与效应”是指管理者让下属参加组织的决策过程及各级管理工作，这样会让他们感觉自己受到了尊重与信任，激发他们对组织的强烈责任感，使他们满怀热情地投入工作中。

启示：改变网民态度的方法，是让他们参与，互动和沟通能增加熟悉度和好感，参与的行为也会影响到态度。比如，让网民为“畅通广州”献计献策、让网民参与城市形象设计等。

9. 多源效应

多个信息源比单一信息源可信度更高。

启示：在澄清和表述自己，进行舆论危机应对时，如果能像新闻采写那样运用多个信息源，会更有利于改变公众的态度。

10. 去个体化效应

群体中的个人会失去个体的责任感，使自我审查和自我控制的系统减弱或失效。勒庞在他的经典著作《乌合之众》中提到，群体规模变大后，个人的教养、理性会受到群体情绪的影响和感染，最终走向一种简单而极端的群体情绪，即所谓的心智归一法则。这种群体情绪完全是非理性的，对某种态度和观点往往是要么全盘接受，要么一概否定。

可以想象，在这种情绪影响和支配下的行为，将不可避免的是一种极端的偏激行为。如“网络暴民”。

启示：在网络管理上，应该强化个体的参与，弱化使个体成为群体的可能。发挥异质性声音的作用，分化过强的集群舆论。

互动环节

1. 问：我们政府部门做微博其实很努力，从表面上看粉丝也不少，但是存在一个问题，就是我们自己干得热火朝天，但是网民没什么反应，缺乏互动。另外，好的事情网民不反应，一旦发生什么坏事或者发现问题他们就跳出来了。请问该如何看待这个问题?

答：网民对正面的事情缺乏反应，对负面的事情比较关注，原因有3点：第一是负面新闻、负面事件具有天然的吸引力，容易引发网民的好奇心；第二是有的人喜欢找岔子、找问题，从而展示自己的独立思考能力，在其他网友的认同中获得满足感；第三是有的人对现实存在的问题确实不满，希望通过提出问题来推动工作的进展。这3点我在前面讲座中都提到过。所以，网友提意见并不是坏事，这说明他们是关注的，是怀有希望的，如果他们一点意见都不提，毫无互动，就说明他们毫不关注或者已经心灰意冷，那才是糟糕的事情。此外，提意见、提问题可以让政府部门发现工作中的不足，从而有针对性地进行改进。所以，各位新闻官一定要认识到，这是好事，不是坏事。另外，网民对正面的事情没有回应，不代表他们完全不关注，不代表没有任何传播效果。只是看过了，不再发表意见而已。总不能让网友大肆夸奖一番吧？所以，无论是正面还是负面的回应，与网民的互动都是非常重要的。

2. 问：现在政府部门有不少网络沟通渠道，包括门户网站、微博、微信等，通过这些渠道来疏导网民的负面情绪，让他们更全面和正确地认识我们政府部门的职能和工作，不同的渠道有不同的特点，怎样针对不同渠道的特点进行疏导？另外，对政府部门开通微信，除了增加互动之外，还有没有其他建议？

答：首先，要让公众满意，这是政府部门和公众进行沟通的前提。如果政府部门自己存在问题，比如，贪污腐败很严重或者办事效率很低，是很难改变公众的印象、与公众进行良好沟通的。就像之前我讲到的光环效应、晕轮效应，政府部门形象好了，做什么事情公众都看得更顺眼；如果形象不好，做什么事情公众都难以满意。所以，政府部门首先要把自己的工作做好，领导干部要有良好的个人形象，才有良好的沟通基础。

其次，要针对不同网络平台的相应特点来作疏导，比如，微博、微信体现的是微传播的特点，受到字数和体裁的限制，不适合发表文字多的稿件，可以注重即时快速的信息传递，并且辅助一些图片和视频；政府门户网站可以发表篇幅较大的稿件，详细向公众进行解释，并且可以开通一些服务平台，帮助公众解决实际问题。无论是哪种渠道，都要记住一点，对公众反映的意见要及时回应，既包括文字上的回应，也包括切实解决问题的回应。只有解决了实际问题，公众的不满和怨气才能得到平复。

最后，在办好微信方面，我个人认为要在 4 个方面加强：第一是要加强信息实用性，发布一些有价值的、公众感兴趣的信息，而不是仅仅发布各种会议和领导工作等官方自认为重要的信息。第二是加强互动性，吸引公众发表意见，并对公众的意见及时反馈。第三是加强服务性，搞好栏目设置，增强办实事的能力。例如，气象部门的公众微信号每日定时发送权威天气资讯，给人们的衣、行提供参考；交警部门官方微信可以提供车检预约、自助查询等服务。第四是加强公众性，在语言表达和形式设计上，通俗、亲切、简洁、形象，满足公众的需求。

3. 问：现在的网民特别是手机网民都达到 5 亿了，其中各种年龄层次和知识层次的都有，想了解如何根据网民的年龄层次和知识层次进行传播和引导？

答：心理学有一个部分就是研究人的态度的改变。这部分内容引进传播学研究后成立了专门的学派，比如传播学者霍夫兰就提出了“态度改变和劝服”学说，专门研究怎样针对不同的人进行传播，从而达到劝服对方、改变对方态度的目的。

比如，在传播方式上，对有争议的问题，用单面陈述和用正反两面陈述，哪种方法更能说服人？研究结论是：如果受众的观点与传播者的观点一致，只从单面陈述即可，这样可以加强他的观点；如果受众的观点和传播者的相反，应从正反两面陈述，这样可以让他看到不同的意见。对教育程度高的受众，应从正反两面陈述，让他们自己判断情况；而对教育程度低者，只从单面陈述即可，如果对他们用正反两面陈述会使他们陷入迷茫。

又如，先说还是后说效果好？学者的建议是：先说的问题容易受注意，排在后面的容易被记忆。比如竞选，第一个发表竞选演说的，大家容易记住演讲者，最后一个发表演讲的，大家记住的是他的演讲内容。所以，要引起大家注意，就先说；要让大家记住内容，就后说。

再如，结论是由传播者得出还是由受众得出更好？研究表明，对于教育程度低的受众，可以直接给出结论，而对于教育程度高的受众，还是让他们自己得出结论更好。

以上是态度改变理论的启示。就传播内容方面，现在也讲究分众化传播，不要想着一个栏目能让所有的人都喜欢和接受。我们应该针对不同年龄层次和学历结构的人设计不同的栏目，让每个人都能找到适合自己的内容，这样才有较好的传播效果。如果想在一个版块里兼顾所有人的需求，可能最后所有人都不会满意。

最后再次提及，要达到良好的传播效果，还是应该了解网民的心理，这样才能有针对性地进行引导。

4. 佛山本地论坛“诗二千”负责人的分享：

我们是本地的草根网站，在这里，我分享一下我们在舆情处理方面的做法。我们经常会碰到很多负面的帖子，我们有上中下 3 种策略：上策是找到发帖者本人作疏导和沟通，这样效果是最好的；中策是不处理，既不激化它，也不过多关注它，因为有时候关注会让它更激烈；下策是删帖，对方不停地发，我们不停地删，有时候对方还会更换战场，让我们删都删不掉。所以，在互联网时代，负面信息堵是堵不住的。作为网络论坛，我们的定位就是网民宣泄的渠道。

问：这几年我们工作中也有一些迷茫的地方，在这里想问两个问题，第一是网络实名制的推进已经越来越近，这一制度会不会影响到网民宣泄的效果？第二是我们现在有防火墙，不让本国的网民看境外的网站，但是网民会用翻墙软件看境外网站，政府这样的做法，对控制网络舆情有没有效果？

答：首先回答关于网络实名制的问题。我个人而言是不赞成网络实名制的，因为互联网是一个相对自由的言论平台，公众之所以敢说，最重要的原因就是匿名。一旦实名，公众会觉得自己的言行全部被监控，这样很打击公众发表言论的积极性。其实法律的制定就是在自由和秩序之间平衡，自由多了、泛滥了，就要限制，自由少了，就要保护，如何立法规定，看的是中国目前的具体情况。当前我国的网络言论并不存在自由泛滥的问题，而是不够自由，所以应该以保护为主。

现在世界上很多国家也没有实行网络实名制，韩国原来实行过网络实名制，后来因为出现各种问题而被废除了。有的人可能会提出，有的时候网络不实名会导致各种问题，比如电子商务，不实名可能产生欺诈行为，那该怎么办？所以，我认为可以实行部分实名，像电子商务这样的服务性平台可以实名，以保证规范性，但是，发表言论的平台不要实名，因为会遏制言论自由。

第二个关于防火墙和翻墙的问题，我的看法是，具体问题要具体对待，在任何国家，对于网络言论都有两种处理方式：一种是开放，一种是禁止。在当前形势下，政府部门还是有必要对境外网站进行一定的限制。我也曾经用翻墙软件看境外网站的新闻，发现境外很多网站的内容也不见得是真实的，各种谣言都有，要是不管理会导致谣言的传播。另外，一些境外网站在政治上别有用心，会有一些过于偏激和煽动性的言论，政府对这些网站适当控制是有必要的。但是，对于国内我们自己的网友发表的文章和帖子，就没必要进行过于严格的限制了。只要网友是倾诉心底的声音，或者是反映真实的问题，即便稍有偏激，也没必要将其强行删除。当政府部门的做法确实不对的时候，应该允许公众进行讨论，在讨论中可以促进决策的完善，这才是公民社会的要义。

5. 佛山网友代表温馨的分享：

首先回应刚刚第一个朋友的问题。对于普通网民来讲，为什么网友对政府部门网站的很多内容无反应，那是因为他们对这些内容并不感兴趣。有的部门的微博微信，动不动就发“心灵鸡汤”，当我们网友看到这种“早上好”“大家要开心”之类的内容时，会感觉很生气，会取消对这些微博微信的关注。因为这些内容没有任何实质意义。每一个部门的微博微信，要发布跟自己职能有关的重要内容，才能产生效果。比如，7 月 20 号我们佛山会有刘悦伦书记的微访谈，是跟网友直接沟通的，大家肯定会感兴趣，会产生互动。

第二，我希望大家正确理解“网友”这个词的含义。我认为现在令政府头疼的网友主要由 3 种人员组成，第一种是那些喜欢在网上谩骂的网友，第二种是新闻记者，第三种是基层公务员。而真正让新闻官头疼的，不是那些在网上骂爹骂娘、灌水的网友，而是有知识、有理智并能提出实质性意见、发现根本问题的网友，这些网友知道的甚至比你们新闻官还多。网友并不完全来自草根，如任大炮、李开复，很多知名的精英网友，才是引导网络舆论的力量所在。

第三，要了解网友的心态。意识引导行为，如果你们无法理解网友的心理，给我们贴了各种标签，就不能知道网友的行为规范，也就无法跟我们做朋友。佛山其实是一个网络环境较和平的地方，有一大批像我这样善意真诚的网民，愿意客观看待事件，从不开口乱骂，乐于帮助政府解决问题。但凡政府部门有一点诚意，我们都是能够接受的。只有政府部门作假太过分了，我们才不能容忍。网友的具体心态，第一是需要渠道伸张正义，如果我们觉得某件事情忍无可忍了，就会跳出来；第二是需要知道真相，不一定要全部的真相，而是要我们能够接受的、经得起推敲的真相；第三是需要解决问题，有的时候网友觉得某件事情确实拖太久了都没有解决，我们才集合起来发表言论，希望引起重视，如果政府部门能够及时解决问题，就不会出现这种情况。

最后，请各位新闻官作一个假设：如果你今年的功劳被某个领导抢走了，奖金也被这个领导领取了，他升职了，你却背了黑锅，你会怎么想？这时候如果你在网上看到有人爆料这个领导戴了一块价值20万的表，你会怎么做？你可能会匿名跟帖臭骂这个领导，甚至爆料这个领导还有若干名牌皮包皮带。我想要表达的是，新闻发言人不要将自己和网友区分开来，你们也是网友的一员，很多话你们之所以不说，是因为没有触及个人利益。若有一天你变成了那个被欺负的人，你就会变成我们这样普通的网民。所以，任何时候，请设身处地站在网民的立场思考问题，才能更理解网民。

第十二讲：全球化时代的政府新闻发布与效果评估

主讲人：侯迎忠

主讲人简介

侯迎忠，广东外语外贸大学新闻与传播学院教授、硕士生导师、对外传播与区域发展研究所所长，武汉大学新闻学博士。主要研究领域：政府传播、危机传播管理、对外传播、新闻传播实务。主编《全球化与国际传播研究》丛书、《对外报道与国际传播研究》丛书2套，出版学术专著《对外传播理论与实务论集》《对外报道策略与技巧》《媒介与民生》等。近年来致力于政府新闻发布效果评估及危机传播管理方面的研究，在权威期刊上发表相关论文40多篇。主持国家社会科学基金项目“突发事件中政府新闻发布效果评估体系建构研究”（2010年），主持佛山市委宣传部委托项目“佛山市新闻发布年度评估报告”（2013年、2014年）。

一、我国政府新闻发布制度及效果评估的历史与现状

1. 政府新闻发布制度建设历程

我国政府新闻发布制度初步建立于1983年，但真正建立健全还是在2003年非典危机之后。10多年来政府新闻发布制度建设经历了3个阶段：

第一阶段，2003—2007年，各级政府新闻发布基本制度的建立与试运行时期。经历了非典危机之后，党和政府充分认识到建立政府新闻发布制度的必要性和紧迫性，从中央到地方的省、市三级政府开始全面建立新闻发布制度。2004年4月，《中共中央关于加强和改进新形势下对外宣传工作的意见》明确指出“建立中央对外宣传办公室、国务院各部委及省级政府3个层次的新闻发布工作机制”。2005年国务院下发《国家突发公共事件新闻发布应急预案》。2006年全国两会首次将“完善政府新闻发布制度

和信息公开制度”写入《政府工作报告》。2007 年 8 月颁布实施《中华人民共和国突发事件应对法》。在这一系列相关政策、法规、意见的推动下，各级政府新闻发布制度如雨后春笋般建立起来。

第二阶段，2008—2010 年，政府信息公开条例推动下的制度健全与主动发布时期。2008 年 5 月开始实施的《中华人民共和国政府信息公开条例》，对政府信息公开及突发事件的信息发布作了明确规定，也直接推动了各级政府信息公开与新闻发布制度的健全和完善。“到 2008 年底，国务院新闻办、国务院各部门和 31 个省（区、市）政府 3 个层次的新闻发布制度已经完全建立起来，并逐步完善了各级政府突发事件新闻发布机制，组织定时、定点、例行新闻发布的政府部门不断增多。”① 这一阶段全国各地频繁发生的突发事件、灾难事故、公共危机事件，也迫使各级政府不得不主动公开发布信息，及时应对危机，试图构建与媒体和公众的良性沟通机制。现实发展的需要无疑加强了应对突发事件中的新闻发布及研究媒体沟通策略的紧迫性。针对突发事件中政府信息发布与舆论引导方面的策略探讨、案例解析应运而生。同时，深圳、青岛等地出台新闻发布问责制，对基层政府新闻发布制度实施效果进行绩效考核与问责，学术界也开始关注新闻发布的实施效果及效果评估体系的构建等问题。党委新闻发言人制度开始全面实施，其制度建立与运行也进入研究者的视野。

第三阶段，2011 年至今，网络新媒体时代的舆论交织与积极回应时期。网络新媒体技术在政府传播、政媒沟通、公众舆论等领域的广泛应用及迅速盛行，催生出网络问政、网络新闻发言人、政务微博等多种全新的新闻发布形式。2011 年被称为“政务微博元年”，学术界也迅速关注政务微博在政府信息公开与新闻发布方面的应用状况。刚刚兴起的对网络新闻发言人的讨论迅即转向对微博发布的热切关注，特别是在突发事件、群体性事件、公共危机及社会问题处理过程中，政府运用微博等新媒体渠道进行新闻发布与官民沟通的策略、方式及问题，成为这一阶段新的研究热点。另外，新闻发布制度经过多年的发展，存在着诸多问题，必然面临制度的改良与提升，这方面广受学术界关注的主要是新闻发布制度法律保障、新闻发布运行机制、新闻发言人媒介素养与专业化转型等问题。

2. 我国政府新闻发布效果评估的发展历程

国新办自 2003 年开始尝试针对新闻发布会后的效果进行评估，由清华大学与复旦大学的专家学者实施评估。2009 年 8 月广东省政府新闻办开始

① 《国新办就 2009 年各项工作进展情况举行发布会》，国务院新闻办网站，http：//www.scio.gov.cn/xwfbh/xwbfbh/wqfbh/2009/1229/index.htm。

启动新闻发布效果评估，由广东外语外贸大学新闻与传播学院对外传播与区域发展研究所新闻发布效果评估团队实施，主要针对广东省政府新闻办举办的系列新闻发布会进行现场评估及媒体报道效果评估。同时，深圳市、广州市相继启动新闻发布问责制及新闻发布活动年度点评。2013 年，佛山市委宣传部、市政府新闻办首创第三方机构，针对市属各级政府新闻发布及政媒沟通工作，从制度建设、队伍建设、平台建设、常规发布、舆情处置、政媒互动等多方面进行全方位的年度综合评估，将新闻发布效果评估由单个的新闻发布活动评估延伸至整个新闻发布制度建设与实施全过程的评估，使得新闻发布效果评估真正成为一项推进工作的强有力的举措。

二、全球化背景下政府新闻发布的新特点

1. 全球化与新媒体时代的社会舆论环境

网络时代的重要特点表现在：信息传播方式的多样化，媒体形态的不断更新，融合媒介与社交网络的盛行，导致社会舆论的井喷式发展。而当前我国社会正处在传统媒体与新媒体的交叉、融合阶段，在政媒沟通方式上也呈现出混合性与多样性的特点，传统新闻发布会与互动性强的网络新媒体相结合，是网络时代政府与媒体沟通的总体特征。具体表现如下：

（1）沟通渠道多样化。

传统媒介环境下，政府与媒体沟通的方式仅限于新闻发布会、媒体通气会、新闻吹风会、媒体集体采访等几种途径，并且很大程度上依赖于报纸、电视、电台等传统信息传播渠道。网络新媒体时代，虽然传统媒体在政府信息发布过程中仍然发挥着主要作用，但是随着新媒体技术的崛起与普及，短信、微博、微信、网络问政等逐渐成为官民沟通的便捷方式，政府与媒体的沟通渠道更显多样化，各级地方政府也开始尝试使用新闻发布网络平台、网络新闻发言人、政务微博等方式与媒体进行沟通。这样的新形式使双方的沟通变得快捷而便利，同时也打破了传统沟通方式对媒体级别、媒体规模、媒体类型等的限制，从而为政府与媒体提供了一个更加平等的交流平台。

（2）信息来源多样化。

网络时代的信息来源更具广泛性，论坛及微博、微信等社交网络中大量存在的信息充分展示了当下的社情民意，形成了特定的网络舆论场域。任何个人或群体通过网络新媒体发出的信息，都可以在短短几分钟内迅速

传遍全国乃至全球，形成强大的舆论氛围。这种类似“蝴蝶效应”的信息传播特征，在某种程度上弱化了传统媒体的舆论影响力，迫使政府不能仅仅依靠与传统媒体的沟通来掌控和引导舆论，必须与时俱进，通过网络发布平台、政务微博等新媒体发布信息。

（3）沟通对象多元化与国际化。

传统的媒体沟通方式面对的是有限范围内指定的主流媒体，沟通对象比较单一和稳定，而网络时代的到来，沟通渠道的拓展，使得政府必须直接面对网络新兴媒体，甚至直接面对普通民众，沟通对象趋于多元化。同时，网络大大缩短了世界各国的距离，加快了信息传播全球化的进程。在本国发生的突发事件，可以迅速通过便捷的互联网向世界各地传播，形成国内舆论和国际舆论两个舆论场。这也使得政府不仅要面对国内媒体和受众，还要面对国际媒体和受众，无形中增加了政府与媒体沟通的广度和难度。

（4）沟通姿态平民化。

传统媒体时代地方政府对突发事件的危机处理方式不甚了解，只能被动回应或者干脆不回应，一些地方政府甚至采取封锁信息、回避记者等方式，这导致媒体、公众对地方政府形成了难以沟通的刻板印象，易引发质疑甚至误解。近年来，随着网络社会舆论的勃兴，社交网络等新媒体的应用日益广泛，有关突发事件的信息通过网络不断涌出，迫使政府在危机应对过程中不得不改变沟通姿态，由原来高高在上与被动回应；到现在的降低姿态、贴近平民式的主动回应；从以往对媒体、公众避而不见、避而不谈的被动应付，转变为较为主动地公开信息、回应质疑。这正是网络新媒体环境下政府沟通姿态平民化的表现。

2. 新媒体时代新闻发布的新特点与新趋势

新媒体的兴起和发展，使公众话语权占据主导地位，为公众舆论的凸显提供了公共领域及工具平台，公众的“自媒体”地位得以确立。据中国互联网络信息中心最新数据统计，截至 2014 年 6 月，中国网民规模达 6.32 亿，其中，手机网民规模 5.27 亿，互联网普及率达到 46.9%。网民上网设备中，手机使用率达 83.4%，相比 2013 年底上升 2.4 个百分点，首次超越传统 PC 整体 80.9% 的使用率，手机的第一大上网终端的地位更加巩固。手机电子商务类、休闲娱乐类、信息获取类、沟通交流类等的应用率都在快速增长，可见，移动互联网带动了整体互联网各类应用的发展。随着媒介应用形式的不断创新，微博、微信等社交媒体提高了网民沟通交流的频率，拓展了讨论话题的广度，延展了意见交流的深度，网络舆论场影响力开始形成。而与日益提高的公众期望值相比，一些地方和部门仍然存在政府信息公开不主动、不及时，面对公众关切不回应、不发声等问题，易使公众产生误解或质疑；一些发言人或领导干部讲话针对性差，曝出“雷人雷语”，常引起公众反感和舆论炒作；有的部门表面回应、实际回避，前热后冷、“烂尾”公开，更让不少人在失望中转向臆测甚至信谣、传谣。新媒体环境下新闻发布的特点与趋势可以归纳为以下方面：

第一，从新闻发布的功能而言，政府新闻发布已经由外宣功能转向公关与传播的功能，特别是在突发事件舆情应对方面。

第二，从新闻发布的传播载体而言，已经由以传统媒体发布为主体转向传统媒体、自媒体与社会化的新媒体相结合。

第三，新闻发布的渠道从单一化向多元化转变；网络新媒体发布形式大行其道，由此引发政务信息从单向传播向多方互动转变，从政府主导向公众参与转变。

第四，新闻发言人由兼职化转向专职化和专业化。

第五，政府新闻发布形成的舆论影响力由传统媒体与网络媒体舆论场转向国际、国内舆论场。

三、全球化与新媒体背景下政府新闻发布制度建设的新趋势

中国人民大学喻国明教授指出：判断一个政府新闻发言人是否合格的根本标准在于是否在相当大的程度上减少或消除了人们对于公共事务认知上的信息不对称状况；一个合格的新闻发言人的培训，应该强调的并不是技巧问题，而是是否具备作为一个新闻发言人的角色自觉以及价值取向的把握；通过新闻发言人的发言行为，能否使政府与公众之间的信息不对称状态得以改善，能否使公众对事实的了解更加全面、客观、深刻；这是判断新闻发言人做得到位不到位、称职不称职、效果好不好的最高标准。对于我国政府未来新闻发布制度建设的效果，从中央到地方都有明确的要求。

（1）党中央、国务院的方针政策。十八届三中全会明确指出：进一步推动新闻发布制度化。国务院办公厅《关于进一步加强政府信息公开回应社会关切提升政府公信力的意见》（国办发〔2013〕100 号）指出：各级政府要进一步加强新闻发言人制度建设，充分发挥政府网站的平台作用，着力建设基于新媒体的政务信息发布和与公众互动交流新渠道，健全舆情收集和回应机制，完善主动发布机制，建立专家解读机制、沟通协调机制

等。文件还要求各级行政机关依法主动、及时地公开政府信息，增强公开实效，保障公众的知情权、参与权、监督权。与此前发布的关于政府信息公开的文件相比，这个《意见》把重点放在了“回应社会关切”上，更有现实针对性。2013 年 8 月召开的全国宣传思想工作会议明确提出“能否管好用好互联网，切实改善网络舆论生态，已成为维护意识形态安全和政权安全的重大课题”。习近平总书记在会上强调：“根据形势发展需要，我看要把网上舆论工作作为宣传思想工作的重中之重来抓。”

（2）佛山市委市政府的统一部署。时任市委书记的李贻伟在 2013 年全市新闻宣传工作会议上明确指出“宣传能力是新时期领导干部必备的 4 种能力之一”，各部门要懂得借力媒体，主动与媒体接触，让工作得到社会更多的理解和支持。现任市委书记刘悦伦多次强调要“打造阳光透明政府，要多与老百姓互动，听取和接收民意，各部门的行政方式、管理方式要越来越贴近老百姓”。

（3）佛山市委宣传部、市政府新闻办的创新举措。佛山市为贯彻落实党的十八届三中全会关于加强新闻发布制度建设的精神，以及《佛山市政府新闻发布管理办法》（佛府办〔2012〕38 号），佛山市委宣传部、市政府新闻办将区属各单位新闻发布工作纳入政府绩效管理，并委托第三方机构对 5 区和 35 个市直部门的新闻发布及政媒沟通工作进行效果评估。

（4）新闻发布制度建设的新要求。政府新闻发布绩效考核与效果评估已经或即将成为下一步新闻发布制度建设的重中之重。因此，各级地方政府新闻发言人必须转变观念，认清形势，提升自我，主动应对，方能适应新媒体时代新闻发言人的素质要求。

四、案例分析：2013 年佛山市新闻发布评估实践

1. 评估意义

佛山市委宣传部、市政府新闻办为贯彻落实十八届三中全会精神和国务院文件精神，有效推动《佛山市政府新闻发布管理办法》（佛府办〔2012〕38 号）的实施，进一步推进佛山市各级政府机构的新闻发布工作，引导建立良好的政媒互动沟通关系，打造阳光政府，树立佛山良好形象，于 2013 年首次委托第三方评估机构（广东外语外贸大学新闻与传播学院对外传播与区域发展研究所）实施佛山市新闻发布工作年度评估报告（白皮书）项目，对 2013 年度佛山市属 5 区及 35 个市直部门的新闻发布及政媒沟通工作进行总体评估，涉及新闻发布制度建设、新闻发布实施状

况、新闻发布实施效果三大指标以及10项分指标。

评估工作不仅是对佛山市新闻发布制度建设与机制运行的一次全面体检，同时也将为完善政府信息公开、新闻发布工作机制，改善政媒、官民关系，树立政府在公众中的良好形象提供决策参考。评估所依据的指标体系经过先后6次讨论修改，具有较强的指导性和针对性，将为今后一段时期内佛山市新闻发布及政媒沟通工作的顺利运行提供现实标准。评估结果将在一定范围内向社会公开，一定程度上能够鞭策各级政府部门不断创新工作机制，积极与媒体和公众沟通，进一步提升政府工作效率，树立良好的政府形象。

2. 评估步骤

（1）建立评估指标体系；（2013年7—10月）

（2）实施网络舆情监测：官方网站、网络发言人、政务微博、微信平台、新闻网站、网络搜索工具等；（2013年7—12月）

（3）查阅年度工作汇总材料：各区及各部门新闻发布工作记录、经验介绍与典型案例材料等；（2014年1—2月）

（4）开展媒体调研和满意度测评；（2014年1—2月）

（5）组织社会公众问卷调查；（2014年1—2月）

（6）主管部门和专业机构评价。（2014年1—2月）

3. 评估标准

（1）制度建设。主要参考以下4种制度建设情况：新闻发布制度（新闻发布管理办法），突发事件（舆情处置）应急预案，网络新媒体发布制度（实施办法），其他相关制度与机制。

（2）队伍建设。主要以新闻发言人培训为评分依据，具体标准如下，各区自主培训6次以上得8分，4次以上得6分，2次以上得4分，2次以下得3分；参加培训10次以上再加2分，6次以上再加1分。各部门自主培训2次以上得8分，1次得6分，未组织自主培训只得3分；参加培训10次以上再加3分，8次以上再加2分，5次以上再加1分。

（3）平台建设。由于参加评估的各区和各部门网络发布平台建设已经相当完善，本次评估重点考察各单位的微博发布平台建设情况，并以微博发布运营状况作为评分的主要依据。

（4）常规发布。评分参考标准，各区自主发布15次以上得10分，11～14次得9分，8～10次得8分，4～7次得6分，4次以下得0分；各部门自主发布12次以上得10分，9～12次得9分，6～8次得8分；4～5次得6分，1～3次得5分，0次得0分。

（5）突发事件舆情处置及政媒互动。①舆情处置评分主要考虑因素如下：有无重大舆情发生，应对舆情是否积极主动，策略是否得当，有无造成重大负面影响，是否整理上报舆情应对案例材料等。②政媒互动评分主要考虑因素如下：依据网络舆情监测、媒体走访调研、媒体推荐最佳新闻发言人及新闻助理等情况。

（6）新闻发布工作实施效果。

第一，主管部门评价。市新闻办依据 5 区 35 个部门全年新闻发布工作业务的开展情况、配合采访、提供材料、培训等方面情况进行综合评估，采取 10 分制评价。

第二，社会公众评价。网络调查：2013 年 12 月 25 日—2014 年 1 月 10 日期间，通过佛山市政府网和广佛都市网等网络媒体进行。收回有效问卷 203 份。普通公众调查：2013 年 12 月 15 日—2014 年 2 月 15 日期间，采取街头访问、社区访问与家庭访问相结合的方式，收回有效问卷 534 份。两种调查方式计算综合评价得分，综合评价的 80% 为最后得分。

第三，媒体评价。采用问卷测评、走访调研等方法，于 2013 年 12 月 22 日—2014 年 2 月 20 日分别对南方日报社、羊城晚报社、广州日报社、南方都市报社、信息时报社、佛山日报社、佛山电视台、佛山人民广播电台、珠江时报社、珠江商报社、广佛都市网 11 家佛山市内外媒体的跑线记者、驻站负责人和部门负责人进行调查、走访与测评。

第四，专业评估机构评价。通过查阅各区和各部门年度工作总结，浏览各区各部门网站、网络发布平台、微博平台，结合网络搜索、舆情监测等了解到的情况，以及媒体走访调研、社会公众调查所收集到的意见等情况，对各区各部门年度新闻发布与政媒沟通状况进行综合评分，并按 120% 算出其最后得分。

4. 佛山市新闻发布及政媒沟通工作的特色与亮点

纳入评估的多数单位在基础工作、特色创新方面有较为突出的表现，归纳起来，2013 年佛山市新闻发布工作表现出如下特色：

第一，各级党政主要领导高度重视、积极参与、主动推进。从市到区再到市直部门，主要领导多个层面贯彻落实新闻宣传工作“一把手工程”。

第二，各单位不断完善制度和机制，5 区 35 个部门共建立起 110 多项制度。

第三，建立了一支高素质、专业化、多层次的新闻发言人队伍。“佛山媒体大讲堂”全年 13 场，培训 3 000 多人次。各区各部门累计培训 160 多场，约 1 万人次。

第四，建设了多层次、立体式的新闻发布平台，特别是网络发言人、微博、微信等新媒体发布平台的开发与运用。形成了以“@佛山发布”为龙头的政务微博群，佛山政务微博数量已居全国大中城市第2位。全年各区各部门举办形式多样的新闻发布活动近400次。

第五，形成了良好的突发事件舆情处置应急机制，推动了全市各区各部门舆情应对工作顺利进行，避免了重大突发事件舆论恶化，保障了社会舆论环境的和谐。

第六，逐步形成了理论与实践结合、学界与业界协作，体制与机制联动、形式与内容创新的“大外宣、大传播”理念，推动全市新闻发布及政媒沟通工作有序运行。

5. 综合评价得分情况

（1）40个单位的平均分达80.2分，有20个单位得分在80分以上，占总数的50%。得分90分以上的单位有：市公安局、南海区、禅城区、市社保基金管理局。

（2）5个区的综合得分在86~93分之间，平均达89.84分。

（3）18个经济管理类部门平均得分72.8分，80分以上的5个，占27.8%。

（4）17个社会管理民生服务部门中，80分以上的10个，占58.8%。

6. 各单位新闻发布及政媒沟通工作存在的不足

2013年佛山市新闻发布及政媒沟通工作虽然取得了较好的成绩，但也存在着些许不足，主要表现在各单位总体发展不平衡，少数单位制度建设不够完善、保障机制不够健全、政媒互动沟通不够充分、新闻发布实施状况及社会效果有待提升等方面。具体而言主要有：

（1）各单位的社会公众评价得分整体都不高，在5.6~6.2分（由实际得分的80%计算得出）之间，介于比较满意至一般之间。

（2）新闻媒体评价得分差距较大，最高的单位达8.8分，最低的只有4.4分。各区平均达8.2分，介于非常满意与比较满意之间。各部门平均为6.7分，介于比较满意与一般之间。社会管理民生服务类部门平均为7分。经济管理类部门平均为6.4分。

（3）各部门整体发展不均衡。35个部门中得分最高的在95分以上，而较差的部门得分则在60~70分。8个经济管理类部门和3个社会管理民生服务类部门得分在70分以下，占所有参评部门的四分之一。部门主要失分在制度建设、队伍建设（新闻发言人培训）、平台建设（微博发布）、常规发布等基础工作环节，以及新闻媒体评价方面。

五、佛山市新闻发布工作的启示与建议

针对目前佛山市新闻发布及政媒沟通工作的现状，未来工作的重点在于进一步改进新闻发布工作和提升质量，加强新闻发布制度化、规范化、法制化建设，完善新闻发布基本制度以及发言人参与重要决策机制，推进新闻发言人的专业化、专职化等方面。

1. 制度建设方面

首先，应当继续推进新闻发布工作“一把手工程”的实施，并将其与各单位的新闻宣传工作直接挂钩，纳入干部绩效考核范围。从很多部门的现状来看，一把手对新闻发布工作和政媒沟通的重视程度直接决定了部门工作的成效。

其次，要着重强调制度建设与运行机制并举，制度设计与现实需求相符，各区和各部门至少要规范如下 5 项制度或机制，并将制度建设落实情况纳入绩效考核管理范围，即新闻发布基本制度（管理办法）、突发事件舆情处置应急预案、网络与新媒体发布机制（管理办法）、新闻宣传及媒体沟通机制、新闻发布工作内部考评机制。

最后，要强化制度建设与情况落实的督促与评估，在现有绩效考核及评估的基础上，进一步修改完善考核和评估指标，逐步建立科学规范的指标体系，使得考核与评估指标成为今后一段时期内佛山市新闻发布和政媒沟通工作的统一规范与标准，以此推动制度的连续性、科学性与有效性。

2. 队伍建设方面

（1）大力推动新闻发言人队伍专职化，以及机构、设备配备规范化与标准化。目前佛山市多数部门具体负责新闻宣传工作的人员太少，个别部门还没有配备完整的新闻发言人团队，虽有发言人和新闻助理，但主要是兼职，没有专门的办公地点、办公条件，没有明确的工作职责，导致很多工作都是在被动应付，缺乏积极性和主动性。建议针对新闻发布与宣传工作所需要的人员、经费与设备配备数量建立明确的标准，并进行系统清查，督促各区各部门落实好专门机构、专门人员、专门办公条件（设备、经费等）。

（2）进一步强化人员培训，创新培训模式，提升媒体整体素养。建议分级分类进行培训，有条件的部门多增加自主培训，没有条件的机构多参加上级组织的培训。各级培训要有针对性，特别要注重政府官员的媒介素养教育和新闻发布案例教学，并加强培训过程中的现场观摩、模拟演练、

实战训练。另外，各区和各部门在培训过程中应增加或强化媒体人的参与，轮流请不同媒体的部门负责人或跑线记者到场与新闻发言人交流沟通，增进相互理解。

3. 平台建设方面

进一步完善网络发布平台，强化微博发布平台的实用性与影响力，稳步推进微信平台建设，并与微博、网络发言人形成联动效应。具体体现在以下几个方面：

（1）准确定位政务微博的角色和职责。

（2）优化运行机制，建立微博运行责任制。

（3）及时更新微博信息，保证时效性和权威性。

（4）开拓新媒体发布形式，普及政务微信平台。

（5）强化政务微信内容的个性化和原创性。

（6）把握政务微信信息发布的时间、频度。

（7）扩大政务微博、微信账号的宣传推广力度。

4. 常规新闻发布方面

（1）推动新闻发布活动常态化。保证各区每年有 20 ~ 24 次的常规新闻发布，各部门每年有 6 ~ 12 次的常规新闻发布。

（2）充分利用新媒体平台进行信息公开、新闻发布，特别是增加微信平台的应用。

（3）新闻发布要有的放矢，紧紧围绕社会关切和公众需求进行有针对性的发布。为此，政府新闻发布机构应当认真了解社会公众最需要的信息是什么，而不能仅凭自己的猜测和想象认为应该发布什么信息。

5. 突发事件舆情处置方面

政府部门在应对突发事件、进行舆情处置的过程中，除了要遵循一些基本的原则如第一时间发布信息、运用多种手段与媒体和公众沟通外，还要特别提升官方微博运用能力。任何突发新闻、内幕消息、独家信息，以及一些代表各种立场的言论都很容易在微博上形成特定的舆论场。同时应当注意到，由于微博平台上信息混杂、真假难辨，政府应主动、及时向公众披露完整、有说服力的信息，回应网民质疑，避免谣言滋生，以便疏导公众情绪。

（1）明确责任主体，健全危机预警及危机沟通绩效考评机制。

（2）部门领导及工作人员要加强对危机沟通与危机公关方面知识的学习与技能训练。

（3）强化舆情监测与研判，密切关注国内外媒体对本地的报道，并对其报道动态与趋势进行及时分析与研判。

6. 政媒互动沟通方面

在目前的网络新媒体环境下，政府与媒体的关系变得异常复杂，再也不是简单的采访与被采访、监督与被监督等传统关系。活跃的网络舆论迫使政府在应对突发事件时与媒体保持充分的合作。虽然政府与媒体在新闻宣传与危机传播中扮演着不同的角色，拥有不同的职责和功能，但其目标都是维护社会公众利益，塑造地方形象，消除危机事件所带来的负面影响。因此，只有构建和谐的政媒沟通关系，才能产生合力。政府可以从以下方面着手：

（1）各区和各部门应尊重媒体的新闻传播角色和社会监督职能，及时解答媒体疑惑，与媒体进行良性互动，以平等的姿态进行沟通交流。

（2）政府应当准确把握媒体的信息需求，改变以往作为管理者的高傲姿态，按新闻规律制作、发布和传播政府信息，尽量挖掘并突出政府信息的新闻价值，减少大话、空话、套话。

（3）政府官员特别应该学会如何选择恰当的时机，与恰当的媒体进行沟通。

（4）政府还要学会有意识地将媒体舆论引导到灾难救援和原因探究的层面，而不是刻意炒作、渲染消极情绪，导致社会舆论失控。

第三编：政媒互动

第十三讲：知己知彼　正和博弈

——突发公共事件的媒体视角与政媒互动策略

主讲人：罗聪灵

主讲人简介

罗聪灵，佛山日报社都市新闻中心主任。1999 年中文系本科毕业后进入新闻单位，一直从事突发新闻、深度调查、民生公共新闻的采编工作，曾参与九江断桥、三水烟花大爆炸、汶川地震等重特大突发事件的采编策划统筹工作，参与佛山入选“中国最具幸福感城市”的宣传策划，参与编撰专著《为民生而谋》，参与创立“关爱大学生公益行动”等品牌项目，35 件作品先后获评广东新闻奖、江西新闻奖、中国地市报新闻奖、中国时事报道奖等。

一直以来，媒体记者关注的都是新闻事件本身，关注的是记者应该怎么应对政府、应对受众，很少去换位思考政府部门面对记者的时候应该怎么处理，这种换位对于所有记者而言都是一种学习的过程。因此，探讨政府应该怎么应对媒体，或者政府怎么跟媒体互动是很有必要的。我们可以通过一些案例分析得出几点结论。

佛山本地也有很多案例可供分析，有一些典范是做得比较好的，有一些则是处理不当的。事实上，根据多年来发生的种种事件可见，佛山也是一个高风险的社会，从 2006 年“忠义路事件”，到 2007 年“九江大桥塌陷事件”，再到 2008 年三水烟花大爆炸，佛山接连几年出了不少大事。同时，还有几个与新政策有关的问题，在社会上引起很大的舆情，所幸没有爆发重大危机。这一方面是因为政府应对有方，另一方面则是政府跟媒体良性互动的结果。《佛山日报》《南方日报》等许多媒体，都与佛山政府保持着良性互动，彼此之间的关系也比较良好，所以从宏观角度看，佛山政府对于重大事件的把握还是适当的。

今天的话题是“知己知彼，正和博弈”。从媒体视角上看，本人觉得政府部门的新闻发言官要知道媒体的关注度在哪里，要熟悉媒体的运作特点，才有可能进行之后的政媒互动。

一、何为突发事件

这里所讲的突发事件是指突发公共事件，主要包括以下几个含义：首先是指自然灾害、事故灾难，例如2011年“4·17”风灾，当时有14人遇难，185人伤亡，还有2008年6月15日“九江大桥塌陷事件”等，都是比较重大的自然灾害或事故。第二是公共卫生事件和社会安全事件，大家对于公共卫生事件印象最深的就是非典、禽流感等。而对于群体事件，我印象中佛山比较重大的群体事件就是2006年9月15日“忠义路纵火事件”。第三就是突发舆情危机。在网络媒体迅速发展，尤其是新媒体兴起的时代背景下，我觉得有必要把突发舆情危机纳入突发公共事件的视野。这里面主要有3个问题：一是新政策的反弹，新政策的反弹往往不是取决于传统媒体，而是最早出现在网络，网络一旦形成热点，传统媒体也会尾随其后；二是政府、企业或者机构的丑闻，其中包括单位及个人；三是网络群体事件，网络群体事件是聚集到一定程度才爆发的，网络舆情危机跟传统危机相比，爆发速度快，并且有传染性和交互性，即网民与网民之间的交互影响、传统媒体与新媒体的交互影响。此外，新媒体还有失控性，在同一背景之下，传统媒体在大是大非面前往往还能保持理性，有自己的立场和价值判断，但在网上，有的时候舆情往往难以控制。

二、面对突发公共事件的媒体视角

传统媒体正在新媒体的影响之下转型。首先，传统媒体传播信息的优势已失去；其次，传统媒体引导舆论的重点在变化，现在的媒体策略更侧重于议程设置，即怎样引领城市的发展以及怎样推动社会的发展，这是更具有建设性的概念。

传统媒体关注点的变动可以从以下几个方面来了解：

1. 灾害、事故、公共安全事件新闻视角

非典是中国信息公开的里程碑，非典之后，政府信息公开机制逐渐形成；汶川地震是中国救灾宣传转型为灾难报道的里程碑。原来的灾难报道多是救灾宣传，着重点在领导怎么亲临现场指挥救援，是一种宣传，并没有更多地关注到灾难的受害者，而现在更注重灾难报道。因为灾难只有与人发生联系，才能成为新闻，事件中受影响的人和波及范围成为新闻核心，这也是作为媒体人最关注的一点。灾难报道的框架分为 3 个部分：一个是事件性质，即灾难的类型，如风灾、交通事故等；一个是政府应对，即政府的公共治理能力，在当时怎么处理、用什么方法、治理的效果等；最后就是事件后果，即受影响的人有哪些、影响的程度如何、事件涉及面大不大等问题。

新闻的关注点是有排序的。媒体关注的第一主体是受害者，即影响者；第二个是应对者，即政府部门；最后就是灾难或事件的成因。受害者是新闻报道的第一个主题，新闻媒体首先想了解的是事件后果的严重程度；政府治理能力成为质疑的第一主体，政府的措施往往容易引起争议；民间组织的参与和见义勇为行为成为弘扬主体；灾难的背景原因成为制度性的探讨主体。实际上，现在许多媒体改变了传统的做法，如现在的民生报道和社会新闻，改变了传统的张牙舞爪、打打杀杀的报道方式，更注重温情的报道。

面对突发公共事件的媒体视角有三大落点：第一落点，复原事情发生的过程、结果以及可能引发的次生事件；第二落点，为什么会发生，即事件发生的背景，而这个背景是变动的背景；第三落点，如何让这类事件不再发生，这是一个修复与重建的过程。

2. 突发舆情公共事件的媒体关注点

突发舆情公共事件与一般的公共事件、灾难事故不一样，它有四大关注点：

（1）肇事者身份和事件性质。肇事者地位越高，身份越敏感，事件就越敏感；事件性质越恶劣，就越发敏感。

（2）处置态度。主要指相关部门的处置态度，即是否做到及时回应。回应者的态度可能引爆次生舆论，如果新闻发言人在发布会上发出不当言论，可能引发第二次舆论，导致原来的事情没处理完的同时又引发了次生灾害。

（3）处置过程与结果，即程序是否公正、结果是否公正。

（4）同领域的其他问题或者其他领域的同类问题，即这类问题属偶发性，还是属关联制度缺失、监管失当的普遍性问题。所以，如果是国内其他地市级与本部门拥有相同职能的单位出了问题，尤其是重大问题，该部门就要注意，因为网民和媒体可能会从中得到启发进而追问下去，即全国的热点波及本地的问题。这一点要格外注意。例如，“红十字会事件”就是一个典型案例，“郭美美事件”发生后，其他地区的红十字会都成为公众关注的焦点，该组织的任何问题都可能成为本地的大新闻。

3. 新政策引发反弹的舆情关注点

对于新政策的反弹，媒体主要聚焦以下几个问题：第一点是对政策出台的具体内容、背景的解读，主要探讨其必要性、合法性、实操性和社会参与性。其中，社会参与性是目前政府做得较好的一点。第二点是政策引发反弹的原因分析，政府的回应与行动、是否诚恳面对社会舆情、有没有针对市民的意见作一些适当的调整。举个例子，去年的犬类管理办法出台后，有关严管区“一户一犬”的限养规定引起社会热议，有关部门收集群众意见后进行了调整。第三点是政策修正的结果以及修正后的社会舆情变化，即修正后市民满不满意，社会的情绪怎么样。

面对突发公共事件，媒体从原来的宣传报道转变为现在的新闻报道，从原来的民生视角转变为公共视角。在民生视角下，媒体报道取向过度向“弱势群体”倾斜，而忽视了弱势与强势的相对性和社会问题的多元复杂性，违背了新闻的客观原则。现在媒体更提倡公共视角，更多站在中立的角度看待事件，注重信息采集的平衡，凸显媒体的公正立场，注重多元利益的统筹协调，关注人的生存与发展，从而推动城市进步。

三、容易引发舆论风暴的问题

特权政府部门、公益性组织的公职人员等人群极容易成为网络热点和新闻炒作的焦点，例如顺德的“房叔事件”。许多领导干部对当前网络传播的规律理解不深，导致“小问题引发大热点”，最终损害的是党和政府的形象。网络时代公务员是党和政府的形象代表，不仅他们自己，包括他们的家人、朋友都会受到社会关注，比如在“我爸是李刚事件”中，李刚本人当时并没有犯错，是他儿子的过错，却仍被推到风口浪尖，所以现在不仅仅是公职人员，其家人也会受到关注。

容易引发舆论风暴的问题很多，主要有以下几个方面：

（1）政府官员、公益性组织、特权部门、垄断企业的涉贪腐、不作为，如政法系统、公检法、城管、拆迁办、垄断企业等。其中，城管是一个容易引发舆论风波的单位。城管这一部门本身具有特殊性，一方面该部门的合法性存在质疑，另一方面该部门又是中国所有矛盾聚集的触发点，很容易与舆论风暴事件产生联系。

（2）衣食住行等全国热点民生问题。

（3）涉及国家利益、民族自豪感的事件，例如前段时间的“抵制日货事件”。

（4）弱势群体的相关事件，如流动人员治理、儿童教育安全，容易成为舆论的焦点。

（5）涉及公众利益的新政策，比如前不久暂停实施的“闯黄灯”政策。

（6）正处在全国舆论风暴眼的关联性现象也会引发舆论风暴，例如全国发生重大的群体事件，如“抢盐风波”等。

（7）特大突发公共事件。

（8）公职人员尤其是领导干部的不当言论、失范行为，例如陕西的“表哥事件”，这个事件是由一张现场图片引起的。2012 年 8 月 26 日，陕西延安发生了特大事故，两人身亡，时任陕西安监局局长的杨达才在现场露出笑容被人拍下并放到网上，结果引发了网友对他的人肉搜索。网友从他身上发现了各种各样的名表、皮带、眼镜等，并将其罗列出来。这一事件可说是：“微笑走过场，一笑毁前程！”在此，我得出一个结论，大家一定要慎记：低调行事，千万别让人民群众“惦记”你！群众的眼睛是雪亮的，如果你的某些言行举止引起了公众的关注，他们可以把你的任何事情都挖出来，所以现在我们称网友为“万能网友”，他们能力通天，没有什么事情做不了。

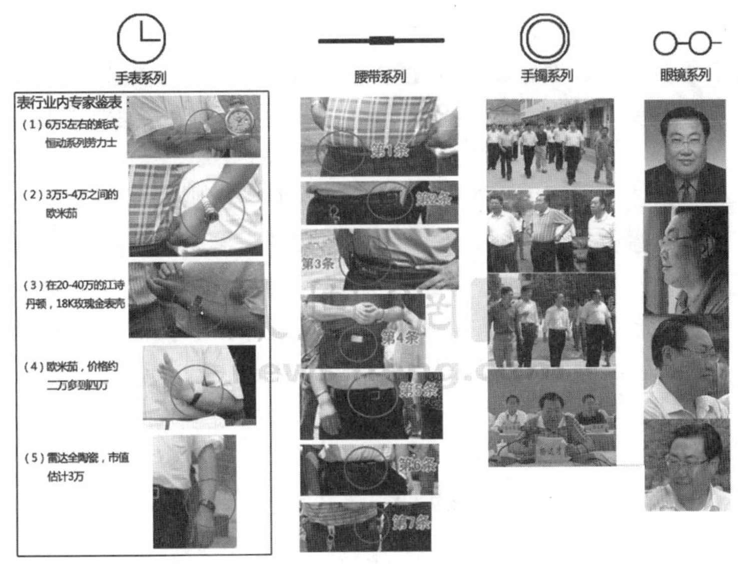

图 1　网友人肉搜索“微笑局长”杨达才

（图片来源：《烟台日报》2013 年 2 月 23 日 A19 版）

四、如何化“危机”为“转机”

1. 第一时间发布

在互联网时代，化解舆情危机要记住“不求全面，贵在神速”。曾有人提出“概述事件，详述救援”，其实这并不是没有道理，但是和现在的媒体情况有些不对应。因为现在媒体对事件本身也是很关注的。另外，宣传管理部门也常提出“速报事实，慎报原因”，我个人觉得这8个字并不全面，公众对事件原因和事件背景充满好奇，这也是以谣传谣的重要因素。现在一个小事件在利益诉求多元情绪传染下，也可能点燃一场突发公共危机。例如2006年“忠义路事件”，本来是一件很小的事情，据了解，当时某治安员查外来工的证件，结果被对治安员早有不满的犯罪分子利用，故意打砸、焚烧治安岗亭及车辆，引发舆情危机。

媒体的力量是不容小觑的、是扼杀不住的，因为互联网，地球变成了“地球村”，一件很小的事件也能迅速得到传播，因此，政府要转变思维。当前传统管制型政府正向服务型政府转型，政府原有的舆情危机管理思维也在向“危机沟通管理”思维转化。作为新闻发言官更要清楚自己的媒体环境，以亲和、平等的姿态与媒体和网民对话，不要试图去控制媒体和舆论，而应该学会发布实情，引导舆论。

对于危机事件，处置原则就是第一时间发布新闻，赢得话语权，掌握主导权。特别要“快”“准”“狠”，要“敢说话”“会说话”“说人话”。

2. 要把握4个“度”：速度、态度、温度、尺度

第一个是速度，要敢于发声。遵循第一时间原则，因为在第一时间发布信息可以抢占舆论先机。现在，我们越来越强调第一时间，从人对信息的反应来说，一旦信息发布，人的认知场是会被打破的，会倾向于接受和记忆第一个接触的相关信息，所以第一时间发布信息便能够抢占先机，把握舆论引导的制高点；从媒体对信息的转载来说，对于事件最早的信息发布容易被媒体转载、跟进。很多新闻发言人会认为第一时间发布可能对很多事情不清楚，不了解应该讲什么。我觉得首先要考虑的是现在已经知道多少、对此作了哪些补救。在事件发生之初，有多少信息就提供多少信息，关键在于及时。在发布内容上，先从事件本身调查初步情况，反映政府的态度和措施。另外，我建议在大型媒体上，尽量有滚动式新闻发布，力求做到全方位发布。官方网站或者主流网站的信息更新要及时，根据事件的进展和社会舆情变化，实时调整新闻发布内容。

第二个是态度。态度即对媒体的态度、对事件的态度，这是处理危机中最重要的素养。政府部门一定要坦诚相对，公开透明。很多危机事件中，由于处理的态度比较好，往往可以化解危机，获得公众的谅解，甚至能够消除负面影响，树立政府的正面形象。例如，顺德气象局的一名官员在气象台微博上发布了一个错误信息，发现后马上发微博道歉，获得了谅解。还有就是市政管理部门在回应媒体“白天如黑夜，为何没开灯”的报道时，用了道歉的方式，及时作出解释，化解了危机。

第三个是温度。突发公共事件中要着眼于政府的人性关怀，侧重收集发布政府对受影响群体的关照、对遭受损失利益相对人或民众进行补偿的信息或报道，包括第一时间公布领导什么时候到场、哪些领导到场，这方面必须做好。灾害事故要发掘灾难中的人性光辉及不同寻常的救援行动，通过正能量传播消除事故的负面效应，切忌冷冰冰的、无人性关怀的领导救灾日志。例如，佛山三水发生强风灾之后，《佛山日报》作了一个报道——“风雨中，他们用爱诠释城市精神”，这实际上是把一个灾难新闻做成了有温度的新闻，凸显该城市的精神。

最后一个是尺度。主要包括 4 点内容：首先是讲话不要太绝对，一定要留有余地，不要随意作出承诺，因为有一些事件，尤其是群体性事件，需要一个调查研究的过程，所以切忌太绝对，也不要随意作出承诺；第二是不要预测，在接受媒体采访时尽量谈论正在做或者已经做了的事情，不要谈未来，假如总是讲计划，到头来可能什么都没完成，也可能计划会改变，所以一定不要预测；第三是不要越位，每个部门有各自的职责范围，在一个事件发生时部门的工作往往会有很多交叉，大家一定要明白自己的工作职责和工作范围，属于本部门工作范围的事情主动讲，不属于本部门范围的事情不要讲；第四是把握时机，知道什么时候该说什么话，信息公开的内容要事先把握好。

3. 化解危机的 3 个原则：快、准、狠

“快”就是早发现、早处置、早发布；“准”就是处置措施要抓住主要诉求、主要矛盾，涉及事件调查结果的信息要经得起推敲，程序要合法，结果要服众；“狠”是一旦调查属实，敢于处置，必要时采取“切割”手段，避免上级政府为下级政府或政府为个别无良官员背黑锅。这在现实中有许多例子，例如 2011 年 3 月的“抢盐风波”。事件发生的当天早上，本人在办公室值班，许多群众打来爆料电话称整个城市处处都在抢盐，媒体马上把这一信息传到佛山市应急办，应急办跟相关部门进行沟通后，立即作出了应对措施。因为政府部门的应对及时，《佛山日报》第一时间将官

方信息以及盐库满仓的照片上传到《佛山日报》官方微博，于第二天在报纸上刊载了报道辟谣。另一个案例是“南海红会医院弃婴事件”，这一案例体现的就是一种“切割”手段，“医护人员违规，停职接受调查”“分管副院长免职，院长鞠躬道歉”。还有一个就是“限牌事件”，当时广州正在实行限牌，佛山几个车商就因此造谣，想通过“限牌”谣言推动销量，公安部门很快就在网上进行辟谣，随后交通局也很快在网上发布了信息。

4. 注意口径一致

在化解危机或应对突发事件新闻发布的时候，一定要注意口径一致。对于涉及多个关口的重特大事故、重大舆情要成立专门的新闻发布小组，统一口径，以免造成信息误报和内讧。民生事件也会体现政府部门信息的交叉，口径不一可能会导致内讧。举个例子，最容易出现口径不一的状况就是在封路的时候，假如某路段要修路了，施工单位接受了媒体采访，交通局也接受采访，连交警都接受了采访，如果各个部门之间的信息不对应，媒体从施工单位得到信息是在这天封路，而从交警部门得到的是另一天。长此以往，将会对政府的公信力产生很大的危害。

5. 巧用第三方机构

假如以上几点都已经做到了，但还是有问题，应该怎么办？这时就要巧用第三方机构。所谓的第三方机构是指体制外的专业机构和组织、权威人士（民间调查团）、网络名人、行业专家等。举个例子，佛山的“海沙事件”，实际上很多楼盘都发生了问题，当时一些住户聚集在一起抗议，情绪比较激动，尽管有开发商进行协商，但是协商得并不是很顺利，因为住户认为体制有问题，对政府部门鉴定的结果很不满意，所以他们提出要第三方机构来鉴定。这就是第三方机构的作用，有助于增强调查结果的公信力。

6. 政媒互动，议程引导

在全媒体背景下，网络新媒体与传统媒体互为信息源，在舆情上具有交互影响的特点，即网络舆情与传统媒体有交叉，传统媒体往往会根据网络的情况来揭露报道，之后网络可能又会转发传统媒体的报道并加以引导。例如《佛山日报》对于“限摩”的系列报道，从“佛山人的‘摩托时代’”“摩托与公交，一对纠结的冤家”到“私家车，下一个‘堵城之祸’”“猜想‘2016’”，实际上都是为了引导网上的舆论。

再如，对于“小悦悦事件”的系列报道，从“这一天，他们令佛山蒙羞”，到第二天“那一刻，她让佛山骄傲”，再到第三天“今天起，让我们拒绝冷漠”，再到第四天“深反省，见死不救根在哪”，层层深入，这就是议程设置。这期间所有的报道，都只是为了引出以下两篇报道，一个是“一个小生命唤起集体觉醒”，另一个是制度的构建——“拨款 1 000 万奖励见义勇为”，这是 11 月份“小悦悦事件”发生后佛山市政府专门实施的新举措。

佛山日報

这一天，他们令佛山蒙羞

发表完道德演说以后怎么办？

村委书记被

下属抱起摔死

美国“吃不起饭者”

比例高于中国

“大鲨鱼”

佛山日報

那一刻，她让佛山骄傲

小悦悦没有脱离死亡

需过 7~10 天危险期

佛山日報

提高全民族文明素质

十八大明年

下半年在京召开

今天起，让我们拒绝冷漠

小悦悦及其父母

10 万人扪心自问

9 万人愿出手相救

社会价值观出了问题

“佛山还是一个温暖的城市”

佛山日報

广佛地铁南延线将尽快启动

深反省，见死不救根在哪

挺住，

图 2　《佛山日报》对“小悦悦事件”的系列策划报道

每一次重大舆情危机总能推动社会进步。政府部门应总结经验教训，反思事件，排查类似隐患，着力研究长效机制，修复危机造成的毁损，重塑政府形象，并敦促有关方面研究解决政策性问题，弥补制度性漏洞。

五、如何做好新闻发言人角色

新闻发言人是个高危职业，既是舆情危机的防火墙，又是舆论的导火索，做得不好往往引火上身。从2008年开始，各种各样的雷人语录总结和分析版本频频登场，其中不乏出自专职新闻发言人之口。例如以下一些著名的雷人雷语："替党说话，还是替老百姓说话""不管你信不信，反正我信了""在中国有哪一件事情是合理合法的""领导就得骑马坐轿，老百姓想要公平？臭不要脸""局长很不值钱是不是""把路洗得像狗舔过一样干净""我办没时间跟你闲扯，你有意见到创建办来面谈"。

这里头折射出什么问题呢？首先是这些新闻发言人很少与媒体打交道，或者不善于和媒体打交道。许多新闻发言人都怕跟媒体打交道，一旦跟媒体打交道就不知道说什么，或者控制不了自己的情绪；有的是不屑与媒体打交道，高高在上，服务意识和公众利益意识淡薄；有的是个人言行修养欠缺，被媒体追问恼羞成怒；有的是政治敏感性差，缺乏民生情怀，把新闻发布会开成"马屁会"，大谈领导重视、措施得当，忽视了对受害者或权益当事人的情感关照，简单而言，就是没有"说人话"；还有就是推诿、踢皮球，利用部门权力交叉格局，把本单位的责任推到别的部门；最后是对部门相关职能、政策不了解，导致内部信息不畅通，一问三不知，有时候一些新闻发言人想说，可是实在说不出来，因为他自己都不了解内部的具体信息。

目前新闻发言人制度还存在硬伤，新闻发言人只是一个职位，责权不明晰，没有系统的技术培训，也没有被赋予信息统筹权，在发布会上难以把握尺度，非常被动。什么都得请示领导，领导说什么就是什么，发言人权力太小，没有个人魅力和个人风格可言。

那么，在目前强调压力的体制状况下，如何做好新闻发言人？最重要的是认清角色。新闻发言人首先是部门形象大使，要注意形象；其次是信息聚合器，要保持部门信息畅通；最后是媒体与公众的桥梁，要真正运用智慧去化解危机。作为新闻发言人，要认识到你不是一个人在战斗，你是代表一个部门的整体形象，这是所处的位置，你面对的不是一个或一群记者，而是千千万万的公众。

在这里，我总结8个字：平和自信，慎言慎行。注意言行举止，在媒体面前，一句话乃至一个眼神，都可能成为新闻卖点。汇总信息，分析疑点，态度诚恳；对于复杂性问题，提前研判公众质疑和记者提问，进行内部沟通，做好应对准备；实施动态发布，在发布新信息之前，要知道自己的软肋在哪里，因为这可能会被记者追问，一定要进行预判；要全面了解部门对应的政策法规和处置事件程序，动态对应其他地方的舆论热点，排查本单位的情况；建立健全应对网络舆情的工作制度和机制，提升网络舆情危机的化解能力；建立新闻发布机制、本单位新闻发布流程、突发新闻危机应对预案；还有一点需要特别注意的是，掌握了解本单位的员工微博，跟踪不当言论；最后就是善待媒体，善用媒体。

实际上，记者对关上门的东西是最好奇的，所以政府部门要把门打开，有什么问题大家互相交流。要应对网络舆情就要从善待媒体记者开始，与媒体经常性互动，才能了解并熟悉媒体的流程和变化，因为媒体是信息汇总的结点，能够及时地感知并发布社会危机和矛盾，使政府在第一时间获得信息。例如方才所说的“抢盐风波”，媒体及时把社会爆料的突发情况通报给应急办，应急办才能及时处理。无论线下事件还是网络舆情，政府都应该相信并善用主流媒体，与媒体互动合作，设置议题，积极争夺舆论的话语权，通过报网互动，下情上传，上情下达，为政府制定处置决策作参考，促成各方共识，化解危机。

“知己知彼，正和博弈”的主题，就是说政府部门要了解媒体的需求、特点，才能和媒体打好交道。现在是一个全民博弈的时代，媒体与政府的沟通也是一个博弈的过程，如果双方沟通得好，就是一个正和博弈；沟通不好，则会变成负和博弈。

第十四讲：要赢得公众先赢得媒体
——浅论政府与媒体关系处理

主讲人：刘三琴

主讲人简介

刘三琴，南方日报佛山新闻部副主任。作为一名时政记者，采访过无数的政府官员和各类新闻发言人。在佛山工作八年，一直以独特的眼光观察佛山，通过新闻报道推动佛山的发展。

一、官媒关系处理存在的六个问题

通过对佛山政府各部门与媒体之间的关系进行分析，我认为目前有六大问题值得关注：

1. 被动 VS 主动

主动的部门会提前将信息发布，便于媒体提前掌握一些材料，做好新闻策划工作。被动的部门则不会及时向媒体进行信息发布，对相关信息捂、盖、压，对付媒体施行躲、吵、告、怨。躲是躲记者，吵是吵报道不实，告是告媒体侵权，怨是怨宣传部门管理不力。

2. 长官意志 VS 新闻规律

一直以来我国都存在长官意志代替新闻规律的现象，比如稿子发不发、发多大版面等，都由政府部门领导决定，即一切要等一把手下达指令。但现实却存在一种情况，就是政府部门提供了一千多字的材料、通稿，最后见报的可能就四百字。这就是部门领导和记者对新闻价值的评估差异造成的。因此，新闻发言人要保证发布效果，就必须对事件和材料的新闻价值做出正确的判断。如何判断？最简单的方法就是看这个信息是否有利于工作的推进、是否有利于营造良好的部门形象、是否有利于推动市区的发展。

3. 市内媒体 VS 市外媒体

自媒体时代更需要主流大众媒体。现在越来越多的媒体进驻佛山，大家会习惯性地把媒体分成市内、市外两类，像《南方日报》就在市外媒体之列。不少部门会区别对待市内外媒体，与市内媒体配合得更为积极主动，对于市外媒体则相对被动和冷淡一些。

在自媒体时代，舆论的声音太过纷杂，如此，就更是需要这种主流媒体的声音。事实上佛山的两办（市委办公室和市政府办公室）在三年前就已经发文，规定在重大的新闻报道方面，市内市外媒体享有均等的采访权。我在这里也呼吁一下，请大家在今后的工作中忽略市内市外这个界限，不要将市内市外区别对待。

4. 碎片化 VS 系统性

版面是稀缺资源，我们不可能为每个部门都提供宣传平台，这就需要政府部门将碎片化的信息整合后，再发给媒体。要形成系统性，就需要有一个专门的部门统筹信息，由这个部门联络其他各部门，收集全部的信息后，统一发给媒体。以科室为单位、各自为战的做法是不合适的，不同的科室对于同一事件有不同的信息需要发布，这样零碎的新闻对于记者来说报道非常不方便。例如现在各个部门都在捐款，媒体昨天已经报道了关于佛山市委市政府捐款的事迹，但今天人社局、消防局、教育局、环保局等也都捐款了，是不是也会给予版面报道？其实媒体不会将琐碎的事一一报道出来，他们会进行数据统计，统计全市部门共捐了多少，报道中用一句话就将各个部门的工作概括在里面了。

所以，政府部门将碎片化的信息整合起来是非常重要的，碎片化的工作方式不仅会对平日的工作造成损耗，也会增加政府工作人员的负担，更不利于新闻采写。

5. 动气 VS 动情

新闻发言人在发言时，忌动气。有的新闻发言人一被追问就生气，甚至骂记者，这是非常不利于沟通的，也是不理智的。此外，新闻发言人也不要在电话里直接回复或者不回复记者的提问，因为你不回复已经是一种回答了，第二天的报道可能就会写，这个新闻发言人表示“我不能回答”或者“我不知道”。即使确实不能回答，也不能回答“我确实回答不了，你去找某科室的科长吧”，层层推诿，最终只会惹怒记者或者被记者报道“相关部门均回应称不关自己事”。

如果大家碰到一些负面的信息，比如记者对工作提出质疑，或者在政策法规方面有不同的观点，不妨采用缓兵之计，“会议结束后你可以过来我办公室，我们就这个问题聊聊”，但你到底想聊什么，完全可以由自己把握。

6. 个人 VS 团队

和媒体打交道，绝对不是新闻发言人一个人的事情。新闻发言人不是单兵作战，而是团队作战。通常，新闻发言人发言前，要集中集体智慧，充分做好准备，尤其是对于时间急、任务重的突发事件，更是需要团队作战。

二、了解您身边的媒体

政府部门要处理好与媒体的关系，首先要明确政府和媒体的关系，了解各类媒体的现状和特点。

（一）政府和媒体的诤友关系

有的人将媒体称为党的喉舌、传声筒，有的人把媒体当作政府的敌人，也有的人希望在媒体面前隐身。佛山常委到南方日报社调研时提出：“政府和媒体的关系不是龙虎斗，也不是猫和鼠的游戏，或守门员和球员的关系，而是相互支持。”事实上，媒体跟政府的目标是一致的，价值观也是一致的。媒体和政府，天生并不是敌对的，而是一个共同体。

我个人认为政府和媒体现在更像诤友关系。诤友就是会当面直言缺点、失误的朋友。它就像一面镜子，公众通过镜子看到你，你也可以通过镜子向公众展示自己的形象，你对镜子说话就是对公众说话。去年佛山市市长刘悦伦在南海巡查时批评了道路两旁的小树，认为这种小树影响南海形象。但《南方都市报》发表评论，认为这是尊重大树的成长规律，也是节约财政，应该表扬。媒体这种不同于政府的声音出自对诤友的监督，它指出了政府的缺点，也表达了自己的意见。

（二）媒体现状

1. 佛山媒体现状

目前，佛山除了市内媒体，还聚集了中央和省级以及广州市级的一些媒体。驻站的传统媒体主要有三大报系，南方报业集团，广州日报集团和羊城晚报报业集团。《南方日报》《南方都市报》属于南方报业集团，《广州日报》《信息时报》属于广州日报集团，《新快报》《羊城晚报》属于羊城晚报报业集团。

各个媒体驻站的记者人数不一，以《南方日报》《羊城晚报》《南方都市报》《广州日报》等为主力。除了这些大众媒体，还有网站、微博、微信等媒体渠道，但它们大都是三大报业集团的衍生品。公众获取的信息90%都来自传统媒体。

每个媒体运行的规律也有不同。比如截稿时间，有的是晚上，有的是下午，《广州日报》周五的稿件在星期四下午两点就截稿；《南方日报》截稿时间都是在晚上八点半，最晚也就九点半，《南方都市报》也是如此。了解媒体运行的规律，有助于政府在日常工作中避免一些不利因素。如果有重要的新闻发布，尽量不要选择在周五开新闻发布会，因为很多报纸周末没有版面，或者版面非常少，这样发布的新闻就会被挤压，最后可能只出了豆腐块大小，甚至不能出，严重影响宣传效果。

各个媒体在佛山的发行数量差距也是比较大的。《南方日报》作为省委机关报，发行渠道比较广，它的佛山观察版，不仅在佛山发行，也在其他城市发行。而其他媒体的佛山版可能就只是在佛山本地发行。随着网络的发展，信息的发布已经不只是在一个区域了，只要你的新闻够好，只要你的新闻策划意识够强，新闻发布就没有国界，更没有区域的划分。

2. 佛山记者现状

了解媒体很重要的前提就是了解记者这一群体。佛山的记者们都是抱着新闻理想来到佛山的，他们希望能够做一些好的新闻，获得受众的支持，打响自己的品牌。但除了工作，他们还面临很多压力。

首先，记者上班时间长。其他人在上班的时候，记者在上班，大家下班回家了，记者要写稿，还要不断按照编辑的指令修改稿件。如果有很重要的新闻，还需要加班，工作时间就更长了；其次，记者的收入也不高。稿费是记者主要的收入，但我们的记者还处在挣工分的阶段，每个稿件会根据重要性、写作质量等因素打分，记者的稿费都是按照分数来领取的；再者，记者也是一个高危行业。地震发生、战争爆发、疾病流行之类的新闻出现时，很多记者都要到一线去，不少记者因工作而牺牲。从保险收费就可以证明记者这一行业的高危性。几年前我想买一份意外保险，保单填好交上去审阅的时候，保险员告诉我一个月要交450块钱，但最后审批下来变成了420块钱。我问费用减少的原因，对方说因为我是时政中心的记者，在记者里面算安全的，所以可以便宜30块。估计如果我是军事记者或调查记者的话，保险费要多交一些。

记者们也经常互相调侃，“挣着卖白菜的钱，操着卖白粉的心”。因为可能有一些政治敏感的话题，记者一不小心报道失误就可能影响自己的职业生涯。有的时候可能因为太疲惫而不小心写错了一个字，但这个字可能是某个很重要的领导的名字，麻烦就来了；或者有的时候有境外媒体给记者打电话套取信息，记者一不小心说漏嘴了，政治问题可能就跟着来了……因以上问题而离职的记者有很多，他们中的大部分还是很有新闻理想的。

整体来说，记者这个群体是累并快乐着的。现在佛山的一线记者，三分之二以上都是30岁以下的，他们非常热血，非常有冲劲，但流动性也非常大。主要原因是压力大，但总体收入不高。所以也经常出现这种现象：跑线记者一年换几个。记者有时也自嘲，称自己是逆袭的屌丝。

三、媒体和政府可以一起做什么

“要赢得公众先赢得媒体”，政府、媒体、公众是统一体，媒体是政府与公众之间建立良好关系的桥梁。保障这座桥梁通行畅达和信息传递的准确高效，是政府赢得公众支持和公信力的基本途径。桥梁的通行畅达既包括信息传递方面，也包括舆论监督方面。目前，佛山市直、镇街等部门都与媒体建立了全面的沟通渠道。

探讨政府与媒体的关系，其实就是探讨政府与媒体可以一起来做些什么。目的是通过官媒互动，传递正能量，推动社会进步发展。我认为政府与媒体可以在以下几个方面相互合作：

1. 新闻专业化生产

新闻的专业化生产是最常见的合作。在日常工作中，职能部门的大量信息都交由新闻记者，经过记者改写或是通过采访转为新闻，这就是新闻的专业化生产合作。

新闻也是产品，是一种信息产品、软产品，但它不像我们做一个灯泡或者家具，是实体的，可以看得见摸得着，它是一种知识产品。但既然做产品，就有分工，就有专业化。因此，同一个新闻事件，记者可以写稿写得很不错，但换了其他不是记者的人来写，就写不出好稿来，这就是专业化。把专业的事情交给专业的人去做，这就是专业化的生产。

2. 让媒体做政府的“调研员”

媒体长期在基层采访，记者的采访现在已经越来越深入企业、镇街、社区，因此记者可以称得上是职业的“调研员”。现在政府部门普遍反映人手不够，无法派专人深入基层做调研，媒体记者也常抱怨政府提供的新闻资料不够，根本不能成稿见报。此时，政府不妨向媒体“借脑”，由政府抛出话题，抛出思路，让记者去做后续的调研，然后做成新闻，这样就可以各取所需，优势互补。

佛山市委政策研究室前些年跟媒体的接触非常少，但最近两年和媒体的沟通则变得非常频繁，经常相互合作，其中有一项合作就是做调研。比如前段时间关于“三旧改造”的调研，佛山市委政策研究室就委托了媒体来做。因为“三旧改造”需要走访东莞、深圳、广州取经，由于区域间存在竞争，如果由官方出面走访，对方可能只会提供一个简单的书面材料，而不会深入讲更多的实际内容。但由媒体去的话，他们可以深入一线研究，获得更多的资料。

现在大部分记者已经由单纯接受通稿变成某个领域的专家了，他们中有的喜欢研究城市规划建设，有的喜欢研究上市公司，有的喜欢研究产业经济等。媒体接到调研合作项目后，可以结合各个记者的特点开展工作，一方面，记者可以加深这个研究，另一方面，政府部门也可以拿到一线鲜活的资料。这种方式，相比请专家来做调研，学术性相对弱一点，但是更贴近实际。

3. 公共决策的媒体全程参与

现在公民意识日益觉醒，公众对公共事务的参与、监督的意识越来越强，而媒体和政府是可以为公众做好这些服务的。政府在决策的前期、中期、后期都可以让媒体参与进来，甚至可以让媒体帮忙写通稿，让媒体作为第三种力量从不同的角度引导舆论，使公众与政府形成共识。

政府的声音是需要媒体去传递的，但如果媒体都不能很好地理解政府的声音，又怎么向公众去传递政府的声音呢？所以，在一些重大决策中可以让媒体全程参与，前期了解情况，做好策划和包装；中期把主要问题进行上传下达，把老百姓的一些想法反馈给政府，把政府的调整反馈给民众；后期可以通过展示并宣传政策实施后的效果，让公众更好地去理解政府的决策。

4. 从经营版面到经营城市

媒体不仅仅是在做新闻，也可以起到上传下达、为佛山献言献策的作用，从而为宣传佛山的城市形象出一份力。

高明宣传部部长认为，高明的发展这些年总是跟不上佛山其他区，不是高明缺乏资源、缺乏良好的投资环境，而是缺乏宣传，没有向媒体借力，从而导致好的产业、项目和人才都不落户高明。他强调城市的发展离不开媒体。

相比而言，南海则是非常善于借力媒体的地区。比如对于千灯湖的宣传，南海区委宣传部在背后就做了非常多的工作，它不是单纯地让媒体只发一篇赞扬千灯湖的文章就完事了，而是对城市进行整体营销，做了一系列的动作来进行推广。它首先通过一些活动让大家知道千灯湖这个地方，接着再做其他动作继续吸引大家，告诉大家千灯湖是一个宜居宜商的地方，是一个金融高新区。通过媒体的广泛宣传报道，千灯湖的知名度得到了很快的提高，在群众心里树立了良好的形象，取得了很好的效果。

再如南商的系列报道，也是南海策划出来的。南海在做新闻的时候，前期策划意识非常强。一般新闻发言人能提前5天通知媒体要开新闻发布会已经不错了，而南海的新闻发言人做得更好。当时南海区决定开一个促进民营经济发展的大会，宣传部门提前一个月就开始做大量的铺垫。南海政府首先借用胡春华来佛山调研要求佛山做大做强民营经济这个话题，让公众对此展开讨论，策划了一系列的话题，如南商目前的情况到底如何，心态是否发生了变化等，通过话题的讨论，让大家先关注南商。经过前期媒体的广泛报道后，南海政府还组队去江浙一带调研长三角民营企业的状况，调研过程邀请了很多记者参加，又发出了一系列的深度报道。经过大量报道后，“南海区进一步促进民营经济大会”才召开，这时媒体对这个会议的关注度就非常高了，新闻报道出来的效果也非常好。

5. 危机公关处理

2013年佛山多个政府部门联合执法治理车辆超载行为，一个违规司机控诉执法人员对其进行痛殴，随后，佛山交通运输局和佛山交警相关负责人均矢口否认，但司机车辆的无线视频设备却将执法人员殴打司机的整个过程记录了下来。

这件事原本只是一个暴力执法事件，但到最后上升到佛山政府形象的层面，各种舆论轰炸了近10天才慢慢消停下来。

在处理这件事的过程中，佛山有两点值得借鉴：一是有新闻发布意识，面对各大媒体记者的追问，主动召开发布会，统一回复；二是及时发布，在事件出来后及时发布相关消息，抢占先机。

但是，佛山政府部门在处理这件事情的过程中也存在两大问题：一是新闻发布失实，这是一个致命伤；二是没有及时将执法人员的行为跟政府的形象进行切割，如果进行了切割，公众自然会意识到只是这几个执法人员的素质不够高，或者是他们当时行为失控，并不代表整个佛山政府都是暴力执法，也不代表佛山人都是低素质的。因为没有切割，政府形象因此受到损害。

危机爆发后，公众有时只需要一个态度。因此事情发生后，在召开新闻发布会的时候，对确实存在的事实肯定要承认，并对相关人员留职查办，或者要求相关部门向公众道歉，同时去慰问被欧打的人。如果态度确实诚恳，公众的不满就能够被化解。

此外，在新闻发布的时候，对于不确定的情况，不能随意表态。“佛山一环暴力执法事件”发生后，佛山政府紧急召开了新闻发布会。会上有记者问到底有没有暴力执法时，有官员就拍着胸脯说“绝对没有的”，但最后公开的视频却明显有暴力执法。他的这种不留余地的说法，跟事实本身存在严重的冲突，因此把自己逼到了悬崖边，公信力被公众质疑。因此，新闻发言人对自己不肯定的事情，可以采取更委婉的回答，比如说，“据我了解是没有的，但可能我们还会去翻阅视频，再去核实”。

我个人总结了一下，在以下八个领域是最容易爆发舆情危机的：公共安全、司法公正、官员风气、公权滥用、执法规范、公民维权、公共管理和社会伦理。

在危机公关的处理中，有几个需要注意的地方：一是用信息去控制信息。当网上流言横飞的时候，最需要大众媒体发布最权威的信息，只有用这种权威的官方信息，才能去控制那些零碎的小道信息。二是学会对媒体说话，并对你说的话负责。因为你对着媒体说话就是对着公众说话，所以一定不能讲假话、空话或不符合常识的话。在很多事件当中，公众只是希望政府有一个良好的态度而已，政府诚恳道歉了，大家心里就会觉得好受了，事情也会随之平复。三是禁令有度。有些确实需要压制的新闻可以下令不让媒体报道，但要有一个度，只要大方向没有问题的新闻，还是应该给媒体报道的自由。四是组建媒体参与的新闻发言后台智库。在危机处理的过程中，可以选择一些值得信任的媒体或记者，作为政府的参谋，共同商量对策，借力解决危机。

四、当一个让媒体敬仰的新闻官

政府、新闻发言人、记者、媒体是构成官媒关系的四个主角，但都是为公众服务的。大多数情况下，新闻发言人是代表政府与媒体对接的。不同部门的新闻发言人往往会有不同的风格，存在不同的问题。

1. 不同风格的新闻发言人

（1）无为而治。新闻发言人对采访冷处理，“不知道”“不要报”是口头禅。这种类型的新闻发言人希望自己从公众的视野里消失，做隐身人。

（2）虽有思想但会干涉媒体。新闻发言在报道过程中会给出很多建议，但也比较喜欢干涉媒体。过度的干涉往往引来媒体的反感，导致和媒体关系恶化。

（3）工作积极、懂得换位思考却疲于应对。这种类型的新闻发言人工作非常积极，也很为记者考虑，却累了自己。每次有什么事，这边刚刚接完《南方都市报》的电话，那边《广州日报》又打过来了，接受完数个纸质媒体的采访，电视媒体又来拍镜头……在各个媒体记者间来回周旋，左右协调，最后就可能应付不过来了。

（4）尊重、相信记者。这类新闻发言人可能自己没有太多的观点与想法，不会进行新闻策划，或者不喜欢将个人意愿强加到记者头上，只是表述事实，尊重记者，充分相信记者，不干涉记者的报道。记者是非常尊重这种新闻发言人的。

（5）领导和记者总有一方不满意。有的新闻发言人领导不满意，但是记者很喜欢，有的新闻发言人领导虽然满意但记者不支持，无法做到令领导和记者都满意，这种情况也是很多见的。

（6）保守型，也称“秀才型”。这一类型的新闻发言人遇到事情只讲程序，让记者先发个传真，一个星期之后告诉记者传真收到了，再过一个星期说“传真我发给我们领导了，但领导出差了，你 5 天之后再来吧”。5 天后回复说“在网站上就可以查到了”。这种做法属于公事公办的保守型。

2. 对新闻发言人的建议

（1）智能化办公。

新闻发布往往涉及大量的文字材料，为环保起见，本人建议，在没有特殊需要的情况下，提倡智能办公，如建立 QQ 群、短信互动平台、邮箱、微博、微信等。建立这些平台之后，不一定要时时维护，只在有消息时第一时间通过这些渠道通知记者，将消息发布出去就可以了。

（2）协调各科室为新闻服务。

新闻服务不是新闻官一个人的事，更不是新闻助理一个人的事。目前，佛山新闻发言人是副职，助理却是普通科员。在工作中，助理常常协调能力弱，顾忌也比较多。记者找到新闻助理了解情况，助理通常还是要找到各个科室，有的科室就不想回答，用“你不要找我，找新闻发言人”来进行回绝，但该单位的新闻发言人有可能是副局长，一般的科员根本联系不上，采访也就被耽搁了。

（3）组建自己的“虚拟团队”。

作为新闻发言人首先得是本行的专家，要成为新闻策划能手。在关键时期，新闻发言人能提出自己的见解、思想，引领媒体跟随你的思想，这样的新闻发言人才是真正的高手。

在日常的新闻发布中，比如涉及重大公共利益的新闻发布，新闻发言人可以依托自己掌握的情况，利用记者的新闻专业能力，结合不同的事件组建不同的新闻策划智囊团队。这既建立了与媒体沟通的机制，又提高了新闻发言工作的专业性。这样，遇到危机事件时，新闻发言人可以召集并汇集相关的人和事，为发言做好一切准备。

（4）信任主流媒体。

现在很多人都认为政府和媒体之间已经不能相互信任了，事实上，如果政府信任媒体，媒体也会信任政府。我认为媒体是值得信任的，尤其是一些主流媒体。佛山市市长刘悦伦就很欢迎媒体发短信向他咨询事情，或是建言献策。他公开对媒体说："媒体若发现政府工作中的不足，或对政府工作有什么建议，欢迎随时提出来。"

（5）把握好理性与人情。

政府与媒体的关系，最终还是人与人的关系。尊重和交流是与媒体良性互动的钥匙。为此，在发言过程中要学会说话，忌假、忌冷。跟媒体交流，温情和人情很重要，不可忽视沟通的重要作用。

新闻发言人要把握好理性与人情，不要让自己成为新闻点，发言时给自己留有回旋的余地，更不要说雷人雷语。如有的官员说"红色的水不等于不达标的水，红豆也能染红水，这里没有什么信息可公开的""你是替党说话还是替老百姓说话?"（这样你不就是把党和老百姓割裂了吗?），"上访的都有神经病!"这些话显然不合逻辑，一句话就让自己成为新闻焦点和舆论靶子了。

如果已经成了新闻点，就要想办法解决。举个正面的例子：有个县的领导去公路上视察，被网友发现发在他们官网上的图片是PS的，因为领导的两只脚是浮在空中的。一石激起千层浪，该照片招来了很多网友的调侃，他们将两位领导PS到了白宫门口，放到了各个国家的旅游景点，让两位领导全球旅游了一下。但是，新闻发言人处理得非常好，他在网络上回复："感谢各位，确实当时是图片质量不好，临时进行了这样的技术拼接，非常不好意思。但是也感谢公众让我们领导免费全球旅游了一次。"这件事情就这样轻易化解了。

（6）一把手打通"最后一公里"。

媒体和新闻发言人一起努力，影响部门一把手的认知。一把手对新闻发言人应该做到疑人不用，用人不疑，放权并支持他们工作。

协调各个科室是非常难的一项工作，能不能开展下去，关键还要看一把手重不重视。一把手重视，大家都有干劲，一把手不重视，下面的人就懈怠，这是客观存在的现实。一把手对新闻发言人要懂得放权，同时也要给予一些政策上的支持，如对他们的绩效进行考评，根据考评结果对他们进行相应的奖励。

处理政府和媒体关系最重要的法则就是沟通，沟通的作用是巨大的。只要沟通好，什么问题都可以解决。所以新闻发言人，或者说一个高素质的新闻发言人，一定是懂得善用媒体的。

互动环节

1. 问："佛山一环暴力执法事件"中，如果记者直接将证据交给相关部门，事情就不会发展成那样，但记者并没有这样做，对记者这种行为你怎么看?

答："佛山一环暴力执法事件"出来以后，也引发了对政府和媒体关系的探讨。假设记者把视频交给了政府，我相信政府部门接下来的做法会是以下两种情况之一：一是政府部门负责人会看一下那个视频，发现确实打了，发禁令不许报道；二是政府公平公正地处理。但我觉得发报道禁令的可能性会大一点，因为政府已经习惯于在这类事情上进行压制。

从新闻操守的角度来讲，与其说媒体的不是，政府部门不如反思一下自己。该新闻发言人可能是知道内情的，但说假话违背事实，会带来很大的舆情风险。新闻发言人一定要尊重事实，这是最基本的原则。

2. 问：有人认为《南方都市报》提的问题都很敏锐，带有批判性，会议上只要有《南都》的记者在，大家就会提高警惕。我想请《南都》的记者来揭秘一下《南都》，介绍一下它的运作方式。

答：(《南方都市报》佛山记者站程俊)《南都》操作手法跟其他报纸不太一样，我们是一份市场报纸，报道角度会不一样。比如对一个公共政策，我们第一个想到的报道角度就是老百姓最关心的点是什么，而不是做全面的报道。操作方面特别是时政新闻方面的操作，《南都》一直要求体现具体的人物、鲜活的故事，就是以人把政策带出来，提高"悦读感"。

其实《南都》并不可怕，所有的行为都只是为了寻找新闻背后的真相，虽然有时采访的话题会敏感一点，但我们是有职业底线的。关于敏感话题，其实可以通过加强沟通来解决，政府部门可以把自身诉求和真实情况告诉我们，记者就会平衡报道，让新闻事实更客观一些。从我们媒体的角度来说，报道某个单位的负面新闻，其实也是帮助这个单位改进工作。切勿"一朝被蛇咬，十年怕井绳"，就像某局被处罚以后，就不再和记者沟通，新闻口径越来越紧，切勿这样。

我也跑了四五年时政新闻，在日常如何跟记者打交道方面，可以跟各位新闻官和宣传部门负责人分享一些实用的招数：

第一，建立跑线记者 QQ 群或微信群。这也是参考一些地方公安局和国土规划局比较成熟的做法，是非常必要的手段。但目前很多部门都没有建立媒体的 QQ 群，甚至没有留下记者的 QQ，这样很不利于沟通。QQ 群和微信群都要建立起来，在群里定期发布一些本部门的信息和需要宣传的采访活动。

第二，记者的采访提纲递上去，尽量不要超过两天的时间才进行回复。

第三，加强日常的沟通，这种日常的沟通可以是比较随意的，比如，可以到我们记者站过来坐坐，聊聊你们最近的新闻宣传，加强彼此的感情，如果和记者建立了良好的关系，遇到负面事件的时候，记者也不会为难你们。

第四，加强内部沟通。每个单位就内部机制建设而言，新闻发言人可能是分管副局长或者党组成员，他对自己分管的领域可能比较熟悉，但对其他领域可能就相对陌生，当有记者问到他这个领域之外的问题时，要及时跟相关的分管副局长沟通，加强协调。

另外，最好建立一个统一的宣传机构作为中枢部门，联络采访，统一对外宣传。但是不要以此成为一些业务科室推诿责任、拒绝媒体采访的借口。

3. 问：很多时候媒体为了吸引眼球，原本是很平实的新闻，却用了很夸张的标题。在处理标题的时候，媒体能否少一些负面的联想，多一些正面的引导？

答：（程俊）标题的处理，首先要看真不真实，客不客观；其次，作为市场化的报纸，标题抢眼是必要的，因为标题够抢眼才能吸引读者读下去。在座各位也应该有体会，如果跟其他媒体标题都一样，没有亮点，你们就不会认真看相关新闻，相反，如果碰到有亮点的标题，可能就会仔细看一下标题下具体的新闻内容。

4. 问：现在各种噱头已经可以由微博等自媒体来完成了，主流媒体是否能考虑一下从主流、更深度的报道角度出发，宣扬主流正能量？

答：（程俊）《南都》现在正在朝这个方向发展，其实不光是《南都》，所有的传统纸媒都在思考这个问题。在自媒体日益发达的今天，传统媒体应该如何生存是一直困扰我们的问题。我们领导也强调要办一份有思想的报纸，我们现在也尝试做一些版面，也有做一些观察性报道。比如，关于广佛联合治水的问题，记者就进行了为期一周的深度报道，通过系列的报道探讨联合治水的优势与弊端、两地联合治水的可行性等问题。今后《南都》这样的报道会越来越多。

5. 问：我们欢迎媒体公正、公平、公开透明地进行监督，但我反对他们有时候采用断章取义或者是以偏概全的做法，用一些有误导性的文字，引发矛盾和争议。

答：（刘三琴）事实上你们反对的断章取义、以偏概全也是我们反对的。记者需要有自己的新闻操守和专业素养，这也是需要我们不断学习和提高的。我认为新闻发言人和记者之间应该是互动、互信的关系，双方要相互理解。

答：（程俊）关于断章取义的问题，其他媒体的情况我不清楚，以我们报纸为例，一般来说记者的报道还是会秉承事实的。

6. 问：很多记者对银行业运作的情况其实并不了解，但是他们会通过自己的主观感受来写一些报道，甚至没向我们了解真实情况就直接发稿，出现这种情况的原因是什么？

答：（刘三琴）整个记者团队里面大部分都是30岁以下的年轻人，记者的职业素养有高有低。有些记者可能会做得好一点，跟各部门的沟通会充分一些，有的记者可能还没有这个意识，也有的记者可能觉得“我已经采访到位了，没有这个义务再和政府沟通了”，如果对方没有提出一定要审稿，一般情况下媒体就会直接发出来。说到底，这还是一个交流沟通的问题，双方都需要主动。

7. 问：有些记者不了解银行的情况，甚至对银监局的工作范畴也不是太了解，提出来的一些问题完全超出了我们的工作范畴。我认为记者的专业化水平还有待提高。

答：（刘三琴）每个媒体都有自己的要求，团队对记者也有要求。现在的记者大部分是学新闻专业出来的，但媒体在招聘人员的时候也会引进一些学经济、金融等其他专业的人员，来丰富我们的团队，从团队的结构上进行改善和优化。在团队的建设上，我们内部也有很多的学习机制和共享机制，正在不断完善中。

答：（程俊）让记者专业化，这是我们报社一直在做的事情。通常，我们的前期准备工作是非常充足的，但也还是会存在您刚才说的问题，也就是有的记者提问不专业的情况。我们对记者的专业化也是有要求的，也一直在努力加强。像去年6月份，我个人参与了关于桂城民情调查的一篇报道，我在桂城待了一个月，走访了每一个村，深入了解了农民与政府的矛盾、农民的诉求、农民为什么不信任政府等问题。就是因为我们做了大量的研究，最后城乡统筹部把所有数据都拿了出来，我们就可以很好地与其进行讨论，相互沟通，所以最后出来的报道就是比较专业的。

8. 问：有时候我们辛辛苦苦把通稿写出来，或者把记者需要的资料整理出来了，但报道出来里面却没有提我们部门的名字，没有说是官方的回应，感觉跟我们毫无关系了。

答：（刘三琴）对于媒体而言，只要信息出来了，就是让你们这个部门发出了自己的声音，就是与你们部门有极大的关系。至于是否提及部门名字，相对来说就没那么重要了。

第十五讲：媒体平台上的政民互动

主讲人：张伟立

主讲人简介

张伟立，男。1985—1989 年在北京广播学院（今中国传媒大学）新闻编采专业就读。1989 年至今，在佛山电台工作，历任记者、新闻中心主任、FM94.6 频率总监、台长助理、副台长。曾主导创办《早安佛山》《民生直通车》《今日舆论场》等节目。

佛山传媒集团从去年开始倡导“大时政”，其中，包括以下两个观念：做善意的媒体、做主动的媒体。其中，主动的媒体中的一个重点是：新闻报道的过程必须充分与受众、政府部门等建立更多的沟通渠道。

讲到“媒体平台上的政民互动”，首先想明确一点，即媒体和政府部门工作的最终目的不在于媒体与政府部门怎样交流，而是这种交流达成之后怎样促进政府部门与市民的互动，即这一论题的根本目的并不是改善媒体和政府的关系，而是改变政府与公众的关系，以及使政府与市民之间的互动更加顺利。

一、“民生报道”真伪之辩

何为“‘民生报道’真伪之辩”呢？近十年来，从新闻业界到学院，围绕“民生报道”的探讨和争论一直未休。所谓“真伪”，既指从概念上对这一报道类型是否真正存在尚有争论，也指关于现今媒体上经常呈现的一种号称“民生报道”或民生栏目里的报道，它们是否真正基于新闻价值而发生的争论。

在这里说件往事。2004 年 5 月 17 日，当时的省委常委、佛山市市委书记黄龙云召开了一次座谈会。会上主要讲的是关于政府部门今后应当如何通过媒体的民生栏目与市民互动的问题。媒体反映在进行此类报道时，政府部门的回应往往不够积极。比如当市民反映某个问题，编辑部判断这一问题具有重要性及报道价值后，记者采访政府有关部门，却经常遭到推托。对此，黄龙云同志讲："这说明新闻发言人制度还需要进一步完善。各级党委政府和相关职能部门，一定要把接受媒体采访作为日常的工作之一，市委市政府要派专人负责收听收看这些栏目，及时整理归纳，协调有关部门解决好民生问题。"

中国的新闻发言人制度在各级政府部门成为一种常规的制度，是 2003 年"非典"之后才有的。因此，我国新闻发言人制度一般被认为从 2003 年开始普及。而在佛山，真正把新闻发言人制度纳入政府建设里的一个重大课题，以及系统化地培训新闻发言人，其发端则可以追溯到 2004 年 5 月 17 日的这一会议，至今刚好十年。

据我所知，在座有不少同志是所在单位的新闻发言人，刚才这段回顾，是想厘清一个关系，就是说，在佛山，以新闻发言人制度为特征的政民互动与"民生报道"有密切的关系，甚至可以认为，正是"民生报道"的兴起，加速了本地新闻发言人制度的建立，也加速了以媒体为平台的政民互动制度化。

但是正如刚才所说，这十年来围绕"民生报道"的争论一直不休。有两方面的原因：

一方面，"民生报道"这一概念以及这一形态的报道存在"先天不足"，即"什么叫民生报道"一直是一个未经严格学术化定义的问题。有一个大家比较认同的说法，即把"民生报道"的特征概括为"民生的内容、平民的视角、民本的价值取向"，但其实岂止是"民生报道"，我们对大部分的新闻报道也要求具备这些条件，甚至如时政报道、重大题材的经济报道等，只要是在大众媒体而不是较专业性的媒体上刊播，不都要求新闻应该以民生为本、报道的视角应当接近老百姓吗？这个"三民"不足以界定某一类报道为"民生报道"。再从语态上看，大众媒体里所有报道都应该尽量避免使用官腔、文件语言或专业语言，也应尽量要求记者能够习惯用通俗的语言表达，所以从语态上无法将"民生报道"与其他报道区别开。而从视角上，哪怕是市长或市委书记等领导在某次会议上讲了某事，记者也不应当只是站在政府内部传达的角度向老百姓传播，而是应该从该事件中找出老百姓关心的方面以及应解决的问题。所以我们发现从题材、语态和视角的选择上都无法把"民生报道"当作独立的门类。

另一方面，一个报道类型，从体例到操作规程再到价值追求都应该有一套标准。然而，在"民生报道"发展的十年间，并没有形成一套系统的标准。比如，“民生报道”的价值追求至今仍未明确。有人提出“民生报道”是为了增加受众的见闻，因为民生栏目中时常会有一些稀奇古怪的报道，如违背伦常的一些罕见现象，但其实过去的一些社会新闻也大量存在此类信息；又有人提出是为了教化社会风气，在大部分“民生报道”的结尾，主持人都会做评语，试图高扬道德，但遗憾的是，这些评论又经常是建立在不那么严谨的采访调查之上，道德判断的企图往往大于事实的掌握。还有一些观点认为，“民生报道”的目的是帮老百姓办事。然而不可回避的困境在于，媒体作为一个较大的公众平台，动用它的版面、时段就为推动具体个案的解决，效率好像并不高，如果不能从个案中找出普遍性从而推动整体的改善，媒体就会发现自己消耗不起。所以，“帮办”可能变成不能兑现的承诺。

因而，与当年的“民生报道”共生的，我们称之为初级的政民互动就会碰到三个问题：第一个是治标还是在治本？有时候大量个案堆积在政府部门议事日程当中，回复每个问题，解决每个个案也许不难，但是这样的做法到底是在治标还是在治本？第二个是媒体的、加上行政的成本与收效之比是否合理？第三个是政府部门的能动性是否会挫伤？如果总是暗示媒体报道后政府就会特别重视、优先解决，政府公务员就会觉得行政的程序合理性受到干扰，多面受敌，办事的积极性日渐消退。

2002年创办、业内公认开创“民生报道”先河的《南京零距离》在2009年也面临“七年之痒”，把栏目更名为“零距离”，反映出这个栏目也面临刚才提及的一些问题，他们也在转变，从而关注更广泛的问题。以《南京零距离》为样式的民生报道栏目后来都面临流于琐碎的困局，某些媒体在发展的同时还出现了低俗化的东西，如血腥、黄色的镜头，甚至成为收视率、收听率或发行量竞争的工具。所以在2009年，《南京零距离》为了与过去的这些做法做切割，更改了栏目名称，作出了转变，并开始报道一些更宏观的问题，增加了站在媒体专业水准上的评论分量。

在这十年当中，当新闻业界出现这样一些困扰，原来的“民生报道”的操作方法遇到了天花板后，增强民生报道的公共性被提出。约在2006年，“公共性”这一概念在学界、业界受到普遍重视。

二、“公共新闻”的借鉴意义

“公共新闻”运动是美国媒体在20世纪90年代兴起的一种新闻实践。“公共新闻”强调：把受众当作是公共事务的潜在参与者，而非受害者或旁观者；媒体有责任帮助社群参与政治议程，而不是仅仅满足于告知受众问题所在；媒体要帮助社会改善公共生活的质量，改善公共讨论的环境。

公共新闻的操作规范相对于我们的“民生新闻”有很强的针对性，例如，它强调通过广泛的调查来了解公众真正关心的议题、着重提供充足的信息帮助公众理性思考、重视地方事务的协商、从社区中拓展新闻源以及借助技术手段增进与受众的互动等。总之，在公共新闻概念下，新闻媒体更直接地成为推动公共生活质量改善的重要力量。当时这些概念被引进内地之后，也有不少地方台、地方报的领导在讲“民生新闻应该向公共新闻升级”。

但这一问题目前尚存在较大争议。

首先，公共新闻在美国出现的背景，是美国新闻媒体和新闻业的发展遇到了两个巨大的挤压：一是政党政治激烈的竞争已经到了一种出人意料的程度。例如，当两个政党的候选人在争论问题时，已经不讨论彼此对同一个公共事务、同一个政策的分歧点，而是聚焦于各自的人品如何、有无说谎、有无徇私。二是商业利益对于新闻专业的严重干预。

公共新闻理念放在当今中国是否适用呢？公共新闻的产生需满足以下条件：在媒体层面上，媒体环境曾经历过高度发达、高度竞争的阶段；在政治体制上，政党之间高度竞争、直接选举；在社会层面上，社区自治条件成熟。我们看到，这些与中国当今的现实条件好像还不太对应。“公共新闻”的理念到底有没有值得我们借鉴的呢？我认为有。假如我们从前十年“民生报道”的发展中得出一些经验教训，比如说，不要光停留在报道政府部门怎么解决民生问题，不光替市民转达诉求，还要组织一些平台，让市民加入与政府部门的协商中，甚至公共政策制定的进程中来，这显然会使民生事务报道的层次、深度增加，这样媒体将会比过去对“民生报道”有更加清晰的概念。媒体作为联通政府与市民的平台要不断去优化。当“民生报道”走过了十年面临瓶颈时，这些概念是值得我们去思考和借鉴的。

三、“群众路线”语境与网络舆情双重作用下的政民互动

党的十八大提出：“加强社会建设，必须加快推进社会体制改革。要围绕构建中国特色社会主义社会管理体系，加快形成党委领导、政府负责、社会协同、公众参与、法治保障的社会管理体制，加快形成政社分开、权责明确、依法自治的现代社会组织体制，加快形成源头治理、动态

管理、应急处置相结合的社会管理机制。”

到了十八届三中全会，又提出“全面深化改革的总目标，是完善和发展中国特色社会主义制度，推进国家治理体系和治理能力现代化”，这是一个全新的概念。过去一般讲政府“管理”社会，现在变成“治理”。

从管理到治理的区别在哪里？管理是单向的，管理者是单主体的；而治理是多主体的，政府能带动社会、引导社会一起治理社会问题，公民、社会组织、利益相关的企业组织等都存在于这一系统里，都是主体，其中市民并不是被管理的对象。随着十八届三中全会精神的落实，这就变成了社会的新趋势，今后政府部门和市民的互动将进入一个新时期。

首先是目的上的转变，过去管理的主要目的是维护社会和谐稳定，使经济工作顺利进行；当走向治理，目的就变成激发各种社会力量、社会主体的活力。

其次是在方式上的转变，从管理到治理的政民互动从单向的主导性的操作方式变成更加强调多个方面、多种诉求的协调。

再者从过程上看，今后的政民互动可能要求从过去“搞政民互动是为了把事情摆平”变成从决策到执行、监督、传达过程都有政民互动。过去解决问题是因为发生了问题才去摆平，而现在更强调的是决策过程，防患于未然。杭州的“限牌”政策是一个典型的例子。“限牌”政策如果提早公开，市民会趁着公开的几个月，能买车的先买来保住牌照，“限牌”的效用就被削减了，但是目前采取这种当天宣布、当天晚上就执行的做法，又引发了各种混乱。而且由于政府垄断了信息，垄断了决策和公布的过程，造成了很大的寻租空间。在杭州“限牌”当天，有的4S店或车行里提早停了一千多辆车，这肯定是因为有信息泄露，有人利用这一机会做投机买卖。

一定是两弊相较取其轻吗？换一种思维，可能问题不在于公布的时机，而在于决策是怎么形成的。如果能提高交通容量的预见性，在决策过程中，交给老百姓来讨论杭州到底应不应该“限牌”，讨论一段时间呢？有人觉得杭州的道路及公共停车场已经不胜负荷，这样会不会议而不决呢？其实不会的。假如讨论的过程是充分的，多方面的主体都能充分表达自己的意见，这种意见又有充分的博弈过程，到最后未必会导致很多人把抢买车作为一种手段，甚至不会像政府预测的，到哪一年负荷就超过饱和的现象出现。因为在讨论过程中很多人会有动作，比如停车场建设方面，可能有人出了新的主意，有了新的投资主体愿意加入这一领域，充分利用城市资源去扩展空间；比如堵车的问题，某条道路交通日流量已经超过负荷，在讨论过程中可能不停有人提出疏堵的办法；甚至有自觉意识的市民在达成共识后，参与到改善交通管理的行动中去，如此，拥堵就可以减缓。所以，关于是否在某一时期在这一城市实行“限牌”，假如决策的过程得到充分讨论，信息得以充分公开，那么，最后未必需要采取“限牌”的措施。

同样地，佛山也有类似的问题，比如在物价管理方面，最典型的是油价的问题。前几年公布油价上涨的信息，是事先没有通知的，一传出消息就马上执行，这样就造成了混乱。现在，信息提早通报，混乱就可以避免。实际上政府预测涨价消息这一做法能更好地把握油价形成的机制，了解到它是有一个调价窗口，涨价或跌价的依据提前很早就告知受众，到最后老百姓对于是否要涨价或跌价并不会有很强的敏感度，起码可以避免排队抢买油的现象。

从油价问题到“限牌”的问题，可见政策的制定并不是一定要保密才能有效，发布消息的时机也并非至关紧要，而决策的过程更重要。正如刚才所说，以后的政民互动要适应政府管理、社会管理等从管理到治理的过渡。这也并不是说政府部门要出台某项政策总是要找媒体谋划怎样发稿，而是应该把更多的注意力放在怎样利用好媒体去促进社会的充分讨论。

另外一个重要的影响因素就是目前的网络环境。

十年前，社交媒体没有兴起时，更强调的是政府部门面对公众时的回答方式，那时并未预判过类似陕西安监局原局长“表哥”这种事情的出现。当然，“表哥”本人在事情刚发生时是很有诚意的。当他站在事故现场微笑的图片出现在众人的视野中，群众质疑他拥有多块名表，他很快就采取了措施——开个人微博，并在微博上回应一些质疑。这表明这个官员是有一定的媒体素养的。在回复的微博里，他态度十分诚恳地回应了手表的来源。假如这件事发生在十年前，在网络相对落后的情况下，这种迅速回应的政民互动是很标准和规范的：首先，他采取的是与质疑他的市民对等的通道，并不是通过电视台或报纸来澄清，而是开通微博来回答质疑，这就跟新一代年轻人的沟通方法很接近；其次，他交代问题的态度表明他是有诚意去公开自己的。但遗憾的是，他并没有说实话。后来事件风云突变，名表查完一块又一块，最后查出了二十多块名表。这位“表哥”最大的问题是，尽管他会开微博，却没有认清网络的力量。

网络舆情意味着什么变化呢？就是“全景社会”变成“共景社会”。全景的意思是一个人站在一个高点，可以看见所有东西，他之外的人则不能。共景则指生活在同一空间的所有人，可以得到的信息是等量的，不存在只有你一个人看得见而其他人看不见的情况。现在某些人害怕网络“人肉”的原因就是每一个人都已经被放到一个共景的社会里，没有什么东西可以隐藏得了。

这位“表哥”就是在网络上遇到了一群对手表很熟的人，他们能仅凭一个模糊的影像，经过各种各样的分析手段，知道手表的牌子、价位。这群人是过去传统媒体所无法找到的，作为一个记者或编辑部主任是不会从这些方面质疑、着手调查的，因为他们缺乏这样的专业水平，他们也并不知道从哪里找到对各种问题都能回答的人。实际上也不存在什么问题都懂的人，只不过网络将很生僻的问题和恰好知道这一问题的人迅速撮合起来而已。

也就是说，一旦一个事件被放到共景社会中，就会发生一种效应：发言者的每一句话，底下会有几百万人质疑、推敲，找到这句话的漏洞，而且这几百万人当中会有不少人比讲话者具有更专业的知识，他们不仅有专业知识，还有摄像机、麦克风，所以又具备了发布的能力，只要@一个大V，大V一经转发，全世界都知道了。所以过去在讲社会管理时，会将社会比喻成一个监狱，典狱长可以站在高楼上看到监狱里每一个角落，其他人都与政府信息不对称，掌握信息多的人可能看不起掌握少的人；而在共景社会，监狱里的每一个人，囚犯与囚犯之间、囚犯与典狱长之间，信息几乎是平等的，所以网络舆情下的政民互动要求政府必须作出转变。政府在与老百姓互动的时候，要有科学家般严谨的态度，只有七分事实就不能说十分的话，因为剩下的三分假话很快就会被人发现，当事情暴露，受众对那三分的质疑会导致前面七分的传播都被整体推翻。因为一般老百姓判断某一信息，首先看可不可信。

而且，现在网络上存在着一种不太健康的现象，这就是我们所说的舆情激荡的年代，网民参与网络活动很多时候是情绪化的，即充斥着所谓的网络暴力。现在的网络还未发展到成熟的程度，Twitter、Facebook等这些国外社交媒体在讨论问题上比微博等媒体成熟。而微信的不成熟倒不是体现在语言暴力上，而是由心灵鸡汤导致假消息传播毫无节制。在我们周围，网络活动往往是诉诸一种激烈的情绪，甚至诉诸叫骂，一旦舆情发生状况，事情便会迅速地扩大，还会引发各种各样的激愤情绪。而且现在几乎每个星期各个地区都会有网络热点，在这种情况下，我们在考虑政民互动时的思维应该要有所转变，冷静对待不同的声音，不急不馁的心态很重要。

在这个网络发达的年代，除了上述的不利方面，也有好的方面。过去，老百姓受信息传播的限定，往往局限于讨论与切身利益相关的事情，而当网络普及后，更多人会去讨论一些与其并不直接相关的事情。过去讨论这些事情可能是为了促成事件的解决，或者促使生活更方便，这是一种愿望，也是一种参与的冲动。但是在网络普及后，又有另外一种冲动，那就是人们渴望在网络上的发言被更多人认同。可能他们讨论的问题并不与自身生活有必然关系，而是关系到第三者，关系到其他地区，如果他们的想法获得认同，这对于他们来说将会是一种良好的体验。这是网络的好处，让更多的人参与到社会讨论中来，实际上这也是走向更成熟的公共生活的基础。

政民互动也应考虑这样的因素。出台一个政策并不只是向某个个体传播，所以这个政策出台的合理性、合法性应该适用于更广泛的人，哪怕他们不受这个政策的影响，都要对其有所解释，这就是在应对网络变化时政府应有的转变。

四、政务传播：策划大于版面

提出政务传播“策划大于版面”的概念，是因为在过去媒体和政府的交往中，媒体人经常会遇到这样一个困惑，即政府部门往往都在强调“你能给我多少次报道”“在哪个栏目给我多长时间”，甚至有些部门以通知的形式，如“必须做到全面覆盖”“每天见报”“每天多少个专题或报道”来命令媒体。可见，政府部门往往把宣传需求体现为对媒体的报道时段、版面的要求。但是通过实践可以发现，政务传播的决定因素并不在于版面的多少，而在于策划。然而部分部门却并没有对策划引起重视，或者说对于政务传播里的策划了解甚少。

那么政民互动要不要策划？当然，本职岗位上与市民的日常接触并不需要刻意地策划，但出于宣传的需要而进行的、需要市民参与进来的活动肯定要讲究策划。

传播策划有八个基本要件：

第一，明确目标、提炼诉求。首先，当要做一件事或发布一个信息时，必须明确最终的目的。有些时候，政府部门的目标是不明确的，只是单纯遵循领导的要求而将信息尽快宣传出去，让更多人知道，但是却不明确宣传这一信息是为了使这个工作更好地推进，还是解决哪一方面的问题。事实上，判断事情不能只以有多少人看到、听到为依据，而要考虑让更多人看到、听到的目的是什么。其次，提炼诉求指一个好的策划必须有依据，它是一个具象的符号，容易被大家记住，这将使后面的传播更顺利。

第二，要锁定对象。其实就是要求做好受众分析。例如，政府出台一项社保政策，面向特定的人群，就要对这一群体的接收习惯进行分析、了解。这种分析并不只是针对群体生活上的需求，而且还包括公众接受媒体的习惯以及接收信息的渠道等。

第三，厘清渠道。每一次做宣传都不可能是毫无成本、无节制地投入，况且无方向、无差别的投放是起不到效果的。因此，在报纸、电视、电台、网站或者户外投入广告宣传时一定要做到心里有一盘账，清楚地知道对政府部门来讲，怎样投入才是最合算的并且最容易产生社会效应的。当然，这个配比组合的问题不是说越多越好，除了成本的考虑，还需知道哪些传播可能是无效的、起反作用的。另外，每次要动用多少媒体，也一定要计算清楚。每次投放给不同媒体的材料可能是不一样的，而非一份通稿能解决所有问题。

第四，设置或连接议题。在有了目标诉求之后，要迅速吸引大家的注意力，关键是设置什么样的议题。所谓设置议题，实际上就是要想一个办法讲故事。在传播时，所有报道的开头都要以故事带入要传播的信息。假如没有现成的故事，就要想办法做连接，即跟社会上已经成为热点的事件或信息进行连接。例如，最近社会上比较关注给幼儿园小孩吃药的问题，药监部门在宣传政策时就要思考如何跟当前的热点产生某种连接。在营销上，这叫事件营销，借用一个新闻热点把自己的东西连接上去。当然这种连接有时候是有反效果的。例如，出现天灾人祸，群众十分悲痛时，这样的题材就要谨慎利用。

第五，制定“出牌”（信息释出）的次序和节奏。就像平时打牌一样，出牌是有次序的。怎么释放信息，特别是遇到重大事情时，并不是一条信息就能结束传播，其中必须要有一个连续的过程。连续过程中先出哪张牌，先告知哪个信息，后边怎么接下去，都需要制定。当然，节奏也是很重要的一点。例如，在第一个星期要投放多少、报道的密度是多大；第二个星期节奏可能就慢下来，频次减少，为下一个高潮的出现做铺垫。完全紧绷是行不通的，连续几个过程都全力押上的话，到后面就可能扛不住，受众的注意力也保持不了这么久，所以把握节奏很重要。

第六，落实执行责任。当一个方案基本成型后，在方案中必须用文本清晰界定每一个环节是由谁做决定、决定之后又是由谁执行，否则容易产生责任模糊。一旦产生责任模糊，到最后优秀的想法就可能因为缺少某一环而执行得一塌糊涂。

第七，质量与风险评估。需要预判释放的信息是否清晰、是否有质量问题、可能会引起什么副作用、这个副作用应该怎样处理等，这些都要做好风险管控的预案。

第八，接收反馈与评估效果。政府部门往往会误认为一件事情的传播就是全盘交托到媒体手上，其实不然。当信息开始发布时，社会上马上会有反馈，这种反馈决定着原计划中的下一步是否要执行。另外，释放出来的信号是否清晰地传达给了预计的受众人群，是要政府部门马上判断的。不做评估，后面发布的信息可能会慢慢走偏，离目标越来越远。

第十六讲：突发事件报道中的媒体角色与政媒互动

主讲人：门君诚　曹思诚

主讲人简介

门君诚，《南方都市报》时事新闻中心资深记者。生于陕西，求学于重庆，辗转于海南，谋生于广东。2003 年开始从事新闻采编工作，10 年间一直奔走于社会突发新闻第一线。这几年先后报道三峡移民、开县井喷、“警察枪击案”、南海红会医院“弃婴门”事件、工伤职业病维权等重大社会题材新闻，多次获得国家级、省级新闻奖。

曹思诚，《南方都市报》佛山新闻部副主任。2003 年入行做 IT 杂志采编。2004 年进入《南方都市报》，曾先后任《南方都市报》资深记者、时事新闻中心首席记者，主跑社会新闻，历年参与“黄文义灭门案”“网络最大夜总会案”“九江大桥塌陷事件”“洋垃圾入侵”“寻找外来工罗炼”等系列报道。

第一部分：从“弃婴门”报道看社会突发新闻传播规律（门君诚）

2011 年，发生在佛山的两起社会事件引起了全国性的关注，一起为“小悦悦事件”，另一起则是南海红会医院的“弃婴门”事件。这两件事给佛山市民和医疗行业贴上了“冷漠”“无情”的标签，给佛山造成很大的负面影响。这两件事的阴影还未消散，“暴力执法门”又甚嚣尘上。我将结合自己的亲身经历，与大家一起分享“弃婴门”的采编过程，同时，将“弃婴门”和“暴力执法门”进行分析比较，找出二者的相同点及不同点，为政府应对社会突发新闻、降低突发事件的负面效应提供借鉴。

一、南海红会“弃婴门”事件采编过程概述

南海红会“弃婴门”事件的报道曾获得南都新闻报道奖的银奖，并被选做南方报业集团的经典采编案例，其采编过程大致可分为四步：

（一）接到线索，初步判断

《南方都市报》设有新闻线索呼叫中心，当有人报料时可拨打热线电话020－87388888，客服人员将报料线索录入呼叫系统，根据线索发生的区域由该区域新闻部的负责人将线索分配给记者进行采写。

通常情况下，报料可能分几种情况，譬如突发、求助、投诉。每条线索到达记者手中，记者都需要作出一个判断：报料人的说辞是否靠谱。如果是突发的车祸、火灾、凶案、灾难，记者务必在第一时间赶赴现场；如果是投诉、求助，很多情况下报料人即事件的当事人，其向报社爆料时会有意夸大事实以引起记者足够的重视。倘若记者未对线索的真实性进行判断，则可能会耗费采访时间，最终前功尽弃，我们称之为“流料”。因此，记者拿到新闻线索后首先要保持冷静，对事件的真实性和价值作出判断。一则新闻的价值由事件本身及其性质决定，记者万万不能急功近利，看到一条线索就想方设法要将其做成一则大新闻，主观臆测事件的发展趋向。所以我们说成熟的记者面对再猛的线索，都会先静下心来花三秒钟考虑考虑。

2011年10月底，“弃婴门”事件的线索进入南都报料系统，报料人是小孩的父亲王海章，实际上这是一个投诉，投诉佛山市南海区红十字会医院妇产科医生草菅人命。据他所说，医生在判定小孩“夭折”后，没有采取任何救治工作便将其丢入垃圾桶。我拿到这条线索后首先做了一些思考：从小孩出生到王先生报料已过去5天，报料人所说的话是否真实？将“夭折”的婴儿丢入垃圾桶，是否夸大？有没有直接的证据？医院是否存在过失行为和违背职业操守问题？这个思考的过程便是初步判断的过程，这些疑问均有待证实，否则患者和院方将各执一词，事件的真相将变得更加模糊。

（二）像警察一样去取证

记者在进行采访调查时要学会像警察一样去取证，用事实验证所得线索的真实性。我认为，记者和警察出于不同工作职能的需要，均需收集证据。然而警察收集证据具有强制性，记者的调查则没有强制性；警察可以强制要求涉事人员接受调查、做问讯笔录，记者却只能通过大量的走访还

原事件真相，取得相应的证据。而且，由于每个采访对象对事件描述的立场、角度不同，使得一些证据有时会带有强烈的主观色彩，有时甚至无益于事实真相的挖掘。可见记者在收集证据时往往要付出比警察更多的努力。

1. 一段至关重要的视频

在接到线索的第二天，我和同事与小孩的父亲王海章取得了联系。当问及如何证明医生在处置婴儿的过程中存在失职行为时，小孩的家属拿出了一段长约39秒的视频，视频显示一名护士走入处置室的厕所，从黄色塑料袋中抱出婴儿并为其擦拭身上的血迹，随后医生蹲下去查看情况，最后护士将婴儿抱出厕所。视频中还夹杂着家属愤怒的吼声，医生和护士没有吱声。这是一段至关重要的视频，它客观地反映了医生将“夭折”的小孩放入垃圾桶这一事实，有力地证明了报料人所言的真实性。

2. 一份婴儿身体状况表

拿到视频后，我们建议家属去医院把小孩当时的身体状况表打印出来。对于记者来说，这又是一个新的证据，倘若小孩现在的身体状况仍然很差，是否可以推测出他当时生命体征较为衰微，从某种程度上来说医生的处置具有一定的合理性？（当然，这绝不能作为医生将婴儿弃之厕所的借口。）倘若其身体状况良好，并没有太大的问题，那么将其丢入垃圾桶无疑证明了医护人员存在过失行为。后来家属前往医务科将小孩的身体状况表打印了出来。资料显示小孩除脑部发育有些迟缓外，其余一切均为正常。我们就此咨询了有关专家，专家说，新生儿脑部发育有点迟缓的比例相当高，亦属正常现象。这个证据充分证明了医护人员在接生过程中确实存在非常不负责任的行为。

当然，我们对家属、产妇也做了详尽的采访，从入院、待产、生产，到医生处置的整个过程，并在掌握了以上证据后，于当日下午向医院提出采访要求。接受采访的是南海红会医院医务部主任黄××，其承认在接生时没有使用仪器对弃婴的身体状况进行检测，只是根据经验判断孩子已夭折，但其否认医生在这个过程中存在过错。我们同时还咨询了其他医院的产科医生，采访他们接生新生儿的流程规范，并将其与南海红会医院的接生流程相对比，以检验南海红会医院的接生流程是否符合规定。对比的结果是显而易见的，也就佐证了南海红会医生在接生过程中存在违规行为。

这个时候我们就太兴奋了，医院这完全是在狡辩，前面已经有错，后面还死不认账。对于记者来说，有了充分、大量的采访，成稿不是问题。当晚6 000多字的稿件就传回报社了。11月3日，《南海红会医院活婴当死婴弃》的报道在《南方都市报》独家刊出，我们已经做好了在接下来的几天里对事件进行追踪、深入探讨事件发生的原因、明晰相关人员责任的准备。由于事先做了充分的准备，我们写出稿子后心里十分踏实。一直以来，与医疗纠纷特别是医疗事故相关的事件往往具有较强的专业性和复杂性，倘若没有进行细致的调查和取证，写出的稿子就难免偏离事实，甚至引发一些不必要的麻烦。

南方都市報

神舟成功对接天宫！

南海红会医院
活婴当死婴弃

幸而产妇亲属及时在厕所发现婴儿活着，护士还将男婴误报为女婴，早产儿经救治已无大碍

“煤老板”赴港豪购归来
400万奢侈品过关被查

生态豪宅
奢享珍稀温泉资源

A14

是谁提前宣布了婴儿死亡？

妇产科副主任：
接生流程我不是很熟”

A08

南海一早产儿
被医院错当死婴丢厕所

当事医生经验判断
未用任何仪器检测

护士独自接生违规

图 1 《南方都市报》对“弃婴门”的报道

（三）构筑全媒体传播平台

南都报业集团充分利用全媒体的传播优势，整合报纸媒体及官方微博、网站信息、南都音频、南都视频等资源，构筑多媒体一体化的传播平台，丰富了信息形式，极大地增强了信息传播效果。

11 月 3 日上午 8 时 25 分，南都官方微博“@南方都市报”发布新闻“南海一早产儿被医院错当死婴丢厕所”，点击量急速上升。当天，该条微博共计转发 5 384 次，评论 2 340 次，网友纷纷谴责医护人员的失职、渎职行为。南都网也在当天策划发布了特别专题《南海红会医院活婴当死婴弃 医院到底怎么了?》，集文字、图像、视频等诸多元素，分列出“导语”“观点调查”“医疗纠纷”“事件回顾”“网友互动”等栏目，多角度、多方面对事件进行详尽的跟踪报道。

《南方都市报》对“弃婴门”的独家报道，引起了全国和省内媒体的极大关注，事件再次升温，南海红会医院、当地卫生主管部门被推向舆论的风口浪尖。报道当天，数十家媒体记者“长枪短炮”已经把南海红会医院层层“包围”。

医院方面于11月3日上午组织了一场情况说明会，就该事件作出回应。这次回应仍然是遮遮掩掩，院方坚持认为医院的接生流程没有问题。当然，医院无论如何辩解，仍然打消不了记者的疑问。所以，当时医院已经无法控制局势的发展。后来，南海区卫生局也介入此事，在当天下午两点召开了新闻发布会，当即对涉嫌接生的一名医生、两名护士作出停职调查处理。政府部门至少在处理这件事上，作出了一个姿态，各路记者有获而归。

不可否认，在此次事件中，一段手机拍摄的39秒的视频居功至伟。对此，《南方都市报》总编辑任天阳点评道：“在自媒体时代，专业记者的调查与自媒体工具的嫁接，把微博、手机等自媒体生产纳入采访链条，将极大地开阔记者的采访视野，从而提高新闻生产力。”这充分表明，在当今社会人人都是信息发布者，平面媒体的优势已不再显现，只有尊重公众的主体地位，将自媒体纳入采访链条，才能最大限度地掌握信息资源，做好新闻采访工作。

（四）推动医疗行业大整顿

11月8日，广东省卫生厅召开了“加强医疗管理，确保医疗安全工作”的会议。会议通报了南海区红会医院“活婴当死婴处置事件”的经过和处理情况，其中院方四名领导被免职，两名医务人员被吊销医师资格证，南海红会医院也从此摘下了“红十字会医院”的招牌。省卫生厅定性指出这是一起严重的医疗责任事件。

该事件引起了广东省领导的高度重视，中共中央政治局委员、省委书记汪洋和时任副省长雷于蓝分别作出重要批示，卫生部也同时向全国卫生系统和医疗行业发出通知，要求从这起事件中认真汲取教训，并要求部署全省医疗机构加强管理和整顿工作，改进医疗服务，规范医疗行为。

“弃婴门”事件的曝光客观上促进了佛山医疗行业的大整顿，媒体在其中发挥了不可估量的作用。作为社会的“守望者”，媒体充分履行了舆论监督的职能，给社会输送了源源不断的正能量。

二、社会突发新闻的报道规律

（一）社会突发新闻的关注领域

社会突发新闻关注的主要是犯罪、灾难、环境污染、食品安全、腐败、热点现象等方面，下面主要对平时我们接触较多的犯罪、灾难、环境污染、腐败四个方面作具体分析：

1. 犯罪

犯罪，即平时的打杀、抢劫、偷盗，这类事件在日常生活中发生的概率非常高。例如，除夕当天，南海西樵大同完美村发生了一起因邻里纠纷引发的激烈争吵、打斗事件，郭某鸿、郭某林两兄弟一家七人强行推倒郭某强，并与独自在家的郭某强发生争吵，郭某强打电话叫来自己的兄弟助阵，双方发生混乱打斗，最终导致了2死6伤的严重后果。再如，3月23日，大沥竹冠村发生了一起人伦惨案，一名湖南籍外来务工人员唐某辉在出租屋内用锤头、锯子将自己的老婆、4岁的女儿及7个月大的儿子杀死，随后自杀，但是自杀未遂。

2. 灾难

灾难，即重大的风灾、火灾、车祸、塌桥等伤及人民生命财产的事故。近几年间，佛山确实发生了一些较为重大的灾难性事故。例如，2011年4月17日，雷暴雨、龙卷风袭击佛山，众涌工业园区受到重创，倒塌的工棚围墙压死7人，另有20余人受伤；同年8月23日，三水区盛丰陶瓷有限公司因电线短路引起的火灾事故，造成15人死亡，1人重伤。此外，2007年还发生了一起重大的九江大桥船撞桥梁事故。6月15日凌晨，一艘佛山籍运沙船行驶至九江大桥时偏离主航道航行，撞击九江大桥，导致桥面坍塌约200米，4辆汽车7名司乘人员，及2名现场施工人员共9人坠江失踪。

3. 环境污染

环境污染与老百姓的切身利益和身体健康息息相关，是当前社会公众普遍关注的热点问题，也是媒体进行社会突发新闻报道时着力聚焦的领域。环境污染包括空气污染、水污染、土壤污染、灰霾等。就像之前发生的黄浦江死猪事件便属于环境污染的范畴，其对上海等地居民的饮水安全构成严重威胁，受到媒体的广泛关注。

4. 腐败

官员的腐败现象历来是社会公众关注的焦点。公众往往具有较强的猎奇心理，对于表面光鲜的官员有一探其“内里”的想法。然而，媒体在监督腐败的过程中发挥的作用越来越有限，经由媒体曝光致使官员落马的少之又少，大部分问题官员只在纪委或检察院调查后，媒体才会“落井下石”“起起底”，这已经是马后炮了。

媒体记者为什么要报道这些突发事件呢？就是为了满足公众的知情权，第一时间获知灾难真相，及时了解灾难发生的性质、原因、危害程度，从而及时做好必要防护，配合政府、社会组织开展救援、募捐工作。

（二）社会突发新闻的报道方向

在对社会突发事件进行报道时，记者往往不会局限于对事件的线性描述，而是透过现象看本质，洞悉导致突发事件爆发的深层次原因，明晰其中存在的社会问题。

2012 年的“酱油门”事件中，威极公司被曝自 2011 年 12 月至 2012 年 3 月期间共使用 760 多吨工业盐水生产酱油和酱油半成品，问题酱油流入珠三角，引发一时轰动。对于此类突发事件的报道，媒体首先要做的就是“追踪”。由于突发事件具有突发性和巨大的破坏性，往往会对公众的生命财产安全造成较大冲击，极易引发社会混乱。因此，第一时间告知公众事件的相关进展、畅通信息发布渠道尤为重要。在此次事件中，公众最关心的莫过于问题酱油是否已流入自己所在城市的市场，是否会对自身健康造成不良影响。因此，媒体应满足公众的这种信息需求，首先对问题酱油进行“追踪”，以打消市民的疑虑。《南方都市报》在进行报道时便将焦点放在问题酱油的流向上，采写了题为“威极问题酱油半成品流入珠三角 5 市 7 厂”的报道，为相关市民敲响警钟。

除了传播信息外，媒体同时还是社会的监督者。在满足公众的基本信息需求之后，媒体下一步要做的便是“追责”。“追责”既要追究相关企业的生产责任，又要追究相关部门的监管责任。《南方都市报》的记者在对问题酱油进行报道时，先行前往三水的两个盐矿进行采访，但当时这二者均推卸责任，表示此事与自己无关。后来经过调查，三水联合盐矿存在违规销售工业盐水的行为，其负责人因此受到处罚。同时，盐务部门相关人员也存在失职、渎职、不作为的行为，其中佛山市盐务局盐政法规科原科长苏某，高明、三水片区盐业管理办公室原负责人朱某被控玩忽职守罪，均被判刑。

三、“暴力执法门”与“弃婴门”的比较

2013 年 3 月 22 日，佛山市一环路发生了一起暴力执法事件。执法人员在高速公路治理车辆超载行为时，示意当事司机停车接受检查，该司机非但没有停车，反而加速绕行避险。执法人员追行将其截停后，双方发生了肢体冲突。据当事司机控诉，执法人员对其痛殴并致其口吐鲜血。这就是“暴力执法门”事件。

“暴力执法门”事件与“弃婴门”事件的相同之处主要有五个方面：

第一，线索都来源于当事人的报料，随后媒体介入。第二，掌握关键核心的视频证据。红会医院“弃婴门”事件中，小孩的父亲王海章向媒体提供了关键性的视频证据；“暴力执法门”事件中则是当事司机所在的公司为媒体提供了事发时的视频证据。第三，被投诉方最初都选择了否认或极力辩驳，特别是在“暴力执法门”事件中，佛山交通运输局和佛山交警相关负责人最初均矢口否认，直到当事司机车上的无线电设备记录的案发视频公布后，佛山市官方才出面向社会致歉。第四，这两件事都产生了极坏的社会影响。“弃婴门”事件引发了全社会对医疗行业的信任危机，“暴力执法门”事件则带来了人们对公权力的质疑。第五，有关人员被追责、撤职，并向投诉人道歉。

“暴力执法门”与“弃婴门”的不同之处则主要有三点：第一，前者的肇事者是强势的执法部门，与货车司机相比力量悬殊，后者的肇事者是公共服务机构，不是执法部门。由于执法部门握有较大的权力，市民一般不敢与之硬碰硬。第二，前者消费的是政府的公信力，后者消费的是医务人员的公共形象。我们经常说公民要讲诚信，政府亦要讲诚信，公信力是政府的生命之所在。在“暴力执法门”事件中，由于政府相关部门最初未能坦诚公布事实，有网友甚至将三个官员的图片截取下来，通过微表情分析其说谎的心理特征。政府的公信力在这次事件中受到了一定程度的损害。第三，前者与后者在事件的认知上存在差异。“弃婴门”事件后，卫生部门积极应对、及时表态，告知公众将如何处理该事件。而“暴力执法门”事件在发生之初，相关部门极力否认，消极处理，没有意识到作为政府部门，话语应具有权威性，不经调查便随意回复是对公众的误导和对当事人的亵渎。

四、媒体是维护社会公平正义的有力武器

借此机会，我想和各位政府部门的新闻发言人、联络官，分享政府应对媒体报道的正确方式，特别是面对负面报道时。言论自由是民主社会的标志之一，同时也是公民应享有的基本权利。我国《宪法》第三十五条规定，公民有言论、出版自由；第四十一条规定，中华人民共和国公民对于任何国家机关和国家工作人员，有提出批评和建议的权利。

美国大法官布伦南也曾说过：“对公共事务的辩论应当不受抑制、充满活力并广泛公开，它很可能包含了对政府或官员的激烈、刻薄，甚至尖锐的攻击。公民履行批评官员的职责，如同官员恪尽管理社会之责。”由

此可见，言论自由是公民所享有的重要权利，媒体则为公民实现该权利提供了便利。作为社会的监督者，媒体肩负着传递民众声音的重任，具有维护社会公平正义的职能。

然而，监督社会并非是一件容易的事。媒体因曝光社会的黑暗而得到人们的期许，但很多时候这种曝光却被一些人视为“找茬”。有一句话说得好：一个社会对批评之声有多大的容忍限度，往往标志着这个社会有多高的民主程度。对人民如此，对新闻界亦然。毋庸置疑，媒体的批评揭露了社会鲜为人知的问题，敦促着政府不断完善政策法规，为社会公众提供一个稳定和谐的生活环境。社会应正视媒体的批评之音，并以此鞭策自己不断前行。在未来的道路上，我们要正确认识新闻与社会的关系，“容忍一个不断找茬的新闻界，一个顽固倔强的新闻界，一个无所不在的新闻界”。

“新闻永远在路上”，我在社会新闻这条路上奔跑了十年，天天接触的是社会最基层的打杀、灾难、不公、阴暗，还有政府官员的腐败、渎职……社会新闻记者肩负着救人于水火的使命，他们在为社会带来光亮的同时，自身也需要阳光、正能量、心理疗伤。对此，《南方都市报》副总编辑王钧曾鼓励道：“你报道打杀，是因心怀救赎；你报道不公，是因心向正义；你报道灾难，是因心有悲悯；你报道阴暗，是因憎恨邪恶；你身处基层，是因心贴大地。你不需要疗伤，你只是需要战场。你的存在就是新闻人投射于社会的正能量。你一出场，心自飞扬。”可以说，社会新闻记者是媒体监督大军的中坚力量，是社会深层的“清道夫”，对社会的发展进步有着不可磨灭的贡献，应得到人们的支持和尊重。

第二部分：媒体的角色与互动（曹思诚）

一、关于突发事件报道的承接和补充

我首先对门君诚所讲的突发事件的报道作一个简要的承接和补充。

第一，风起于青萍之末，突发事件或重大舆情的发生一般都有先兆。重大突发事件的演变和媒体的报道往往会跳出原有的框架，并非人们想象中的线性的、起承转合式的模式，而是犹如一颗石子投入平静的水中，由事件最核心的信息荡出一个个波纹向周围扩散，使得事件新的信息触发点再起涟漪，整体呈现出一种波纹状的模式。而波纹扩散过程中，事件新旧信息的传播效果是互相叠加还是干涉抵消，则取决于应对方式的合理

与否。

第二，在重大事件的发展推进中，媒体既是参与者又是被裹挟者。尤其是在当今自媒体的环境下，这种身份特征更为明显。

第三，突发事件链条的终结不应寄希望于公众对于新闻事件中消极形象的淡忘。很多事情看似完结，但过一段时间也可能被重新翻出，再次成为公众讨论或比较的对象，最好的结果亦是被“钉在耻辱柱上”。因此，突发事件结束后，政府也应积极处理，借事件修复形象、恢复名誉，时刻提醒自己恪尽职守，切忌被动或不作为。公信力是媒体的生命，是衡量媒体权威性、信誉度和社会影响力的标尺，也是公众对政府担负责任、为民服务、依法行政、公开透明等执行情况的评价标准。

二、政媒关系概述

（一）政媒关系的定义

2012 年，时任公安部新闻发言人武和平提出政府和媒体之间存在四对辩证统一的关系：博弈中的制衡、趋同中的差异、非对称性统一、互动中的双赢。

其中，博弈中的制衡指的是“不受制约的权力极易产生腐败，社会监督很大程度上要靠舆论监督，不管你愿意不愿意，喜欢不喜欢，媒体代表的舆论监督都是符合宪法精神的一种制度设计，是表达公民意愿、推行依法治国方略的应有之义，这种博弈，最终使社会进步，使人民受益”。趋同中的差异则指“政府由人民授权，通过行使权力生产社会公共产品，以追求公平正义的目标为己任；媒体是社会公器，是公众实现知情权和参与国家政治生活的重要渠道和平台，二者有着共同的价值体系，但与此同时，媒体和政府所担负的社会角色各异，其运行机制、目标预期和内在动力又存在很大差别”。这番定义后来被《中国青年报》引用，成为《让媒体说话，天塌不下来》一文的核心。

我个人认为，政府和媒体之间最大的共同点，即二者背后都有一条无形的鞭子，鞭策其不断发展进步。政府部门承载着公众的期望，同时受到社会的监督；媒体则一方面受到市场的制约，另一方面受到读者的影响。

（二）建立政媒合作伙伴关系

中国政府和媒体关系的发展有两个重要节点，一个是 2008 年政府信息公开条例的出台，另一个是新闻发言人制度的建立和普及。从前，政府信息“不公开是常态，公开是例外”；现在，信息公开已成为时代发展的趋势和潮流，“公开是常态，不公开是例外”，政媒之间的信息交流日趋频繁。新闻发言人制度对二者关系的长足发展同样具有举足轻重的作用。政府拥有两个对外交流的窗口：一为行政窗口，其直接面向前来办事的市民；二为新闻发言人窗口，其面向的是媒体和公众。高素质的新闻发言人队伍将有效促进政府与媒体、民众的沟通，有助于塑造可信赖的、负责任的政府形象。同时，发言人自身的能力和工作状态也会对政府部门的形象产生直接影响。

从某种程度上来说，政府和媒体是唇齿相依的关系，二者相当于彼此的合作伙伴。对于政府来说，其政策的出台、对新闻事件的表态和解释均需要通过大众媒体进行，尤其在当今自媒体时代，几乎每个人都有手机、电脑等信息接收终端，只要有一个论坛账号便可以在网上发帖，因而政府部门不可能与每个网民进行对话，挨个与民间领袖沟通，这种做法难度较大且成本较高。同时，自媒体容错度较大，相比之下，传统媒体的信息刊载更为准确和权威。对于媒体来说，政府是其最大的信息来源。媒体的报道无论是政治、经济、文化，还是科技、教育、娱乐等，最终都会归结于两个方面：一个是人，另一个是事。人作为社会群体中的一员，兼具自然属性和社会属性，在日常生活中人们不可避免地要和公共领域发生接触，要与政府打交道。同时，政府部门为人们提供了各种公共服务，保障人们衣食住行的需要。由此可见，政府和媒体是一种合作伙伴的关系，对于社会大众来说，二者均是重要的信息和服务提供者。

建立良好的政媒关系需要注意五个方面。

第一，关于舆情和突发事件的传播。舆情和突发事件的传播具有波纹效应，小舆情、小事件若不及时重视，有可能因为加入新的变量而引发大的舆情，或量变促成质变。媒体在对舆情和突发事件进行报道时，同样应遵循该效应。在当前的自媒体环境下，社会公众的高度参与导致了信息传播的不确定性，而突发事件依旧遵循原来的环状演变路径，且演变过程较之从前更为复杂。

突发事件或舆情之所以传播得如此之快，在于其具备了三个先决要素：悬疑点、兴奋点、关注点。悬疑点即事件发生后，政府迟迟未发布信息或发布信息不全面，致使事件充满“悬疑”，引发媒体和公众的不断猜测。兴奋点即事件中吸引受众眼球的部分，像社会新闻和娱乐新闻就比时政新闻具有更多的兴奋点。关注点即事件与受众生活息息相关，从而引起受众的注意。前面说到的“暴力执法门”事件便具备这三个要素。在现场视频上传至网络、第二次新闻发布会召开之前，公众心中难免存疑：当事警察为何撒谎？其平时的执法行为是否符合规范？其会受到何种处罚？这些都是事件的悬疑点。同时，在当今时代，不少人存在一种仇官、仇富的心态，对政府或官员表现出不信任之感，由于“暴力执法门”事件涉及政府，因而一出现便激起社会大众的兴趣，这就是所谓的兴奋点。论及关注点，政府公职人员的执法行为与每个人的生活都息息相关，当看到暴力执法事件发生时，公众会将其与自身利益联系起来，害怕这种事也会发生在自己身上，所以格外关注事件的处理结果，希望政府相关部门能规范执法行为，“把权力关在笼子里”。正是有了这三个先决要素，“暴力执法门”事件得以传播开来，并引起媒体的广泛关注。

第二，信息从被动到主动的推送。西方的信息喂养模式便是主动推动信息的范例，像跑白宫的记者每天都会收到大量信息，他们在写稿时选择信息的范围十分广阔。反观中国，在大部分情况下，只有记者需要信息的时候新闻通讯员才会提供，信息推送较为被动、推送频率较低。

第三，解决“信息发布给谁”的问题。新闻发言人在发布信息时要明确信息的受众，还要对信息本身有一个充分的理解和把握。在正面宣传时，通讯员要学会换位思考，培养自己对所要发布信息的兴趣，能从接受者的角度找到对信息内容及其发布形式的兴趣，然后再将信息传递给记者，才会让记者对它感兴趣，最后再通过记者将信息传递给公众，调动公众的兴趣。在负面新闻出现时，新闻发言人往往出面担任“救火员”，负责解释新闻事件、扑灭舆情火焰。倘若新闻发言人能在舆情爆发之际便快速反应，主动提供事件信息，而非等到迫不得已之时才出面解释，官方信息的传播效果将大大增强。

第四，必要信任之余的周密解释及单向传递同时进行的反馈收集。政府和媒体之间应建立互信关系，政府应尽可能为媒体提供完整、准确的信息，切忌以“无可奉告”为由拒绝媒体的采访。同时，政府在向媒体传递信息时应注意收集反馈信息，以及时掌握事态的发展情况。“酱油门”事件便是政府信息公布不完整的产物。起初，一家报纸刊登了一则消息，称政府部门在佛山市高明区查处了一家调味品公司，涉嫌使用工业盐水勾兑加工酱油。政府部门并未公布该公司的具体名称，而是使用“某公司”代替。这个“某”字引发了公众的无限猜想，许多人纷纷将矛头指向海天，而真正的“罪魁祸首”却是威极。当时《南方都市报》曾刊登了一篇分析性报道，标题就是“一个‘某’字引发的危机”。可见，政府在信息发布前应做足准备，提供的信息应准确，以避免类似事件再发生。

第五，“危”与“机”只有一墙之隔。从严格意义上说，新闻并无正反之分，过度或虚假的正面宣传往往会带来反效果。与此同时，所谓的负面新闻中同样蕴藏着正面宣传的机会。例如，某景区经常进行宣传，拼命寻找兴奋点以吸引人们的眼球，时间一长，公众便会产生免疫力，丧失原有的兴趣，甚至对这种做法表示反感。可见，过度的正面宣传不仅没有达到效果，反而带来了一定程度的负面影响。同理，在负面事件中，政府只要处理得当，亦能转“危”为“机”，树立自身的良好形象。比如，2011年抢盐风潮波及全国，谣言肆意扩散，对于佛山来说，这场风波也算是一起突发事件。佛山市政府当时处理得很好，动用了微博、短信，并召集媒体前往盐仓进行报道，迅速澄清了事实。这一系列举措有效化解了危机，同时向公众展现了强有力的政府形象。再如，2011 年末，《南方都市报》披露了三水金盛肉联厂、佛山肉联厂宰牛前公然给活牛注水的黑幕，引发了公众对食品安全的热议。事件发生后，佛山市政府积极处理，严查严打、加强监管，充分体现了“为人民服务”的政府形象，大大拉近了政府与民众的距离。

三、《南方都市报》的特色及活动策划

（一）《南方都市报》的特色

《南方都市报》正式创刊于 1997 年，因报道社会新闻而为公众所熟知，其理念是“记录时代进程，培育现代社会，启蒙公民意识”，其特点是“合作而不顺从，批判而不对立”。如果把媒体比作一个人，《南方都市报》就是一个有个性的人，有时候他会狠狠地揍人，有时候他也会把人夸得心花怒放。

（二）《南方都市报》的活动策划

2012 年是佛山撤市建区十周年，同时也是《南方都市报》佛山新闻版开辟的十周年。自 2002 年佛山打破原有的行政区划，重新整合，设立禅城区、南海区、顺德区、三水区和高明区五区后，佛山的城市面貌发生了翻天覆地的变化。2012 年初，佛山启动“城市升级三年行动计划”，通过组团中心提升、重要轴线和节点提升、交通基础设施建设以及城乡环境整治，实现城市面貌、功能、品质的全面升级。

为记录佛山 10 年间的成长，《南方都市报》从 2012 年 8 月起推出“佛山十年城变”大型系列报道活动，该活动历时 5 个月，报道版面多达一百余个。与此同时，为增进与读者、市民的互动，并在地方读本进行南都全媒体大型实践，《南方都市报》还联合佛山市委宣传部发起了“佛山

十景评选”活动，以“发现人们眼中的新佛山，塑造佛山城市风景线”为口号，将“十年城变”和“三年升级计划”融入其中，让市民对佛山有一个全新的了解和认识。“佛山十景评选”活动主要分为五个阶段，分别是海选入围、二轮投票、专家评审、实景命名及实景发布、颁奖。其中，南都全媒体负责搭建平台，民众和社会各方以参与的方式主导评选走向，在确保基本评选框架的前提下，《南方都市报》鼓励民众讨论制定评选的标准，并对评选方向进行适度的把控和引导。这一系列举措极大地激发了公众的参与热情，参评总人数接近100万。

《南方都市报》的活动策划主要有四个特点。

第一，政府与媒体合作共赢，二者在相互了解和彼此信任的基础上展开互动。“佛山十年城变”活动便是政府和媒体良性互动的体现，这个活动由媒体发起，得到了佛山市委宣传部的大力支持。倘若仅靠媒体一家之力，该活动不可能取得如此大的成功。

第二，明晰活动策划的目的，以多样化的手段加以实现。例如，“佛山十景评选”的活动目的主要有三个：第一，使市民更了解佛山，充分认识佛山近几年的变迁；第二，扩大佛山景点的知名度，把佛山形象传播出去；第三，塑造政府形象，推广政府的政策方针。为实现这三个目的，《南方都市报》采取了多样化的手段，动用了包括官网、短信、移动终端、微博、论坛、音频、视频、南都PAI、LED等几乎所有的南都全媒体资源。

第三，活动的嵌套和延伸。比如，“佛山十景评选”活动期间穿插了很多系列活动，包括“十年公益徒步”“大型图片展”“全媒体航拍”“最美佛山一日游”“佛山老照片征集”等。

第四，资源的整合。相较于新媒体，传统媒体在资源整合方面优势较大。在“南都无处不在”的活动策划中，《南方都市报》较好地整合了全媒体资源，让活动的影响渗入社会的方方面面。

互动环节

1. 问：面对突发事件时，记者希望遇到怎样的新闻联络官？

答：（门君诚）在我看来，突发事件发生后，新闻联络官应及时、准确地向记者传递信息，应在事件发生后的第一时间与记者取得联系，并在事件结束后及时告知记者该事的处理结果。同时，新闻联络官提供的信息必须准确，避免前后不一或不断修正乃至推翻自己之前提供的信息。像“酱油门”事件中，政府在发布新闻时提供的信息不够完整、准确，使用

“某大型调味品公司”代替该公司的真实名称，以至于引发公众的猜想，导致负面舆情的迅速发酵。

2. 问：在突发事件的采访中，记者最怕遇到怎样的新闻发言人或联络官？

答：（曹思诚）一般来说，记者最怕遇到以下七种新闻发言人或联络官：第一种人经常告诉记者自己对事件不甚了解，或者不经了解查明信口开河；第二种人常常和记者捉迷藏，一旦有事发生便联系不上；第三种人乐于跟记者“侃侃而谈”，讲各种道理，但记者却全然不知其想表达的意思；第四种人经常捏造事实；第五种人常常撒谎、隐瞒事实；第六种人不会一次性给记者提供全部信息，直到记者追问才一点点补充回答；第七种人则常常临时应付，态度较为敷衍。

3. 问：媒体在处理负面突发新闻时，怎样引导公众使其理性地思考？媒体在报道负面新闻的过程中应怎样向社会传递正能量？

答：（曹思诚）从媒体人的角度来讲，新闻报道没有正面和负面之分，媒体所要做的就是报道事实，拿事实说话，因此并不存在引导的问题。同时，由于信息是人采写的，所以新闻报道中难免会掺杂一些人为因素，这些因素在一定程度上会削弱新闻的真实性。作为信息的采写者，记者必须忠于客观事实，将事件真实地反映给公众，最大限度地降低主观因素对新闻的影响。

我刚才讲到，政府和媒体的关系之一便是趋同性差异。向社会输送正能量、维护社会的公平正义是政府和媒体的共同目标与方向，但二者的实现手段各不相同。打个不恰当的比方，一个人在路上跌倒后死亡，相关政府部门不愿媒体对此进行大肆传播，以免对公众造成心理阴影。然而，媒体需要有自己的新闻判断：这个人摔倒后谁来负责？有没有需要追究的部门？有没有需要追究的责任？有没有需要改善的空间？尽管政府和媒体的处事手段彼此相异，但二者的初衷和目的却是一致的。

4. 问：生活在佛山、服务于佛山的记者在报道负面新闻时是否会产生一种纠结感——“我爱这座城市，但我所报道的新闻将影响这座城市的形象”，如果有，记者应怎样调节这种情绪？

答：（门君诚）报道负面新闻前，记者应衡量一下这则报道对于城市发展来说是利大还是弊大，倘若是利大于弊，那么便应进行报道。就像前面说到的“弃婴门”事件和“暴力执法门”事件，这两件事在媒体报道后所产生的积极影响便大于消极影响。媒体的报道不仅能让相关部门改正自己的做法，还能让更多的人从中汲取教训，从长远来看，这是对城市形象的不断完善。

5. 问：对于公安机关来说，怎样才能更好地处理“暴力执法门”事件一环？

答：（曹思诚）我认为公安机关在处理“暴力执法门”事件时应做到以下三步：首先，在事件发生后尽早整合公关系统，并确保统一权威的发声渠道。其次，牢牢把握事件重点，有针对性地进行处理。包括明确执法流程、处置撒谎行为、追究相关人员的责任等，同时要对被打司机进行安抚。这一事件有两个重点，一为执法人员打人，二为交警撒谎，后者的恶劣程度远大于前者，因为这种行为是对公安机关公信力的消费和透支。在这一过程中政府要根据重点的不同作出不同的处理。最后，政府应勇于向公众认错。

（门君诚）我想用一句话来回答这个问题，那就是：“把权力关在笼子里，让权力在阳光下运行。”

第四编：媒体实践

第十七讲：从民生新闻读懂新闻媒体

主讲人：李传智

主讲人简介

李传智，现任《广州日报》佛山新闻民生组主任兼新闻统筹。新闻从业八年，曾供职于国内多家都市报、党报、行业媒体，负责社会新闻、政府线及相关民生部门等新闻领域各种体裁的新闻采写和新闻策划，近年来一直是《广州日报》佛山气象、交通等部门的跑线记者。主攻时政部门的民生新闻采访及研究，探索更客观地从时政事件背后挖掘民生新闻，并在业内形成独特的新闻视角，使民生新闻采写成为《广州日报》佛山新闻版的优势和特长，促进了佛山地方新闻的发展。

一、关于新闻的三个概念

（一）报格

报格，即报纸的风格。在当今新闻报道趋于同质化的时代，鲜明的报格已成为报纸发展的强大动力；同时，报格会对记者的新闻取向及报道角度产生一定程度的影响。因此，政府有关部门及其工作人员要充分了解不同的报格，把握不同报纸的记者在新闻采写上的不同风格，以便更好地与媒体进行沟通和交流。

区分不同的报格有一个简单的方法，就是观察同一天不同报纸的头版。以2013年4月29日的《佛山日报》《南方都市报》《广州日报》《人民日报》为例，《佛山日报》的头条是《防汛安全　拒绝侥幸》，可见它侧重于发布佛山当地的政府动态消息；《南方都市报》的头条是《红十字会常务副会长赵白鸽：3年内“黑十字”印象不翻转就辞职》，从中可以看出它偏向于社会类的报道；《广州日报》的头条是《高速路车流高峰昨已出现》，尽管这个版面上还有像《习近平：美好梦想只有通过诚实劳动实现》之类的其他头条，但在排版上，通过使用不同的字体、字号等突出了《高速路车流高峰昨已出现》，可见《广州日报》强调的是新闻的民生服务性，其偏向于采写民生新闻。相较于前面的三份报纸，作为中共中央的机关报，《人民日报》的版面风格较为庄重严肃，其头条多为对国家领导人的活动、重要会议、重大事件等的报道。

佛山日报
防汛安全 拒绝侥幸
南方都市报
3年内"黑十字"印象不翻转就辞职
明后两天大到暴雨
广东尚未发现H7N9疑似病例
任仲夷画传面世
广州日报
习近平：美好梦想只有通过诚实劳动实现
高速路车流高峰昨已出现
广日车展，火！
5月2日
169:9
零增长
人民日报
无愧于人民的信赖
充分发挥工人阶级主力军作用 依靠诚实劳动开创美好未来

图1　2013 年 4 月 29 日《佛山日报》《南方都市报》《广州日报》《人民日报》头版

（二）新闻尺度

图2　新闻猫

对于同一新闻事实，不同的媒体记者在采写过程中往往具有不同的关注点。切入角度的不同导致新闻尺度表达的不同。例如，当看到右图所示的猫时，不同的人会有不同的描述方法。有的人说“这是猫”，这种表述是超级客观真实的；有的人说“这是大猫”，这种说法则相对客观；有的人指出“这是只大白猫”，这其中便夹杂有一些虚假成分；有的人表示“这是只野猫”，这种表述则有造假的嫌疑；还有人说“这是只老鼠”，这就是不折不扣的假新闻。由此可见，新闻尺度决定了新闻真实客观的程度。因此，媒体能否把握好新闻尺度，决定了读者能否阅读到真实客观的新闻报道。

然而，把握新闻尺度并非容易之事。纵观新闻发展史，“新闻尺度”的界定尚且没有统一的标准，由于每个人都是主客观的结合体，完全摒弃主观意愿去做纯客观的报道几乎是不可能的。有些人说西方媒体的报道相对客观，实则不然。虽然西方早已有新闻法，但也同样存在新闻造假的现象。比如之前的“窃听门”事件，新闻集团旗下的《世界新闻报》为获取新闻线索，窃听众多名人、政治家、军人等的电话，引起社会公愤。可见，新闻尺度的把握并不简单，即使在西方也是如此。但这并不意味着记者在新闻采写中可以肆意发挥，记者虽不能保证新闻的绝对客观，但也要尽量摒除自身的主观情感。从新闻采写到新闻见报，记者要时刻秉持谨慎的原则，牢牢把握新闻尺度。这是对自己负责、对读者负责的表现，同时对政府和媒体之间的沟通也大有裨益。

（三）新闻亮点

新闻亮点是新闻中引人注目的部分，它往往与新闻价值相联系。有的新闻亮点突出，一眼便能捕捉到；有的新闻看似没有亮点，实则是缺少发现亮点的眼睛。

记者要懂得如何挖掘亮点，而政府部门则需懂得如何呈现亮点。作为新闻发布者，政府部门往往最了解一则新闻的亮点所在，只有在发布新闻时突出亮点，才能让媒体更好地把握亮点进行报道，避免出现错抓亮点的现象。

二、民生新闻概述

（一）民生新闻的定义

一直以来民生新闻都没有一个官方的、明确的定义，但从媒体行内来看，民生新闻经历了不断演变的过程。以我个人的经历为例，2006 年时还没有“民生新闻”的说法，我们写稿时，前辈只是提醒说“突出稿件的民生服务性”。随着时间的推移，过了几年，越来越多的人开始关注政府的政策，并对此进行解读。于是，“民生新闻”这个概念渐渐被行内人所使用。民生新闻有广义和狭义之分，我所理解的民生新闻，就是经过民生化处理的新闻。

（二）民生新闻与报格、新闻尺度、新闻亮点的关系

在报格方面，一份报纸重视民生就等于赢得了百姓。以《广州日报》为例，《广州日报》是一份市场化的报纸，以市场为导向，重视读者需求，所以在新闻报道上偏重民生。在新闻亮点上，由于民生新闻覆盖时政、社会、经济、娱乐等各个方面，因而亮点更多，更有可读性。在新闻尺度上，相较于社会新闻或其他类型的新闻，民生新闻相对客观，因而从民生角度采写新闻更容易把握新闻尺度，更易为读者所接受。

（三）民生新闻的优势

1. 民生化处理，丰富新闻内容

前段时间，“第一夫人”彭丽媛陪同习近平外出访问，倘若在几十年前，报纸上可能只有一则一句话新闻：习近平出访，“第一夫人”随同。而现在，各媒体的报道内容更加丰富，侧重点各有不同。对于这则时政新闻，《广州日报》并没有单纯聚焦于“‘第一夫人’陪同习近平出访”这一事件，而是将其进行民生化处理，找到领导出访与百姓生活的结合点，将报道重点放在“第一夫人”的着装品牌及挎包款式上。由于“第一夫人”的服装原产地是广州，所以《广州日报》在报道时把握了这一契合点，以服装切入，巧妙地将领导出访与广州联系在一起，并结合服装设计、服装品牌等对整个服装产业进行了深入的挖掘和报道。这样一来，一则远离群众、“高高在上”的时政新闻便转变为与百姓紧密相连的民生新闻，其原有的新闻价值得到延伸，内容更加丰富，为读者提供了更多的信息。倘若在几十年前，人们看了报纸后只知道“第一夫人”陪同习总书记出访，对其所用物品的牌子一概不知，而现在这些都一目了然，读者甚至可以去购买与“第一夫人”同款的衣服、围巾、挎包等。所以，民生角度有时是个噱头，它为实现重大新闻本地化操作提供了可能。然而，民生新闻并非只追求花哨、无营养的内容，它和其他类型的新闻一样，也依赖于记者的采访，也是对事实进行深入挖掘后诞生的。时政新闻的民生化处理不仅突出了新闻的价值，还大大增强了新闻的可读性。

2. 实现媒体错位，发挥纸媒优势

随着移动互联网的蓬勃发展，移动终端逐渐成为人们的生活必需品，手机日益取代纸媒成为人们阅读新闻的重要工具。网络等新媒体的出现大大缩短了信息发布的时间，加快了信息传播的速度，给传统媒体的发展带来了巨大的挑战。然而，相较于新媒体，传统媒体在内容的丰富性方面具有无可比拟的优势。也许人们通过滚动新闻或 140 字的微博便能洞悉当天发生的大事，但对这些事件的背景、发生的原因、各方的意见等深层次的信息却不甚知之。传统媒体恰好弥补了新媒体在这方面的不足，通过媒体错位，传统媒体的优势得以发挥，以报纸为载体的民生新闻以其充实的内容不断吸引读者的视线。

3. 促进政民互动，打造政府形象

当今时代是一个去官话、去套话、去空话、厌作秀的时代，媒体和记者普遍抓真相、求说法、要观点、传声音。在这样的背景下，官味的通稿、发言在媒体报道中已很难被采纳。因此，为更好地满足读者的需求，记者在采写新闻时可以从民生角度出发，摒弃官话、套话，尽量展现官员亲民化、生活化的一面。这在客观上也有利于政府与媒体、媒体与公众、政府与公众的互动，会对政府形象的塑造产生积极影响。另外，政府部门也可以通过发布民生新闻的方式在媒体上作出表态和回应，及时纠正公众对新闻事件的错误理解和判断，避免不良舆论损害政府形象。

（四）民生新闻是“新闻通稿”外的新闻

随着市场化进程的不断加深，满足读者的需要日益成为报纸发展的方向，而读者购买报纸的初衷则是想获得有价值的信息，这些信息往往是这份报纸所独有的、独立于新闻通稿之外的。一般来说，新闻通稿篇幅较短，基本不超过 1 500 字，其主要是对新闻事件的简单介绍，难以满足读者的需要。因此，记者必须学会挖掘“新闻通稿”外的新闻，重视“五官采访”，如看到什么、听到什么、拿到什么、想到什么，并在此基础上继续延伸，扩大采访面，以体现多方的声音，必要时还可以加入自身的体验。

（五）民生新闻是道“奥数题”

“题”是业内人士对新闻的别称。在传统媒体中存在选题机制，记者每天的首要任务就是“报题”，即报告今天的新闻选题。与其他类别的新闻不同，民生新闻在选题方面更为复杂，角度也更为多样，有时候记者通过采访掌握了新闻信息，在写稿时却不知从何入手去诠释这则新闻，那么这个“题”就会沦为“死题”或“废题”。正因为民生“题”采写的难度较大，相较于其他“题”来说更为深奥，故被称为“奥数题”。

奥数题往往有多种解法，民生新闻这道“题”也不例外。时政新闻的民生报道来源多种多样，包括政府发布、记者调查、市民爆料、网络、头脑风暴、新闻策划等。记者既可以通过解读政府政策来策划新闻，也可以通过亲身调查来发掘新闻，还可以从市民爆料、网络等途径中获取线索，甚至可以用头脑风暴的方式确定最佳选题。对于民生新闻这道“奥数题”，要善于从不同的方向探索和展开，多角度为其“求解”。

以广州限外系列报道为例，2013 年 4 月，广州颁布“限外令”，对非本市籍汽车采取限行措施。《广州日报》佛山新闻版对这一举措进行了多角度报道，如《限外听证冇佛山份 有嘢讲@佛山发布》《距离是一块车牌 粤 E 在这头 粤 A 在那头》《限外能否对我们温柔些?》《唔开车 高峰期点样穿越广佛?》《广佛新干线：教我如何牵你的手》《广州，请听“佛山声音”》等。在这些篇报道中，记者分别采用了话题式采访、体验式调查、政府部门互动、权威数据发布、专家学者互动以及市民故事讲述等方式，多角度、全方位地探讨了这起时政大事。许多媒体包括《佛山日报》《珠江时报》等对限外的报道也都超过了八篇。可以说这是一次成功的民生报道，各媒体并没有停留在对“限外令”的简单描述上，而是将“限外令”与人民群众的生活联系起来，多角度解读这一政策给百姓带来的影响。可见，在时政新闻民生化的进程中，只要具备敏锐的观察力和良好的思辨能力，任何角度都可能成为亮点。

另外，由于民生新闻的涉及范围广、报道难度大，其采写往往不是由一个记者独立完成，而是以团队或报道组的形式存在。像我负责的《广州日报》佛山站的民生新闻采写工作，我每次安排的民生组报道人员至少有三个，在对一些重大民生新闻进行报道时，人员数量还会相应增加，比如今天关于天气灾害的头版报道，我们一共有八个人参与其中。中国有句古话叫“人多力量大”，一个人想不出的点子，一群人可能就想出来了，也就是说，团队作战的效益往往大于个人。在每年的全国两会、“国五条”的发布及一些重要的经济工作会议上，记者总是成群结队地出现，通过团队作战来报道民生新闻。

三、政府部门在民生新闻中的角色

第一，在时政新闻民生化的过程中，无论是政府发布新闻还是记者采写新闻，均要以事实为依据，切勿空想、乱想。例如，在没有依据的情况下使用“全国首个”“全球首个”等字眼便属于主观臆想，这种做法极易引起读者的质疑。

第二，积极配合媒体的民生新闻报道，发挥民生新闻的正能量。在与媒体沟通时切勿避重就轻；解释事情时避免逻辑不明、表意混乱；对于媒体的提问，切忌避而不谈或回应迟缓。倘若政府部门没有积极介入，或未告知媒体、记者相关新闻的详细信息，那么最后的稿件可能会偏离政府所期望的方向，以至于媒体从为政府部门解释工作变成监督政府部门工作，公众也会因此对政府部门产生不满。

第三，努力成为民生新闻报道的主角。例如，对于广州限外的报道，佛山相关部门可以通过召开新闻发布会、举办论坛、推进网络互动等形式，向公众传播佛山积极应对的态度和具体举措，传递佛山声音。

第四，善于把握媒体的报道时机。很多民生新闻会在政府政策实施一周年、一个月的节点上去回顾、总结和延伸，以吸引读者的注意，增强传播效果；另有一些民生报道则带有很强的监督性，如“国五条”“佛山治堵”等。

四、开一个实用的“会”

很多民生新闻都是从政府会议上获得的，据统计，每月有超过40%的民生新闻来自会议；记者往往能从会议中或会后捕捉到新闻亮点，并据此采写成民生新闻。因此，开一个实用的“会”对政府部门来说十分重要，一次成功的新闻发布会可以为媒体提供新闻亮点，把政府的政策、态度等传递给受众，塑造良好的政府形象。然而，会议并非一开就过，要顾及媒体的后续报道，重视报道的“余温”。就像一块石头扔进河里会泛起层层涟漪，一篇新闻稿的刊发也会在社会上引起波澜，这就是所谓的“余温”。牢牢把握“余温”，趁热打铁，在第一次会议结束后可召开第二次、第三次会议，针对市民提出的问题有针对性地作出解答，将政策解释透彻，才能从根本上消除市民的疑虑，赢得百姓的支持。

例如，2013年4月佛山市规划局发布了《佛山市交通发展白皮书》，从前期的媒体沟通协调会到后期的政府相关部门各自召开一场新闻发布会，佛山市共召开了五六场发布会，牢牢抓住了报道的“余温”，将政府的举措清晰地呈现了出来，通过媒体搭建起与百姓沟通的桥梁，有效促进了政民关系的良性发展。

五、做个理想的通讯员

（一）优秀通讯员的标准

业内一般把来自政府机构的通讯员分为两种：普通通讯员和优秀通讯员。其中，优秀通讯员的衡量标准主要有五个。

第一，当有重大信息发布时，提前开会与媒体沟通，并参与报道策划；第二，对于敏感事件，能积极听取来访记者的意图，积极应对；第三，与记者建立良好的关系，偶尔向记者提供新闻线索，谈谈自己对新闻的看法；第四，做个懂行、懂业务的专业通讯员，牢牢掌握专业知识，成为这一行的专家；第五，新闻敏感强，懂得抓住时机在第一时间发布信息，避免让媒体错过自己部门的新闻，同时建立信息群或平台，加强与媒体的沟通和交流。

（二）避免“三点式”新闻稿

“三点式”新闻稿，意即某些新记者或通讯员写出的稿子像穿着三点式泳装的模特。它包含四个方面的含义：第一，记者或通讯员对新闻事实的认知不足，只写了自认为应发布的内容；第二，稿件的内容过于单薄，只剩下文章的框架；第三，稿件逻辑不明、表意不清，读起来晦涩难懂；第四，这样的稿件会使政府发布的政策或信息受到质疑。

例如，某些新闻通稿在开篇首先指出“今天，某部门在某地召开会议”，然后罗列主要领导的讲话内容：某领导说、某领导指出、某领导关注、某领导重视等，最后以对未来的展望为结束语：某部门将继续努力，向某目标迈进。这就是典型的“三点式”新闻稿，通常只有短短的四五百字，内容空洞，毫无亮点可言。

再如北京“7·21”特大暴雨的报道，相关部门发布的通稿如下：

“7月26日，北京市防汛抗旱指挥部新闻发言人潘安君向媒体正式公布了‘7·21’特大自然灾害遇难人员情况。截至7月26日，北京境内共发现77具遇难者遗体，其中66名遇难者身份已经确认，11名遇难者身份仍在确认中。已经确认身份的66名遇难者中，包括在抢险救援中因公殉职的5人。另61名遇难者中，男性36人，女性25人。死亡原因为：溺水，46人；触电，5人；房屋倒塌，3人；泥石流，2人；创伤性休克，2人；高空坠物，2人；雷击，1人。这61名遇难者遗体发现的地区分布为：五环路以内6人，其中核心城区1人，其余均集中在远郊乡镇，特别是山区……”

这则通稿只是简单介绍了主体事实，并列出了一堆权威数据，但对于百姓最为关注的核心信息，如遇害者触电或遭雷击的原因、泥石流发生的具体位置、遇难者的善后处理工作等丝毫未提及。正所谓民生新闻是一道“奥数题”，其解法多种多样，倘若政府部门发布的信息过于单薄，媒体便会寻求其他解“题”方法，去猜测政府可能隐瞒的信息，去评论新闻通稿中含糊其词的部分，甚至会对通稿中各项数据的真实性提出质疑。这样一来，政府的公信力将受到很大程度的影响。

和谐的政媒沟通往往建立在信任的基础之上，而这种“三点式”的通稿极易破坏双方的信任关系，阻断彼此间的交流。因此，通讯员在撰写新闻稿时不能局限于简单罗列事实，而应把新闻背景、事件意义等相关内容补充进去，对于会议中所提及的专业名词要作详细解释，让新闻稿通俗易懂、亮点突出，便于记者把握报道的方向。

（三）善于发掘民生新闻

1. 关注身边事

民生新闻源于生活，只要善于观察，总能找到不同寻常的素材。对于通讯员来说，时刻关注身边的大小事是发掘民生新闻的关键。

第一，关注自己部门及部门领导的工作动态，定期召开部门会议，部门成员聚集其中进行“头脑风暴”，回顾部门最近有何作为，找出其中有新闻价值的事件并联系媒体进行报道。

第二，关注国家的时政方针及其与自己部门的关系，对国家出台的政策作出积极响应。培养自身的关联性思维，懂得“举一反三”，从国家时政要闻中挖掘与当地有关的民生新闻点。

第三，关注百姓诉求，满足其对信息的需要。比如突发事件发生后，百姓最想知道的是事件的进展，此时政府部门应尽快发布信息，畅通官方渠道，第一时间回应群众，避免小道消息四散，催生谣言。如果突发事件发生在附近地区，政府部门也要及时澄清，避免本地群众受事件影响而产生恐慌情绪。假设与佛山相邻的广州发生了一起食品安全事故，如果佛山市政府对此不作回应，便可能会引起市民的猜忌，谣传该批食品已流入佛山，从而造成一定时期内该食品的滞销，最终导致市场失衡。

第四，关注网络上的热点话题及其与自己部门的关系。随着社交媒体时代的到来，微博日益成为人与人交流的重要工具。作为政府部门的线上“传声筒”，官方微博不仅是政务信息的发布平台，更是官民互动讨论的集聚地。政府部门要充分利用微博的优势，关注网民的意见和建议，对网民提出的问题及时作出解答，切忌置网民于不顾，遇敏感问题避而不谈。“@南海微力”在这方面做得很好，无论市民提什么问题，它都能在140字以内给出合理的解答，告知市民相关事件的处理结果。

第五，关注自己的生活经历，从自身所见所闻中发掘新闻。在生活中遇到棘手之事时可以寻求媒体的帮忙。

2. 找准新闻点

政府部门在发布新闻时要找准新闻点，并努力把它呈现出来。民生新闻的亮点主要有八个来源。

第一，新闻通稿中的数据，如公安局关于犯罪工作情况的报告、房价的季度报告等。

第二，政府相关举措的意义，如《佛山市交通发展白皮书》是中国首个由地级市正式发布的交通白皮书，标志着佛山市交通发展将进入一个全新的时代。通讯员要懂得站在全局的高度看待部门的相关举措，将其与以往出台的措施或是其他部门、其他城市出台的措施相比较，从中找出该举措的重要意义。

第三，相关政策的背景信息，如很多民生部门在发布新闻时附上相关链接，介绍新闻中所涉及的相关事件的具体信息；又如佛山市摩托车保有量达到极限，这便是限摩政策推行的背景；再如限摩后佛山市摩托车数量减少了50%，这也属于事件背景。

第四，不为人知的故事细节，如前段时间佛山市禅城区的一位乘客在公交车上突发疾病，两眼翻白，司机连闯三个红灯将其送往医院。这则新闻大家都知道，而最后交警部门免除了对该司机的行政处罚，这个细节则鲜为人知，倘若政府部门通过媒体将其报道出来，不仅能体现政府部门人性化的一面，传播正面形象，还能向市民传递正能量，推动互助互爱社会风尚的形成。

第五，热点回应，如某起事件的处置情况。热点出现时，政府部门要在第一时间内作出回应，为媒体、为百姓释疑。

第六，领导发言，如某领导独到的见解。当今很多记者在写稿时乐于将领导的一句话挑出来作为新闻标题，在他们看来，这句话往往是最重要的或最能打动读者的。因此，政府部门在发言时要谨慎，避免说空话、假话；倘若在发言中不慎说错话，在发布会后要及时与媒体沟通，防止错话成为标题。

第七，网络辟谣，如通过新媒体或传统媒体发布辟谣信息，以正视听。政府部门在辟谣时要尽量详细，把相关背景及事情的来龙去脉介绍清楚，并提供相关证据，如视频录像等来增强自身的说服力。

第八，自己的身边事。作为通讯员，要善于用专业知识去捕捉身边的新闻。

（四）努力提高自身素养

通讯员要想提高自身素养，当好政媒沟通的“掌门人”，则需牢牢把握以下几个方面：第一，把握重大时政、民生信息的发布时间，尽量提前两天告知媒体，让媒体有策划报道和探讨思路的时间；第二，关注部门的舆情，根据舆情的变化，适时与媒体沟通；第三，准确了解媒体的采访意图，尽量在48小时内给出回复；第四，定期发布信息，保证新闻的时效性，同时树立起良好的公众形象。

六、了解媒体采访习惯，做足发布民生新闻的准备

（一）民生新闻的媒体采访习惯

第一，媒体喜欢问通稿里没有或看不懂的内容。不同媒体看待新闻的角度不同，因而在发布会上，媒体总是从自己的角度出发来提问，这些问

题往往是通稿之外的。因此，政府部门在召开新闻发布会前要做足准备，根据各媒体的报道风格去设想一下其可能提出的问题，以便在提问环节给媒体一个满意的答复，给公众一个更好的交代。

第二，媒体喜欢追问政府部门在发言时含糊其词或解释不清的内容。比如在发布会中提到一个数据时，发布方一开始说“十公里”，接着改口道“一百公里”，最后干脆说“不知道”，对于这种模棱两可的回答，记者必然要追问，因为新闻必须真实客观。因此，政府部门在发言时要注意前后一致，将问题解释透彻，避免含糊其词、表意不明。

第三，媒体比较欣赏政府部门流利且符合逻辑的回答，不喜欢简单的答案。政府部门在作答时还要注意避免过多地使用带有主观色彩的口头语，如“我认为”“我觉得”等，以免这些词被挑出来成为第二天新闻的标题。

第四，媒体喜欢肯定的回答，他们经常会提出“是或不是”“对与不对”等选择性问题，让政府部门在这之中选择一个。这时候政府部门要格外注意，这种提问有时是个陷阱，所以一定要考虑清楚再行回答。倘若这个问题确实没有准确答案，那么可以明确地告诉媒体“不能完全肯定”，媒体对此会作出自己的考量。

第五，媒体有时候会提一些自己已经知道答案的问题，这些问题可能是为接下来的问题做铺垫的，也可能是为了考量政府部门的诚信度。对于这些问题，政府部门在回答前要考虑清楚媒体提问的目的，把握其问题的大致方向，然后再进行作答。

第六，很多尖锐敏感的问题是媒体代表公众提出的，这些问题总在新闻发布会的开始或结束时出现。在这两个时间点上，政府部门要谨慎作答，对于难以回答的问题，可以告知其会后相关部门会进行研究，之后再给出一个满意的答复。

此外，媒体不习惯政府部门控制新闻发布会的时长，他们希望自己能有足够的时间进行提问。因此，政府部门在召开发布会时无须刻意强调会议的持续时间，可以对与会媒体进行简单的分类，如对《广州日报》《佛山日报》《南方都市报》等挨个点名，以示对媒体的尊重。如果提问环节超出预计时间，仍有媒体想继续提问，则可在一定时间内应允，切忌以“每个媒体只准提一个问题”之类的借口打断。只有尊重媒体记者，才能促进政媒之间的良性互动。

（二）做好充分准备，发布民生新闻

第一，开会前要尽量完善通稿，把新闻发布会的背景、相关数据、具体的操作程序、案例等详细地呈现出来。

第二，会议开始时可由主持人告诉在座媒体此次会议的“预计”时长，让媒体有初步的了解，切不可将“预计”说成“计划”。

第三，把媒体当作普通市民，帮助其读懂、读透发布会的内容，不可回答得过于简单而空泛，或过于专业而难懂。

第四，对于选择性的问题要慎答，要想清楚媒体的意图，并作出必要的说明和解释，不能拒绝回答或用套话敷衍。发言人可以尝试从问题的背景开始，对相关事件的内容作详细解释，帮助媒体更好地理解问题。相较于避而不答或答非所问，详细地解释问题表达了政府部门与媒体沟通的诚意，这种方式更易于被媒体接受。

第五，关注舆情。媒体的很多问题来源于网络，政府部门在会前要作充分的了解，但不要主观决断。

第六，会议结束时可再次强调此次发布民生政策的意图和背景，给媒体一个准确的说明。政府部门要主动向媒体提供新闻亮点，使媒体在报道中更有方向感，以免媒体错挖新闻亮点而损害政府部门的形象或阻碍政府与民众的沟通。

只有做好充分准备，掌握民生新闻发布的技巧，才能成为一个专业、懂行、受媒体尊敬的新闻发言人。

（三）重大敏感事件的应对举措

重大敏感事件发生后，对于记者的采访，首先要做的就是解释流程，即告诉来访记者自己部门的采访流程及相关的注意事项，如简要介绍部门发言人、告诉记者采访前需递交采访提纲及具体的回复时间等；其次，全面地介绍新闻背景，让记者深刻理解和把握新闻事件；最后，对于记者的提问，要尽量给出详尽、客观的回答。回答的形式多种多样，既可以是书面的，也可以通过召开新闻发布会来实现。

此外，政府部门还要明确记者的类型，当前记者主要分为读者型记者和专业型记者。读者型记者往往会站在读者的角度去思考问题，其观点可能与政府相悖；专业型记者深谙新闻采访之道，同时对其报道对象有较为深入的了解，因而其提出的问题比较专业。像之前《京华时报》用了 70 多个版面去报道农夫山泉的水质不如自来水，在我看来，撰写该新闻的记者便是读者型记者，其对国家的质检标准不甚了解，将食品安全标准和质量标准弄混了，以至于认为农夫山泉水质不合格。其实在中国，食品安全标准是具有强制性的标准，而质量标准则是位列食品安全标准之上的标准，它没有强制性。而《京华时报》的记者错将质量标准当成食品安全标准，并以此来衡量农夫山泉的水质。对此，农夫山泉的发言人运用比喻的手法作出巧妙回答，他告诉记者：每个人都有身份证，但并不意味着每次证明自己身份的时候都需出示身份证。也就是说，农夫山泉的水质是高于食品安全标准的，而质量标准则是附加给人们参考的另一个标准，它并不需要强制执行。所以，政府部门要分清读者型记者和专业型记者，对于不同类型的记者采取不同的表达方式，而无论是哪种记者，在处理重大敏感事件时，都需要遵循上述三个步骤。

互动环节

1. 问：怎样区别时政新闻和民生新闻？

答：区别时政新闻和民生新闻有一个简单的方法，就是看这条新闻能影响多少人。像《佛山市交通发展白皮书》的发布便是一条重大的民生新闻，首先它具有长远性，对佛山市未来的发展具有重要意义；同时，它关系到大多数市民，直接影响到市民的利益。也就是说，当这则新闻涉及大多数百姓的利益，对市民生活产生一定影响时，这便是一条重要的民生新闻。

2. 问：当采访提纲被政府部门婉拒后，记者心里有何感触？

答：以我自己为例，我倾向于从大局着眼，既然长期跑这条线，要经常跟某些政府部门打交道，那我觉得没必要抓住某些小问题或小细节不放，以免破坏双方的关系。但作为记者，我们还是希望政府部门在婉拒时要有一定的技巧，告诉记者不能接受采访的缘由，给出一个详细、合理的解释，切不可敷衍了事。人人都有难处，只要政府部门耐心解释，记者自会体谅。

3. 问：很多新闻标题是编辑修改的，改完后可能会偏离记者原来想表达的意思，这种情况应如何避免？

答：这个问题在传统媒体中普遍存在。对于新闻事实，人与人之间的理解各不相同，故编辑和记者的理解出现偏差也是常有之事。以我个人来说，我所负责的是民生组，在每一次截稿前我都会与编辑进行电话交流，双方共同斟酌一下如何拟定新闻标题。我们日益形成了这样的常态化机制，最大程度地确保新闻的客观真实性。由于现在传统媒体基本都实行采编分离，因此加强记者与编辑的沟通是解决这个问题的关键。

第十八讲：香港媒体生态

主讲人：苏征兵

主讲人简介

苏征兵，现任香港文汇报广东分社经济部副主任，负责佛山区域，曾经供职于羊城晚报集团粤港信息日报社，担任过《民营经济报》驻佛山站站长。2006年加入香港《文汇报》广东分社，频繁来往粤港两地。

苏征兵从事新闻行业18年，常年进行经济报道，采访重大题材新闻报道逾万篇，累计报道新闻200余万字，采访上市公司知名企业界人士不下千人。政府系统最高级别采写过习近平、温家宝、李长春；省级官员采访过黄龙云、林元和、李贻伟等；企业界知名人物采访过联想集团董事局主席柳传志、格力集团董明珠、志高集团李兴浩等。多次参加全国“两会”采访。

其供职《粤港信息日报》期间采写的《蓝田迷雾》系列文章，被国务院前总理朱镕基批示、北京金融研究所的刘姝威引用，引起全国的高度关注。

2009年，苏征兵被《经济观察报》评为“影响中国证券市场30年风云人物”。

一、香港媒体概况

香港的传媒业高度繁荣，良好的新闻自由环境为传媒事业的发展注入了动力，加之国际上对香港事务十分关注，不少国际通讯社、行销全国的报章和海外广播公司纷纷在香港落地。根据香港新闻署的最新统计，香港目前主要有四类媒体，分别是报纸、杂志、电视频道以及广播频道。其中，报纸为53份；杂志为652份；电视频道共100余个；广播频道共7个。下面对香港的报业和杂志进行分析。

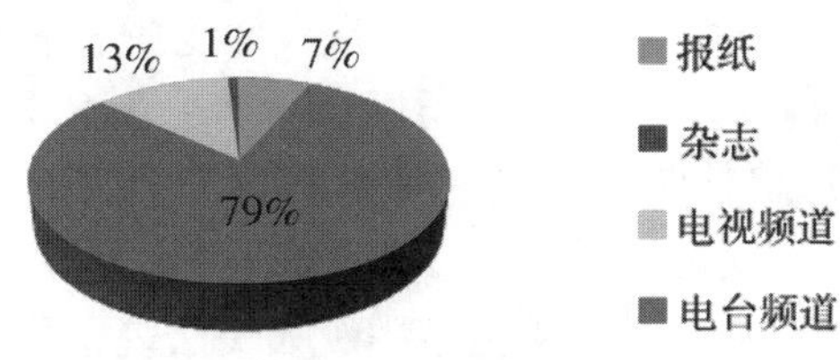

图1　香港媒体种类

在香港，杂志比报纸更有市场。在杂志中又数八卦杂志卖得最好，如苹果旗下的《壹周刊》，东方日报旗下的《东周刊》《忽然一周》等。由于香港是中西文化交融的产物，其深受西方文化中商业化运作模式的影响。高度发达的商业社会推动了香港娱乐业的繁荣，但也给市民带来了沉重的生存压力。快节奏的生活使人们身心疲累，相较于严肃的报纸，人们更倾向于阅读带有娱乐性质的八卦杂志来放松身心。同时，大多数港民具有强烈的好奇心，他们对政界名人、娱乐明星的花边信息表现出极大的热情。由于具有庞大的读者群，相较于报纸而言，广告主对于杂志的投资额更大，因而杂志是香港媒体中盈利最多的部分。

尽管不如杂志畅销，香港的报纸对市民也有很大影响。

倘若以语系为分类标准，香港的报纸可以分为中文报纸和英文报纸。现阶段，中文报纸在香港占有很大比例，而英文报纸则主要有三份，分别是《英文虎报》《南华早报》和《中国日报》。

倘若以是否付费为分类标准，香港的报纸又可以分为收费报纸和免费报纸。随着时代的不断发展，免费报纸正如雨后春笋般崛起，主要在地铁站和一些重要街区进行派发。我个人觉得做得最好的是《头条日报》，除此之外，还有一些不错的免费报纸，如《都市日报》《AM730》《晴报》等。

二、香港媒体定位

（一）总体定位

由于具有不同的政治属性及受众群体，香港媒体的定位各不相同。据香港电台的划分，香港媒体的定位可分为四种：精英媒体、大众媒体、亲中媒体和亲港媒体。

精英媒体中做得较好的有《经济日报》《信报》及《南华早报》。《南华早报》是最早在香港创办的报纸，1903 年 11 月创刊，至今已有 100 多年的历史。此外，《大公报》《文汇报》《成报》也属于精英媒体的范畴。

精英媒体的阅读者具有明显的上层倾向，其受众主要为社会中上层的精英分子。以《文汇报》为例，我们曾对《文汇报》的发行做过一个调查，发现《文汇报》在香港有许多忠实“粉丝”，比如一些驻外领事馆、各个政府机构等。曾经有一位在佛山市中级人民法院办公室工作过的政府官员告诉我，他每天上班时的一项重要任务，就是翻阅《文汇报》，了解重大新闻信息，并考虑与我们合作，在香港进行新闻宣传。值得一提的是，在香港，亲中的媒体被认为是自由度较小、不太敢讲真话的，因而处于一个相对弱势的地位。

（二）报纸定位

图 2《阳光时务》香港报章政治光谱

《阳光时务》曾对香港报业的定位做了一个调查，并绘制出具有较高公信力的“政治光谱”。该谱将报纸的定位分为四种：亲基层、亲工商界、亲民主和亲北京。衡量一份报纸是否“亲基层”，一个重要的标准就是发行量。发行量大的报纸，如《东方日报》《太阳报》，就属于“亲基层”的范畴。工商界的报纸占了“亲工商界”这一定位的绝大多数。而“亲民主”类的报纸，则有《苹果日报》等。当然，这种分类不是绝对的，很多时候，报纸都横跨两个维度。例如，《成报》既属“亲基层”之列，又属“亲北京”之列。

在实际生活中，许多人更倾向于将香港的报纸定位成三种：亲中、反中和中立。“亲中”，即中央政府在该报中占有较大股份，同时在香港地区有较大发声权的报纸，其代表为《文汇报》《大公报》《香港商报》和《成报》。“反中”的报纸以《苹果日报》为代表，它一直以来都与中央的声音对着干。《星岛日报》则是“中立”的代表；《明报》也曾一度被认为属于中间派，但后来的新闻实践证明它并非完全中立，而是有点反中。

然而，在现实生活中没有绝对中立的媒体，也没有绝对中立的市场，因为香港媒体对重大事件的新闻报道（如占领中环行动[①]）的立场只有两个：支持或反对中央政府。因此，香港报纸的定位可以被简化为亲中派和反对派两种。

无论是何种定位的报纸，其发展的内在驱动力只有一个，那就是利益。香港资深传媒人张宝华曾说过："干预香港新闻自由的不是北京，而是香港新闻机构的老板。"这些老板往往以经商为主业，兼营新闻机构，对他们而言，新闻只是谋求利益的工具。《明报》的创刊人金庸先生也曾说过："报纸是老板的私器，不是公众的公器。""新闻自由，是报社员工向外争取的，而不是向报社内争取的。报社内只有雇主与雇员的关系，并没有谁向谁争取自由的关系。"可见，在资本主义社会中，"新闻"等同于"利益"。为商业利益所驱动，香港的报纸敢于同中央政府"唱反调"，并通过吸引眼球的新闻吸引受众的注意。

《苹果日报》的创刊人选择站在中共的对立面，做了很多不利于团结、危害香港稳定的新闻报道。

《东方日报》在每一届特首上任的前两年中，都会竭力追捧特首的施政纲领，跟特首站在同一条战线上。而两年之后，它会突然调转笔锋，猛烈地去抨击特区政府，包括特首。之所以有如此极端的变化，原因很简单。1973 年，《东方日报》的投资人马惜珍和马惜如兄弟因贩卖毒品被香港政府判刑 30 年，但他们在取保候审期间潜逃至台湾。时至今日，马氏兄弟依然被香港国际刑警列为拘捕对象。他们希望特首特赦他们，于是在特首上任的前两年力捧特首。两年之后，特首认为这件事办不到、不能这样做，于是《东方日报》开始调转笔锋，攻击特首，做出些对特区政府不利的事。

《明报》是金庸于 1953 年创办的。其初期只是一份小报，靠金庸每天熬夜写连载的武侠故事来维持运营。1977 年，《明报》通过与陈毅的"叫板"，打响了自己的名号，运营开始有了起色。当年陈毅在北京接见日本人时说了一句话："我们宁可要核子，不要裤子。"所谓核子就是"两弹一星"的原子弹，即指勒紧裤腰带也要研制出原子弹。当时，《明报》把这句话挑出来，提出针锋相对的意见，指出要"先要裤子，再要核子"，即得先让人民群众吃饱，才可以去做国防，不能让人们饿着肚子给你做原子

① 占领中环行动：2013 年 1 月，香港大学戴耀廷教授为了争取特首普选，投稿《信报》，以"公民抗命的最大杀伤力武器"为题，鼓励市民及民间领袖以事先张扬的形式实行违法、非暴力的占领中环行为。

弹。当时掀起了一场报纸之间的骂战。《文汇报》《大公报》与《明报》相对立，金庸甚至在报纸上写明了“请《文汇报》回答”“请《大公报》回答”。

从上述案例可以看出，在香港运营媒体实质上就是运营生意，其根本目的只有一个，那就是赚钱。对媒体人而言，新闻没有公器和私器之分，只有商业利益。近年来，中国内地经济增长迅猛，市场需求加大，许多香港媒体都想在内地运营报纸。《星岛日报》旗下的一份免费报纸《头条日报》目前就正致力于打入内地市场。而要进驻内地市场，扩大自身的生意规模，首先就要与中央政府保持友好关系。所以，香港传媒业逐渐出现了一种新趋势——传媒政治化。很多传媒业大亨都想跨进政治领域，争取成为政协委员，获得金紫荆勋章，跟特区政府、中央政府靠近。

三、香港媒体的新闻选择

香港媒体在进行新闻选择时有五个最为重要的关注点。

第一，民主进化的议题。拿我们报社来讲，像“拆迁风波”“官民对抗”这类与民主相关的话题，尽管比较敏感，采访中也经常受到阻碍，但当这些事情发生的时候，我们还是要在第一时间去跟进，必须要写出一则消息，哪怕只有一两百个字，我们也要去写，讲清楚到底发生了什么。只有把话说清楚了，才能杜绝一些不必要的炒作，防止一些虚假的、负面的新闻出现。

第二，珠江三角洲（珠三角）地区的食品安全问题。香港的许多农产品及肉制品都来自珠三角，因此香港媒体和香港人很关心珠三角地区的食品安全状况。在进行食品安全问题的报道时，我认为媒体应该做的就是把事情解释清楚，把真相还原，而不是去添麻烦、找岔子。

第三，突发事件的报道。像之前济州发生的一起官民对抗事件中，农民围在一起闹事，把市领导圈在粮仓里。后来政府无奈之下用了催泪弹、狼狗来驱散村民。对于这些突发事件，媒体要做的就是尽快公布事实，避免引起人们的无端猜忌，遏制谣言的产生。同时，要坚持正确的舆论导向，避免将事态扩大化。

第四，香港人在珠三角地区的工作和生活状态。香港媒体希望加强与珠三角地区的信息沟通，拉近彼此之间的距离。像佛山市政协的港澳委员、香港人在内地的投资情况等，香港媒体对这些有着浓厚的兴趣。

第五，珠三角地区的生活资讯。由于香港毗邻珠三角，加之广东现在放开外来车辆出入限制，港澳车牌均可进出广东，许多香港人对珠三角的旅游信息、生活信息、投资信息等有着浓厚的兴趣。每次我去香港，很多朋友都咨询我关于内地的投资情况。由于内地市场需求较大，他们希望到内地投资，小到做商铺投资，大到办工厂、经营房地产业务、开发娱乐项目等。

四、香港媒体存在的问题

（一）不良意识充斥报道

香港传媒一直被诟病为渲染色情、暴力和偷拍名人之风盛行。煽、腥、色是人们对香港媒体特点的概括。煽，即煽情；腥，即血腥；色，即色情。

很多香港媒体热衷于把暴力、血腥的照片放在头条，以增强视觉冲击力，用情绪化的作品为读者提供感官刺激。同时，为适应大众文化“娱乐至上”的兴趣取向，充斥色情报道的“风月版”曾在香港报章中风靡一时。《东方日报》是迄今为止仍保留“风月版”的报纸，每天大概有四个版的广告，刊载“一楼一凤”的信息，另附有一些信息的描述。以前，《苹果日报》也刊发这种“风月版”，但后来迫于压力取消了。

提到狗仔队，人们便会想到香港媒体。香港媒体热衷于偷拍名人，比如之前梁振英竞选特首时，很多媒体拿着大吊车把摄像机放在篮子里24小时监控梁振英的房子。再如，有一次《苹果日报》24小时埋伏在黎明和乐基儿的别墅前，轮流换班，直至拍到黎明和乐基儿亲热的照片才善罢甘休。香港偷拍之风之所以如此盛行，媒体记者之所以热衷于抢新闻，原因主要有两个：第一，香港现在处于资本主义制度下，一切以利益为上，只要有利可图媒体就会去做。在香港，一张独家的图片可以卖到一到十万港币，有时候记者一个月只需拍到一张图片就能拿两三万的工资。第二，香港的狗仔队以组划分，每组负责跟进一则新闻。如果该组没跟到这个新闻，那么这组的工作人员就得全部解散，一个不留。有一次，内地发生了一起火灾，我们《文汇报》派遣记者到现场去报道，但当时另一家报社的一个同行没去跟进这件事，最后稿子没写出来。在我们这条新闻见报的时候，他们这一组“两岸新闻中心”的工作人员一共十二个人全部解散。由此可见，香港是个新闻竞争非常激烈的地方，身处其中，记者如果不去做，那将会面临失业的风险；如果做了，则可能凭借一张图片、一篇独家报道获得一到十万的报酬。其实，不顾一切去挖掘花边新闻的狗仔队也只是一帮为生计而奔走的打工仔，处于竞争的漩涡之中，他们也会感到无奈但又别无选择。

（二）新闻造假现象频发

新闻造假是香港新闻业的突出问题之一。报纸是集社会性和商品性于一体的产品，然而在市场经济条件下，部分香港报纸坚持“完全市场化”的办报方针，报纸的社会性让位于商品性，社会责任屈从于商业利益。为了获得独家新闻，有些媒体不顾新闻道德和商业规范，制造虚假新闻或有偿新闻。这一点，从“陈健康事件”和“巴士阿叔事件”两个案例中便可窥见一斑。

陈健康原是某公务署的公务员，他在深圳另结新欢，其妻不悦，遂将两个儿子从天台扔下，随后自己跳楼身亡。许多媒体争相报道，追访陈健康的下落及其包二奶的细节。《苹果日报》的记者找到陈健康，向他提供五千块钱，让他去东莞玩一玩。陈健康于是去了东莞，该记者全程跟踪，拍下独家照片，发表了题为“陈健康在内地嫖娼”的新闻。新闻一出现，社会公众一片哗然，许多人对香港新闻业的职业道德表示质疑。

“巴士阿叔事件”也曾一度成为香港全民热议的话题。在一辆巴士上，一青年提醒坐在前面的阿叔讲电话的声音小些，谁知阿叔竟暴跳如雷，训斥青年达六分钟，其间不停地使用脏话。有个媒体在采访巴士阿叔的时候，巴士阿叔直接向记者出价：“最少八千”，于是该记者给了阿叔八千块钱以换取“专访”。事后，该记者将巴士阿叔受访要收钱的事写成新闻并刊登出来，巴士阿叔再次被推向舆论的风口浪尖。随后，类似的事件一次次出现，在媒体的疯狂炒作之下，巴士阿叔一次次成为舆论的焦点。许多人不胜其烦，最后大家对巴士阿叔彻底丧失了兴趣。“巴士阿叔事件”也引发了人们对香港媒体操守的大讨论，有人认为媒体不讲道德，争相吹捧，最后“捧红”了一个蛮不讲理的大叔。

所以说，香港的一些媒体记者经常花钱去制造新闻，花钱请人家做事，这种做法就是新闻造假。现在香港媒体的公信力不高，就是因为假新闻频发，造成受众满意度下降。

五、香港媒体与政府机构

香港没有直接的监管机构对新闻媒体进行监管。据我了解，要想在香港办一份报纸，只要有人、有钱，直接报批就可以了，不需要经监管机构进行审批。香港政府中设有一个专门的职能部门，负责沟通政府和香港媒体及外国媒体的关系。该部门名为“政府新闻处”，隶属于民政事务局，辖区下设四个科：本地公共关系科、宣传及推广科、香港以外地区公共关系科、行政科。

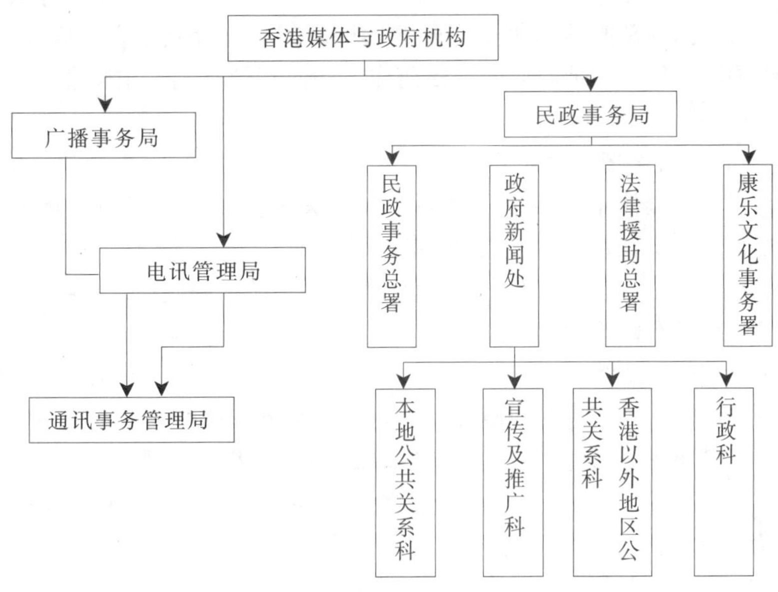

图 3　香港媒体与政府机构图

本地公共关系科包含三个组别：新闻组，主要负责发放政府消息，如政府政策消息、例行通告及天气报告等，同时负责安排记者会和简报会；大众传播研究组，主要负责向政府反映报章及电子传媒所表达的民意；主要官员的新闻秘书、政府总部新闻组及部门新闻组，负责上传下达及各类新闻宣传活动。

宣传及推广科包含四个组别，分别是：本地宣传事务组、创作组、国际推广组、刊物销售及行政组。宣传及推广科主要协助政府举办宣传推广活动。

香港以外地区公共关系科包含三个组别，分别是：海外公共关系组、香港以外地区办事处新闻及公共关系小组、探访事务及国际会议组。该科主要负责为驻海外办事处提供香港信息，推广香港名片，招商引资。

香港对新闻这块的投资比较大，根据香港政府公布的财政预算显示，这四个科每年所控制的开支是9 000 万港币，包括印报纸、在地铁中派报纸、网站、公益广告等费用。

六、香港媒体资源的利用

香港传媒业繁荣发展，其丰富的媒体资源不仅对香港社会有很大影响，同时为内地新闻业提供了广阔的发展空间。充分利用香港媒体资源，须加强香港媒体与内地政府的交流协作，从而互信互利，相互理解，相互支持。

（一）开展经贸活动

利用香港媒体平台开展经贸活动，不失为推动内地经济发展的好方法。在香港，所有媒体都经营着一项业务，叫“广告推介”，即通过刊登广告来招商引资。《文汇报》就承担了很多内地的招商活动，共组织逾500场在海内外具有影响力的大型公关活动，如2010高端经济论坛、紫荆花杯杰出企业家奖、海南省国际旅游岛旅游专项推介会等。一般来说，内地政府到香港去招商时第一时间便会找到中央人民政府驻香港特别行政区联络办公室（简称香港中联办）。香港中联办则会推荐其找《文汇报》商谈。因此，《文汇报》成为内地入港招商活动的主要阵地，一定程度上促进了内地经济的发展。

（二）打造辟谣平台

很多人认为辟谣都要找香港媒体。在进行突发事件报道时，香港媒体具有缓冲的作用。如果是《人民日报》或《南方日报》等具有较大影响力的内地报纸去报道，便会即刻引起社会大众的关注。为防止舆情泛滥，相关部门需迅速反应，及时处理。而如果是《文汇报》去报道，便可以给相关责任单位缓冲的时间。因为是香港的媒体，所以他们需要对内容进行核实，然后再决定是管还是不管。

2012年，东莞要修高速公路，而高速公路的规划需要从一个港商的祖坟上穿过，于是政府跟该港商进行沟通，给予港商一定的补偿，让其把坟迁走。港商也许是由于工作繁忙，也许是另有目的，没有去迁坟。后来，东莞修了路，直接从港商的祖坟上穿过。港商于是向《苹果日报》《东方日报》爆料，这便是当时轰动一时的新闻——《内地政府掘港人祖坟》。在对这件事进行报道时，媒体不能断章取义，只关注结果而忽略事件产生的原因；受众对于新闻的判断能力参差不齐，媒体的误导客观上会催生谣言。新闻媒体应透过现象看本质，去解释清楚内地政府为何掘港人坟墓，以消除大家的无端猜忌。这个解释的过程就叫辟谣。类似这样的辟谣还有很多。在“小悦悦事件”中，许多香港媒体都谴责佛山人素质低下，殊不知17个路人里没有一个是佛山人，包括最后救小悦悦的阿姨也不是佛山人。这时候媒体就要去告诉大家实情，把误会解释清楚。

一般来说，突发事件出现后，政府应与媒体建立良好的互动关系，把能提供的信息提供完整；同时，媒体应尽可能地把事情解释清楚，公平、公正、公开地报道新闻，这样就能达到辟谣的目的。

互动环节

1. 问：在报道突发事件和群体性事件时，香港媒体的关注点是什么？

答：对于突发事件，我们主要关注三个方面。第一，事件的起因是什么；第二，对于该事件，政府有何作为；第三，起因方的诉求是否合理。我前两天去西樵山采访，接到很多电话，也收到很多微博爆料，均是投诉政府在拆迁过程中不顾群众利益之类的内容。后来我对该事件进行调查核实，发现事情并非如此，矛盾根源在于起因方的诉求太过苛求，以致双方无法谈拢。所以，香港媒体一般关注的是起因方的诉求点、出发点以及政府对此的作为。

2. 问：内地政府在和香港媒体打交道时需注意什么？

答：目前，像《苹果日报》等反动媒体在内地是不被允许采访，其产品也是不被允许售卖的。我认为对于境外的媒体，处在中字头以外的要尽量少接触。

3. 问：香港的反动媒体在内地没有记者，他们主要通过电话、邮件等方式获取信息，那么其新闻的真实性是否应受到质疑？

答：香港反动媒体所获取的信息很多都间接来源于《文汇报》已有的新闻报道。在《文汇报》中，这篇报道是正面的；在反动媒体中，它就可能被改成反面的。事实上，这些媒体所做的内地新闻90%都来源于《文汇报》的报道。像之前杨利伟作为中国首位航天员飞上太空的时候，照片由《文汇报》独家发出，但编辑错误地把杨利伟的图片放反了，本身是朝右的，结果放成朝左的。第二天，所有刊发了该则消息的新闻媒体，杨利伟的图片都是反的。从这里可以看出，很多媒体关于内地的新闻都来自于对《文汇报》中新闻的再加工。

4. 问：香港人口大概700万，和佛山的720万相差不大，但是香港有53份报纸、652份杂志、100多个电视、电台频道。香港为什么能聚集如此之多的媒体？

答：因为香港媒体背后有庞大的社群支撑。比如《苹果日报》是老牌的英国集团在支撑。今年香港有 8 家媒体上市公司，《苹果日报》是其中一家，它的报表显示，其很大一部分资金来自境外的资助，还有一笔收入来自它所代表的利益群体——广告主。它有固定的广告主，这些广告主只会选择《苹果日报》刊登广告，不会考虑其他媒体。就像中央政府给《文汇报》下发了《国 5 号文》，指出《文汇报》是党在香港的重要新闻平台。同内地政府在香港做广告时需选择《文汇报》一样，每个媒体都有自己的广告主给予支持。香港的报纸不是通过销售来赚钱的，而是通过为其背后的群体做代言。

5. 问：在当今时代，传统纸媒应如何应对互联网等新媒体的挑战？

答：传统媒体应充分发挥自身优势，并利用好新媒体的优势，与时俱进，谋求转型。转型的方式多种多样。第一，不断拓展新媒体平台，实现经营方式多元化。像《文汇报》目前便在逐步探索多种经营方式，在纸媒的基础上开发了微信、手机报、网站等多种阅读平台，逐步向新媒体扩展，向全媒体扩展。第二，充分发挥自身优势，向渠道媒体发展。当我们利用互联网、手机报打进市场、逐步发展为全媒体的时候，我们应考虑一下纸媒能提供的核心资源是什么。在过去，纸媒依靠卖信息、卖广告来赚取利润；在未来，纸媒可能转变为卖独家的分析。所以说，渠道媒体也是纸媒未来的生存方向之一。然而，转型是大势所趋，在转型过程中纸媒应把重心渐移，逐步过渡到新媒体平台。像《华尔街日报》在其官方网站刊载电子收费报纸，注册会员付费后即可阅读。现在，会员付费收入已占到《华尔街日报》所得利润的四成。

6. 问：在行政服务领域，很多时候正面的声音出不去，负面的声音却铺天盖地滚滚而来。应该怎样跟媒体打交道才能更好地传播正面的声音？

答：香港媒体在进行新闻报道时十分注重名人效应。名人具有较高的新闻价值，往往更能引起受众的兴趣。比如特首梁振英，在日常生活中也是个普通人，因而媒体很少关注他的个人生活。但当他做施政报告时便成了“名人”，这时候媒体就会去争相报道。信息的传递需要依赖一个整体系统，只有各方面相互配合、彼此协作才能达到最佳的传播效果，不是说单靠一篇文章、一个新闻、一个事件就能实现的。

7. 问：谁在影响香港媒体发声？香港媒体在影响两岸关系的一些重大事件（如占领中环行动）中扮演了怎样的角色？

答：媒体是舆论的阵营。2013 年 9 月 11 日，美国总统奥巴马发表了关于叙利亚问题的全国讲话，随后俄罗斯总统普京在美国《纽约时报》网络版发表文章，质疑美国在叙利亚问题上的政策，批评奥巴马的“美国例外论”。这篇文章引起了美国方面的大“反抗”，美国参议员麦凯恩于19日在俄罗斯《真理报》网络版上发表文章，批评普京和俄罗斯政府，称俄罗斯人值得拥有比普京更好的领导人。美俄两国的对抗充分说明了在当今时代，媒体已成为社会公众的主要舆论场。

然而，尽管媒体容纳了各种不同的声音，但其根本立场还是与自己背后的利益群体相一致。比如每年特首选举期间，很多香港媒体都在分析《文汇报》支持谁，然后才去进行报道。因为《文汇报》是党在香港的喉舌，其新闻报道具有较高的权威性和公信力。这些媒体最终的声音则代表自己的群体，《东方日报》代表《东方日报》的群体，《苹果日报》代表《苹果日报》的群体，本质上还是代表各自的利益。

8. 问：新闻报道中怎么平衡正面解读和反面解读？

答：新闻本身没有正面和反面之分。我所说的正反，“正”指的是拥护党的媒体，“反”指的是反动派的媒体。一个新闻有很多面，不仅仅局限于两个。站在不同的角度看往往会得到不同的结果。每个角度都代表着不同的利益群体，所以解读的方向最终也是代表各自利益的。所以说，站的面不同，解读的结果也不尽相同；每种解读都代表着不同的利益群体，谈不上平衡与否的问题。

9. 问：在香港，政府官员与媒体之间的关系如何？

答：实质上，香港媒体与政府官员就是“互相利用”的关系。这里所谓的“互相利用”不带贬义色彩，而是说媒体和政府官员之间相互独立但又相互需要。媒体需要政府提供新闻信息，政府需要媒体进行舆论引导。但在很多时候，这种关系会出现偏差。因为香港媒体以市场为主导，崇尚自由主义的新闻生产方式，为获取更多利益，媒体常常要“抢新闻”，所以很多时候媒体并不乐意与政府联手，为政府发布信息，而更倾向于与政府唱“对台戏”，故意为难政府官员以获得自己所需的材料。

10. 问：在全媒体和自媒体的时代，高校应如何加深与海外媒体的交流？

答：在全媒体的背景下，新媒体形式不断出现，媒体内容、渠道、功能日益融合。在自媒体的背景下，人人都是传播者，信息传播向个性化方向发展。当今时代即是全媒体快速推进的时代，又是自媒体蓬勃发展的时代，信息融合与分化相交融。在这样的大背景下，高校应谋求与国际接轨，发展国际化教育，与境外多接触、多合作。同时，要保持自身教育的特色，培养具有国际化视野的有个性的学生。在国际化的进程中多与海外媒体进行沟通、交流，吸引海外媒体对自身国际化的特色教育进行报道。

简而言之，就是通过国际化打造自己的新闻亮点，然后吸引海外媒体来报道。像在对佛山科学技术学院进行报道时，相较于去报道佛山科学技术学院的研究生、毕业生的就业率，媒体更乐意于去报道佛山科学技术学院跟港澳或者其他地方的出色合作，因为这才是新闻的亮点所在。所以，首先应扩宽国际化合作渠道，然后再加深与海外媒体的交流。

11. 问：现在有些媒体热衷于用非正面新闻、眼球新闻充斥新闻头条，您怎么看待这种现象？

答：在我学新闻的时候，我也觉得记者就是大海上站在船头的那个瞭望者。美国的新闻业中有这样一个观念：记者应是啄木鸟，在长满蛀虫的树上，把虫啄出来。这也许是很多初学新闻者的理想——铁肩担道义。但随着年龄的增长，我们看到的事情越来越多，对于新闻理想的理解也许就不一样了。

有些媒体出于运营的需要，必须做些眼球新闻。譬如网站，网站的经营讲求点击率，只有抓住受众的眼睛，才能吸引其点击进入。因此，网站上必须要有抓人眼球的新闻。面对同一则新闻，不同的媒体具有不同的关注点，因而最终的结果也就不尽相同。当媒体关注事件本身时，刊出的则很可能是严肃的新闻报道；当媒体关注的是事件本身所隐藏的具有感官刺激的信息时，刊出的则很可能是眼球新闻。不同的人对新闻的理解不同，有些人认为新闻就是一种生意，而有些人认为新闻是社会的公器，需要为社会服务。

其实，眼球新闻也带给我们一些启发。在新闻报道中，变换一种角度也许更能吸引受众的注意。比如称赞某个人工作很积极，如果直接说，可能没人听；如果换个角度说："你不能这样做，你这样不爱护你的身体，那么你家人怎么办？"用不同的方法去呈现也许会取得意想不到的效果。

12. 问："新闻是自由的"，这句话是否意味着新闻没有底线？

答：香港的新闻是有底线的，但它的底线与内地的不同。香港的新闻业规定，投资方不能干预新闻自由。若是违反了这条准则，无论投资方的后台有多大，其都会被扫出媒体行业，这就是它的底线。

之所以会出现煽情、血腥、色情的新闻，那是因为香港身处资本主义社会，以市场为导向就决定了媒体要生存就必须追求利益。在香港，做新闻就等同于做生意、卖东西。为了吸引受众，把新闻"卖"出去，香港媒体必须要这样做，就算报纸不能做，周刊也要做。这是与内地新闻业不同的地方。

然而，这并不意味着香港的新闻没有底线、记者丧失职业道德。在香港，做事要按照一定的程序，记者也是如此。

我们经常讲车马费，但在香港，收了车马费就是受贿，就要坐牢。我有些香港的同事到内地采访，别人给他车马费，他也不敢收，因为收了就等于是受贿。记者做好本职工作，拿自己应得的酬劳就够了，不能去收取所谓的车马费。这就是记者的自律，记者的底线。

13. 问：您说香港的狗仔队很厉害，那么时政记者是不是也很厉害？

答：时政记者不会像娱乐记者那样24小时去跟踪某人。时政记者不太关注官员的私生活，除非是真的有价值的新闻。香港特首梁振英也只有在他作特首工作报告时，即他与中央领导会见的时候，才会引起时政记者的关注。

第十九讲：视觉新闻策划及其传播特征

主讲人：周　春

主讲人简介

周春，《佛山日报》首席摄影记者。毕业于安徽师范大学摄影专业。2005年至2007年驻《佛山日报》三水记者站，现主要负责跟进市长、经济、文化娱乐、佛山新城等范围的新闻摄影报道。摄影作品《通宵排队只为孩子看病挂号》《阿伯醉“游”汾江》《最后一棒火炬手》《梦乡》《众星捧月》《楼盘降价了 业主要退房》《城轨来了》，分别获广东新闻奖二等奖一次、三等奖一次；广东省新闻摄影作品年赛一等奖两次、三等奖两次；中国地市报新闻摄影评选金奖一次、银奖一次、铜奖三次；中国城市党报好新闻评选三等奖一次。曾获中国地市报论文评选二等奖一次、中国城市党报论文评选二等奖一次。

许多新闻热点事件，都是由图片引起的，像重庆“最牛钉子户事件”“周老虎事件”“表哥事件”。如果事件是单纯地由文字呈现，没有图片或者视频等影像资料，这些事件不一定会有如此广泛的传播效果，进而成为热点事件。图片在舆情事件的生成与演变中发挥了巨大的影响力，同时，图片在传播社会正能量方面也有着无可比拟的优势，一幅具有冲击力的新闻图片的传播力量绝对不亚于一篇深度的文字报道。在网络时代，图片的重要地位已经不言而喻，而摄影记者的地位随着网络时代的到来也显得更加重要了。

一、摄影记者职业特点

摄影记者是以摄影手段进行新闻报道工作的专业人员。他们是一支特殊的新闻工作队伍，其特殊性表现为报道手段的特殊性，即用摄影图片，而不是靠文字或声音。

摄影记者是感性与理性的结合体。虽然感性与理性听上去是一对矛盾体，但它们的结合却促使摄影记者拍摄出更好的新闻图片。在拍照的时候，感性思维驱使摄影记者想要把图片拍美，拍得更具有艺术性、冲击力；同时又需要摄影记者去思考如何让图片表达新闻，这就需要记者具有相当强的理性思维能力。本人从事摄影记者职业近十年，在拍摄新闻图片时的心态也在不断发生着变化。我在刚刚大学毕业的时候，拍照时十分讲究图片的色彩、构图等，常常调动感性思维，但是不太注重用图片表达新闻。后来意识到自己首先是一名记者，让图片能够更好地表达新闻、传递信息也是很重要的。在今天，经过实践和反思，我发现色彩、构图和传递新闻信息，对于新闻图片来说是同样重要的。

摄影记者的日常新闻线索一般来源于文字记者、领导的安排和自己的挖掘。一般来说，摄影记者的工作量比文字记者的工作量要大。文字记者一天一般采访 1～2 条新闻，摄影记者相对来说一天拍摄 3～4 条新闻是很正常的。以《佛山日报》为例，目前共有近 10 名摄影记者，佛山五区各有一个，总部有几个，各自负责不同的采访领域。

二、活动现场对记者的统筹

对记者的统筹，特别是在大型活动中对摄影、摄像记者的统筹十分重要，一旦统筹工作不足，活动就很容易出现各种纰漏。譬如，2012 年曾经出现央视一套和五套的摄像记者在现场活动中打架的事件，在实际采访活动中，这种摄影、摄像记者相互间发生矛盾的情况并不少见，活动组织方在现场对记者，尤其是摄影、摄像记者拍摄位置统筹安排不够周全，会很容易导致记者们在工作中产生摩擦。

如图 1 所示，省人大会议结束后朱小丹被记者们重重围住，场面混乱，记者们采访不方便，采访对象也会感到不适。

图 1　2012 年广东省人大闭幕，省长朱小丹被记者们团团包围
（图片来源：《南方日报》2012 年 1 月 18 日 A02 要闻版）

活动组织方需要预先安排、统筹好摄影、摄像记者的拍摄位置。活动现场安排摄影、摄像记者的统筹方法有很多。例如，在活动现场后方放一排突出的阶梯，既可以增加摄影、摄像记者的站位，也可以让记者们的站位错开。此时无须担心摄影、摄像记者站得太靠后，因为他们都配备了专业长焦镜头，足以捕捉画面。梯子两旁可以安排安保人员维持秩序，以防有人走到前方的舞台去。

现场如无合适高点，可在现场进行机动性协调，将摄影、摄像记者分成三层，第一层蹲在地上，第二层安排电视台的摄像记者和部分摄影记者站着，第三层的摄影记者则站到椅子上。文字记者一般来说对站位没有特别要求，在台下坐着就好。

有些活动摄影记者需要近距离抓取画面，但过多摄影记者冲到前台可能会影响到活动的举行，此时可以分别选取一到两家电视、纸质媒体的摄影记者到前方拍摄。为了不引起别的摄影记者的不满，可以让这几位特选的摄影、摄像记者穿上特别的工作马甲，以和其他记者进行区分。

在活动现场，平面媒体的摄影记者一般来说需要站在中间位置获取对称式图片，而电视台摄像记者则不一定要站在正中间，稍微偏一点也没太大的影响。因为摄影记者拍摄的图片是否端正非常重要，特别是涉及重要领导的活动现场，尤其需要讲究画面的构图。电视摄像记者的镜头是处于不断变动中的，相对来说，其对于画面的对称式构图不如平面媒体的要求严格。

除了陆上的活动，水上活动中记者的拍摄位置也需要考虑。比如，重要领导在船上进行放生活动，条件允许的话可以安排其他船只给摄影记者，这样既可以保证摄影记者拍到人物正面，又可以使得画面构图完整，摄影记者挑选图片的时候也会有更多的选择。

活动中怎么做好统筹工作是一门学问，很多时候都是细节问题，但是对这些细节的疏漏，不仅会影响到活动的正常秩序，还会影响到记者特别是摄影、摄像记者的正常采访，降低对活动报道的质量，进而损害活动的影响力，不利于宣传。

除了上述要注意的情况，我在实际工作中还遇到过各种各样不利于摄影、摄像记者拍摄的情况。例如，在某次签约仪式上，工作人员正好在签约仪式合照留念的关键时刻走上台搬走签约人后方的椅子，以至于见报图片无法避免这一干扰视觉的多余元素；在某大型晚会上，舞台射灯正对着摄像机照射，使得镜头中一直出现镜头光晕，导致图片质量出现问题；又如摄影时嘉宾的前方有诸如桌子等异物遮挡等。针对这些细节问题，活动组织方应提前进行安排统筹，保证摄影、摄像记者最基本的正常采访。此外，活动组织者在现实操作中还有许多需要注意的事项：

（1）活动现场的遮阳、遮雨棚颜色特别鲜艳，比如红色大棚是活动中经常使用的，但对于摄影记者来说这往往是令人沮丧的，因为棚内的人物会严重遭到红色的影响，偏色情况较为严重。

（2）不建议使用“按球”的启动仪式，稍大的球状物往往会挡住后方的嘉宾，对于身材稍矮的嘉宾来说甚至会挡住其脸部。

（3）对于喷烟花、纸花的环节，建议在舞台或者会场两边喷即可，在中间喷往往会挡住舞台上嘉宾的脸部。此外，喷的时间也要把握好，如果喷得早了，纸花会粘在嘉宾的头上，影响美观。

（4）领导们是否具有视觉意识对于新闻传播效果也很重要。例如，在有些合影的场合，有些领导左顾右盼，还有的领导直接背对镜头，这样拍出来的合影照片让人哭笑不得。在公众场合，领导们拍合照的时候应至少保持大方得体，面对镜头。

有些活动的组织者很有视觉意识。比如，在2013年“爱我珠江亲水节”开幕式的彩排中，广州市政府某副秘书长比较懂得媒体需求，提前与摄影记者进行了充分的沟通，沟通内容包括怎么拍活动、取什么样的构图会比较适合宣传。同时，也提前告诉摄影记者们活动的具体安排，嘉宾的走位流程等。由于统筹得当，沟通充分，那次活动的拍摄效果非常好。

此外，在活动中主办方应安排嘉宾们从侧边走上舞台，因为摄影记者一般会站在舞台中间，嘉宾从中间走不但自己不方便，也会打乱了摄影记者们的站位。建议在舞台前面拉一条隔离绳，两侧安排专门人员维护秩序。

三、图片在报纸上的传播特征

1. 图片对报纸的重要性

作为平面媒体的报纸，到底需要什么样的图片？头版（封面）新闻挑选图片的时候有什么标准呢？这要从报纸版面的变化说起。以《人民日报》为例，《人民日报》的发展经历了三个阶段：纯文字黑白阶段、文字搭配黑白图片阶段和现在的彩色图文阶段。通过观察《人民日报》的发展过程我们可以发现其在不断注重视觉效果，这不仅仅是中国报纸版面的发展趋势，也是世界报纸的发展潮流。随着人们的生活节奏越来越快，人们越来越不愿意看大段长段的文字报道，从博客到微博，再到微信，文字一直在变少，视觉元素比重一直在增加，这从侧面折射出人们阅读习惯的变化趋势。

新闻图片在报纸刊发一般有三种形式：第一是传统的图文结合，一幅图片配一段文字，以文字为主；第二是单幅图片新闻，一张图配几句文字说明，多数以摄影记者自己挖掘的新闻为主；第三是图片专题，用多幅照片反映一个新闻事件，以图片为主，以文字为辅，占版面比例很大，甚至是整版的图片专题报道。图片专题新闻往往拍摄所需时间较长，但是社会影响力较大，传播效果也较好。

当今世界纸媒的大趋势是越来越重视视觉元素，这对于相关部门的宣传工作也有着借鉴意义。单幅图片新闻虽然文字不多，却占据版面的视觉中心，吸引读者的眼球。相关单位在平时的工作中，遇到适合拍摄的事件时可以相应地拍几张新闻图片，简单地配上几句文字，然后发给相关的跑线记者或者摄影记者。这些单位日常工作中的一些小事，用图片新闻表现就会生动很多。

2. “缺图”是当前平面媒体中普遍存在的问题

很多报纸在日常运作中存在“缺图”的问题。尤其是缺乏适合上封面、头版的优秀图片。举例佛山日报社来说，封面（编者注：报纸导读版封面）选图标准：一般不放领导的图片，而是多选择民生类的、与老百姓息息相关的、富有趣味性的图片；头版（A1 版）选图则比封面选图要严肃得多，一般刊发领导活动、政务活动等图片。封面、头版一般较少用日常的会议图片，除非是比较重要的会议，例如党代会、人大、政协会议的图片。头版文字较多，不同区域有严格的规定，一般来说，中上方放头条新闻，一般是领导出席的重要活动或者出台重大政策的新闻；版面中部放主打图片。整个头版大都偏向时政新闻，因此，无论是记者还是报社领导都希望报纸的新闻图片能够多一些，这样才能使读者读起来轻松愉悦一些。

3. 图片影响编委会的排版选择

在此提一下报纸出版流程：记者一般会在头一天晚上向所在部门主任报题；摄影部门负责人会在上午 11 点的采前会与其他部门的主任、报社老总碰头，确定当日报纸的头版有什么适合刊发的重要图片；下午 4 点 30 分的编前会，也是部门主任会议，此时已经基本确定封面、头版用什么稿件、主打图片等。有时候新闻事件虽然不是很重要，但是图片拍得有趣，富有视觉冲击力，该图片也会被选出来放在封面、头版作为主打图，而文字则放在后面的版面，甚至有时候因为图片好，连相关文字都能放在靠前的版面。因此，好的图片可以影响到编委会领导们，成为相应的新闻事件能否上重要版面的重要砝码。

4. 新闻图片不能造假

无论是用相机还是手机来拍摄新闻图片，我都会对图片进行后期调整，但这种调整不代表新闻造假。由于图像具有超强的真实性和强大的说服力，给公众造成“眼见为实”的感觉。而如今越来越多的人为了达到私利而弄虚作假，于是就有了虚假图像传播。新闻摄影在进入数字时代后为图片的后期调整提供了极大方便，也给图片真实性带来了挑战。对新闻图片真实性应该有什么规范？对新闻图片修改的限度是什么？详见文后编者补充材料《五网站出台图片处理规范》。

5. 拍摄新闻图片不要拘泥于器材

拍摄新闻图片不一定非要“高大上”的器材，许多被报纸选择刊发的新闻图片甚至是手机拍摄的，因此要养成多拍的好习惯，看到什么有亮点、有趣的事物都可以随手拍摄，如此，不仅可以提高摄影技艺，也能够捕捉到更多精彩图片，提高传播的可能性。拍摄新闻图片，可以从视觉冲击力、构图形式感来打动人，也可以从引起人类共同的情感共鸣来打动人。

四、视觉新闻的策划

相关单位在组织一些活动的时候要充分考虑如何通过图片、视频更好地传递新闻，这就需要前期策划。

1. 新闻策划不是策划新闻

新闻策划，是对已经发生或将要发生的新闻事件进行包装报道，分析、构思，经过反复酝酿、调整，从多个报道方案中优选最佳报道方案来加以实施，以达到一定的报道目标、实现预期的传播效果的过程。在运作中，是先有新闻事实后有报道策划。“新闻策划”建立在新闻事实的基础上，如设置报道议题、制订报道计划、做好采访准备等。这里，新闻事实是客观存在的，事实作为新闻的本源保持了其本身的真实性，新闻策划的运作遵循了新闻报道的规律。

策划新闻则是无中生有，将不存在的事情策划出来。在运作中，是先有策划活动后有新闻事实。“策划新闻”建立在策划事实的基础上，如新闻导演、炒作、造假等。这里，“新闻事实”是人为制造的，事实作为新闻的本源被歪曲或造假，丧失了其客观性、真实性。策划新闻的运作违背了新闻报道的规律，新闻图片策划和新闻视频策划亦然。

2. 视觉新闻策划的重要性

图 2　厨师现场制作岭南特色美食——火焰鱼

活动主办方要有策划的意识，要考虑为电视台、报纸多提供一些有价值、有利于传播的画面。例如，在某次旅游推介会现场，没有旅游特色产品和当地土特产的展览，只有几十桌宾客在桌子旁等吃，对于摄影、摄像记者来说，拍摄一桌桌宾客会显得画面单调死板，缺乏视觉效果。这样的情况下要拍出鲜活的好照片就需要一些策划。那次活动我正好在现场，发现每张宾客席上都有一道岭南特色美食——火焰鱼，但这些都是烹调好的成品，没有火焰喷发的环节。在我的记忆中，当制作火焰鱼时厨师会倒酒，产生夺目的火焰效果，因此我就与主办方负责人沟通，安排厨师现场烹饪火焰鱼，制造火焰效果，随后吸引了现场大量宾客围观，现场拍摄的新闻图片（见图 2）既有精彩的厨艺，又有众多围观的宾客，视觉效果非常好。该图成为第二天报纸头版新闻图片，这是一个较为典型的视觉新闻策划。

要达到最佳的传播效果，必须依靠最合适的传播方式。视觉新闻策划不仅是记者要考虑的，也是活动组织者应该考虑好的。从我接触到的实际工作来说，南海区较为擅长视觉新闻策划。例如，2013 年 1 月 24 日，佛山市南海区西樵镇西樵山，活动主办方请来青春靓丽的国际旅游小姐将放生池中的锦鲤放生，拍出来的图片和视频都要比“领导在西樵山放生”更吸引人眼球。这既是个活动策划，同时也是个成功的视觉新闻策划。又如佛山市全民健身日活动，组织方安排了五千名市民穿着统一服装一起打太极拳。摄影、摄像记者可拍的素材变得非常丰富，拍出来的图片、视频也更加吸引眼球。

在当今这个信息爆炸的时代，我们每天的生活中都充斥着大量的新闻，没有吸引人眼球的新闻，是很难脱颖而出的。

图 3　陈光标团队将 3 000 多万现金直接堆在舞台上

（图片来源：《京华时报》2010 年 2 月 1 日第 16 版）

陈光标和他背后的团队十分善于视觉策划，例如让陈光标与大量的人民币现钞合照，捐赠猪并与猪合影，戴绿帽号召绿色出行，模仿雷锋拍照纪念雷锋日等策划都具有较强的视觉感。我们试想一下，比如说捐款的活动，新闻报道如果仅有捐款数额，肯定很难给读者留下深刻的印象，可是如果让受助者将这些现钞一张张地举起来，那么拍出来的照片和视频就具有很强的视觉冲击力，比文字更具有传播力量。

再举个例子，比如说佛山的中山公园里有个动物园，里面有各种小动物，个人就觉得这里可以策划出各种视觉新闻，像“动物过冬”“动物过夏天”“猴妈妈生孩子”“动物闹矛盾”等，拍些新闻图片配以简单的说明发给媒体。

3. 视觉策划要注意的问题

第一，活动策划负责人在活动前应该与记者沟通好，阐明自己的策划方案和传播意图，让记者能够更好地传递新闻信息。主办方也可以自己拍摄图片发通稿给多家媒体，图片通稿的质量要求会比文字通稿质量稍高。因为文字可补充采访、润色修改等，但图片就不行，因此需要提前做好图片通稿的拍摄准备工作。

第二，政府机关的镜头不能总是围着领导转。当然，对于本单位来说，拍领导留档案是可以的，但是更重要的是要捕捉到活动的亮点，拍摄活动中最吸引人的东西。这类有新闻亮点的图片只要不是拍得太差，媒体都会选择采用刊发。

第三，在一些比较重大的活动中，可以邀请水平较高的摄影发烧友或媒体摄影记者拍摄，他们相对有经验，拍出来的图片比较符合传播的要求，也可以和相关熟悉的新闻媒体合作，让其提供图片，向其他媒体发图片通稿。

五、新闻图片在非报纸平台的传播途径

新闻图片在非报纸平台的传播途径包括微博、微信（公众号）、论坛、博客，还有图片通稿平台（CFP、东方 IC）、新闻通讯社（新华社、中新社）和商业广告等。

1. 新闻图片在微博、微信上的传播特点

（1）以图片新闻为主，符合现代快节奏的生活方式。发微博、微信，没有图片通常关注度会比较低，因为图片直观、明了，且更加吸引人的眼球。如我曾在微博上发布了一组关于佛山新城儿童乐园的图片，一天的阅读量就达到了 39. 2 万，转发 467 次，评论 87 次，这个阅读量已经超过了佛山地区发行量最大的报纸一天的发行量，许多读者咨询儿童乐园的地理位置、交通路线等。这些图片并没有太多的技术含量，却引来大量市民的关注。

（2）交互化、立体化。在微博、微信分享信息，进行社会交往，表达个人感受，往往都能够得到其他网友迅速、即时的反馈。在现代生活节奏加快、信息爆炸性增长的情况下，人际交往变得表层化和快捷化，人们普遍需要传递信息、表达情绪、分享感受的机会。这种交互功能自然受到人

们的关注。与传统媒体一对多的线性传播模式不同，微博的网状传播方式可以实现一对一、一对多、多对一、多对多的交互传播。与其他新媒体如博客、SNS 等交互传播方式相比，微博、微信的准入门槛更低，自主性更强，交互起来更便捷，因而也显得更加“亲民”。在独特的交互传播方式的基础上，微博、微信能够轻松实现人际传播、群体传播、组织传播和大众传播的兼容，成为名副其实的多媒体。

（3）碎片化、去中心化。由于传播容量的限制，微博、微信的内容和信息量也受到了限定，因而呈现出“碎片化”的特点。这种信息传播特点，限制了某些要求复杂和深度内容的传播，但这也恰恰显示了微博、微信的独特性和分众传播的优势：它一方面契合了现代社会信息化、快节奏的生活方式，大大节约了现代人的时间成本，另一方面又在影响现代人关注信息的方式和习惯，甚至引领着整个社会生活方式和人际交往模式的潮流。与传统的大众传媒严肃、权威的面孔不同，去中心化的特点颇具亲和力。微博、微信提供了一个平等的交流平台，它打破权威，鼓励创新，张扬个性。这在一定程度上填补了大众传媒的传播空隙，降低了新闻传播的成本和门槛，使精英阶层的话语权下移，彰显了草根性与平民化的传播个性。通俗地说，碎片化就是非正统，带有随意性，看到什么拍什么。

（4）及时性。微博、微信打通了固定互联网和移动互联网之间的限制，实现了电脑与手机的终端融合，使内容的传播速度比其他媒体更便捷、更迅速。越来越多的人自发地进行“现场直播”，发现什么新鲜事物立即拿出手机拍下来，马上就上传到微博或微信，他们的好友也能立即看到分享的图片。

（5）来源多样性。微博、微信既是一个传播平台，又是一个内容自创的平台，让人人都成为内容的制造者、见证者、传播者、评论者。有人甚至称，如果每个人能好好地经营微博、微信，就等于自己拥有了一个媒体。理论上，在微博、微信的世界里，个人可以向全世界喊话，每个人都可以把微博、微信当作一个“自媒体”，从而形成一个自己的受众群落，用微博、微信的方式，随时随地将个人的所见所闻以最精练的词汇，发布给自己的受众。与此同时，关注者既可以通过所关注的对象阅读感兴趣的信息，从而进行反馈，也可以通过转发把信息扩散出去。如此，不仅可以让很多人聚集起来同时关注一件事，迅速地使个人的自媒体成为一个话题讨论和舆论关注中心，而且这种扩散力和影响力是以几何级倍数增长的，力量不可小视。

（6）传播有效性。微博、微信的信息能够被瞬间传播扩散，具有爆发式的影响力。这种病毒式的传播速度，使得信息从一个信息节点迅速传播到无数的信息节点，蔓延扩散为大众传播，而这些都是源于工具的便捷、社交群体的错综复杂、传播信道的多元整合。

（7）阅读便捷性。这也是视觉新闻的优势所在，比起文字阅读起来更容易产生愉悦感。

2. 新闻图片在图片通讯社的传播

图片通讯社有两种形式：第一种是东方 IC、CFP（国务院新闻办的图片库）形式。这是一种商业图片通讯社模式，一种非官方的新闻图片社。目前，全国很多摄影记者和摄影发烧友都会拍摄图片并提供给这种商业图片库，图片库再将这些图片卖给全国甚至是全球的媒体使用，收入与供稿者分成。第二种是新华社、中新社形式，这是一种传统的官方新闻通讯社，新闻图片是其中的一种新闻产品。他们的新闻图片产品也是向全国甚至全世界供稿，而且更具有权威性。

编者补充材料：五网站出台图片处理规范

新闻摄影在进入数字时代后，面临新技术的挑战。数字时代的数码技术手段使虚假新闻照片难辨真伪。有极少数摄影师以种种不正当理由，对新闻图片滥用数字技术，对原始图像信息进行随意修改，严重违反新闻真实性原则。

新华社中国全球图片总汇、人民图片网、中国新闻图片网、五洲传播图片库及东方 IC 图片中心等 5 家国内权威图片网站（图片库）承担着重要的新闻报道及对外宣传任务，为海内外媒体提供各类新闻及专题类图片。这五家图片网站 2007 年发表联合公告，内容如下：

为了坚决贯彻全国“扫黄打非”工作小组办公室、新闻出版总署联合下发的《关于整治假报刊、假记者站、假记者、假新闻专项行动的通知》，认真执行中华全国新闻工作者协会制定的《中国新闻工作者职业道德准则》。我们坚持正确的舆论导向，进一步加强内部管理，建立和完善杜绝虚假新闻的制度保障。增强政治意识、大局意识、责任意识，逐步建立起防治结合、以防为主的杜绝虚假新闻的长效机制。同时要求向图片网站（图片库）提供稿件的签约摄影师严守采访纪律，加强职业道德观念，维护摄影报道真实性原则。我们坚决不接受虚假新闻图片，不收集和整理包含虚假内容的专题图片。

为维护国家形象，维护社会公众利益，同时确立具有可操作性的行业规范，我们联合发出以下公告：

（1）图片报道要确保其真实、客观、公正。反对摄影师在拍摄过程中虚构和捏造新闻事实，反对拍摄重现的新闻事实。反对摄影师干预新闻现场或对被拍摄对象进行导演摆布拍照。

（2）不允许摄影师对拍摄的原始数码图像文件的数据做任何修改。绝不允许在照片上随意增加影像或者删除局部影像，甚至改变画面内容（剪裁画面中无关的部分除外）。

（3）为了让照片保持画面清晰精确，对色彩或灰度只能作有限度的调节，类似于传统暗房处理照片过程中对曝光的控制和加光、减光。对照片的润饰仅限于去除画面上的擦痕或斑点。为了保证原创图片的真实性，照片色彩只能稍加调节。在调色前必须谨慎考虑。出现反常色调时，要在图片说明中加以解释。

（4）摄影师在拍摄和制作拼贴组合图片、蒙太奇式组合图片、人物肖像，时尚或家居设计插图等专题类摄影作品时，所使用的控制摆拍的摄影方法一定要让读者知道。如果照片可能会让读者产生怀疑，应该在图片说明中标明我们所采取的摄影和制作手段。例如，应当标注“数字合成图片”。本条叙述的情况适用于非报道类的说明性配图。

（5）摄影师应给图片标注清晰的图片说明，说明文字要含新闻的基本要素，必要时交代新闻背景。

（6）图片文字说明和标题要实事求是，反对图文不符、夸大其词、虚张声势的不良文风，更反对无中生有的图片说明造假行为。

（7）在采访中要体现人文关怀。记者在拍摄意外事件时，应尊重受害人及其家属的感受，尽量把对他们的心理影响及伤害减到最低。摄影记者在拍摄过程中应该尊重被摄者的隐私权。

（8）坚持抵制低级庸俗之风。不拍摄、不传播危害国家安全、危害社会稳定、违反法律法规以及迷信、淫秽等有害信息的图片。

（9）依据以上规定，我们将建立联合工作机制，一旦发现摄影师有违反以上规定的行为，根据情节轻重对有关责任人进行处理。情节严重者，所有图片网站（图片库）将联合一致取消其签约摄影师的资格，并在各图片网站（图片库）公布其造假行为。

我们自觉接受社会监督，欢迎同行以及社会各界监督，对举报的违规违纪问题严肃查处，并在行业媒体上公布查处结果。

第二十讲：新媒体浪潮下的电视产业状况

主讲人：黄　伟

主讲人简介

黄伟，现任佛山电视台新闻中心总监、新闻综合频道总监。毕业于中山大学哲学系，从事电视行业14年，先后担任专题部主任、发展研究部主任、编播部主任、总编室总监、影视频道总监等职务，对新闻、专题及电视发展理论有一定研究。作品曾荣获中国广播影视大奖和广东新闻奖一等奖等奖项。

一、传统电视没落了？

之前，有报道称“去年北京地区电视开机率已经降到了30%，电视观看人群呈现老龄化，年轻人选择放弃电视”。其实，这是谣言。官方数据显示，全国电视开机率从2001年到2013年一直稳定在20%～25%，在高峰时段，即每晚八点四十五分，开机率达66.81%。也就是说，在这一时段，每10户家庭中有6～7户在收看电视。

有人指出电视媒体正在逐渐衰老。但我认为，未来三到五年，中国电视仍会主导媒体产业的发展。现在，全国广播电视行业年总收入约3 628亿元，创收3 183亿元。因此，不管是从盈利额来看，还是从政策来看，电视都是高门槛的行业，未来一段时间里将继续处于第一媒体的地位。不过，在新媒体的威胁下，电视媒体确实受到了一定的冲击，面临的挑战主要有以下几个方面：

1. 新媒体冲击

年轻群体的电视收看习惯正在被改变，他们更倾向于在电脑、iPad、手机等终端收看节目。收视人数的减少，导致了部分频道和栏目收视率与同期相比出现负增长的情况。数据表明，2014年上半年电视剧TOP10平均收视率为1.3，较去年下降了16%。

受到互联网等新媒体的冲击，电视剧板块整体观众流失严重，大部分观众都转到互联网视频媒体。2014上半年，收视冠军《宫锁连城》收视率为1.5%，与2012年《宫锁珠帘》2.5%的收视率相比，下滑了1%。与此同时，2014年6月，国内几大主流视频网站的月度视频点击量达到236亿次，同比增幅90%左右。

虽然，新媒体的冲击分散了部分电视收视，但也为电视节目提供了一种新的传播渠道。电视节目的传播渠道变宽，营销方式变得多样化，这对电视媒体来说，未尝不是一件好事。受众不仅可以收看节目，还可以通过微博、微信参与节目，由此带动更多的受众进入到节目收视潮中，这样更容易产生“现象级”电视节目。我认为，未来评估一档电视节目时，互联网点击率、讨论量、搜索量等数据也应该被纳入其中。

2. 电视节目间竞争激烈

以前的电视节目比拼主要集中在五大卫视之间。但是，现在不仅央视、一线卫视开始频繁发力，连二、三线卫视也加入了竞争行列。季播节目的流行，使得电视节目的比拼已经进入多方厮杀的局面，未来肯定会出现一家独大、多家持平的局面。

当前，各大电视台都在开发自己的王牌节目，越来越多的王牌节目在市场里面竞争，有时在同时段里就有多个节目。像《爸爸去哪儿》和《中国好声音》基本上在同一时间内播出，观众只能选其一，这也会分走观众，导致收视率下降。

3. 缺乏本土化精品

现在国内大部分的综艺类节目，基本上都是从国外引进的，如《爸爸去哪儿》是从韩国引进的，《中国好声音》是从英国引进的。国内电视综艺在各种风潮中前进，但也在过度消费某种节目形式。国外一档好节目可以连续做好几季，但在中国做了几季之后，就难以做下去了。例如现在的《中国好声音》，已经做到了第三季，如果这个形态在下一季没有变化的话，观众可能就不会再感兴趣了。

总的来说，国内的综艺节目从兴起到没落，总是走得比海外快。从电视台的角度来看，这或许是好事，这种优胜劣汰的快速淘汰法则，会逼着电视人不停地往前走，让国内电视发展的水平能够更快贴近国际水平。

4. 网络自制节目分流观众

一般人会将视频网站当作电视最大的敌人。但我认为，原生数字内容制造者，即网络视频创作者，才是电视最大的敌人。美国有一部叫《纸牌屋》的电视剧，现在已经播到第二季了，在美国和我们国内都引起了很大的反响，获得非常大的成功。但这部剧没有在任何电视频道上播放过，而是互联网公司自己找投资、找编剧、找演员等制作，然后在网络上播出。一般的视频网站都是播电视台播过的电视剧，它却完全网络化，跟传统电视没有任何关系。如果未来其他网络电视制作机构或者视频制作机构都能达到这个公司的制作水平的话，传统电视就真的岌岌可危了。

现在，国外视频网站自制节目的水平已经比较高了，但我们国内的视频网站自制节目，其水平与国外差距还很大。现有的国内视频网站自制节目内容都比较低俗，完全靠吸引眼球生存。不过，他们现在正处于起步阶段，大型的视频门户网站，如爱奇艺、优酷、土豆等，也开始在这方面做尝试，日后就会形成相对成熟的模式，从而对传统电视产生冲击。

二、电视转型的新趋势

电视转型已是大势所趋，传统电视频道想要脱颖而出，就必须了解电视转型的新趋势，抓住转型机会。就目前来看，电视转型的新趋势主要体现在以下几个方向：

1. 把电视频道转变为视频 APP

把电视频道转变为产品，就是转变为视频 APP，以用户为中心，不断迭代，不断完善 UI（用户界面）和 UE（用户体验）设计。通过视频 APP，为用户提供最好的用户体验，从而积累大量的用户群体，在此基础上，实现商业运营。对于这一方面，国内电视行业还没进行充分开发，进步空间还很大。

就现有状况来看，大部分地级市的电视台在打造整体形象方面的能力都还比较弱，主要是因为所处层级比较低，拥有的资源有限。而中央或者省这个层级的电视频道，就会有非常完善的 UI 或者 UE 设计，会有专业的人群做有针对性的编排和节目生产。但地级市频道暂时还做不到，这使得产品化不明显。比如，我所在的新闻综合频道，如果有省台那样丰富的新闻资源，有专业的人士做节目编排和生产，我完全可以把它打造成类似于央视新闻频道那样的专业新闻频道。

2. 把电视观众转变为用户

通过视频 APP 建立起完整的用户体系之后，就可以掌握用户的收视行为、喜好和个人信息等资料，在为用户提供个性化节目体验的同时，为精准广告、在线交易等商业模式提供空间。这种做法，在湖南台已经获得成功了，无锡、苏州等一些城市台也做得比较好。

一般电视台的传播都是单向的，电视台播什么，观众就看什么。如果运用现在的新媒体手段，是可以实现双向传播的。可以把电视做成一个社区的形式，做成一个社交圈子，这个圈子里很多人的兴趣爱好趋同，可以召集他们共同去做一些彼此感兴趣的事，比如，一起去品尝美食、组织篮球赛、摄影展等，通过这些活动，把观众变成用户，开发更多的附加服务，从中获取利润。

3. 把传播转型为运营

现在，电视台每天都会制作很多新闻、节目，然后通过电视播出，电视播完后就完事了，没有将这些资源利用起来。其实，这些东西还可以再利用，它们在互联网上还有另外一种生存方式。互联网可以利用信息的不对称，把一个新闻节目碎片化，将里面的新闻一条一条剪开，分段放到互联网上；或者先通过新媒体做一些话题来引导或炒作，然后再将新闻节目或其他节目放到网上，这样的话，就可以将这些节目运营好。运营产品、运营用户、运营商业是电视台转型必须做的事情。

4. 把渠道转变为平台

电视台在转型中必须有互联网平台，在互联网视频平台上直接完成节目的播出传输。例如，在电视台的官方网页上，可以做一些新媒体方面的尝试，在官网的视频平台上直接完成节目的播出传输，或者做一些互联网手机电视方面的直播流，或者在公交车上面做直播，这些方式都是未来电视台播放渠道的一个发展趋势。

5. 从客厅转型为移动

观众看电视多数是在客厅里，但这种传统的收视场景将成为历史，以后观众会在各式各样的平台上看电视，视频的移动化将是视频消费的必要组成部分。

虽然说电视以后会越来越个人化，每个人都会形成自己的收看习惯。但电视有一个功能在短时间内是不会被取代的，就是家庭话题的制造者和话题聚焦点。在一个男女老幼都有的大家庭里，是非常需要一个共同话题的。可以想象，一家老小坐在客厅里，若不把电视机打开，大家可能就不知道该说些什么。如果都在看一部电视剧，即使男同胞觉得言情剧很无聊，说“你又看言情剧，这种剧这么脑残”，但这就是共同话题。有了它，大家都会聚集在这里共同谈论，和家人有交流。如果连这个共同的话题都没有了，每天回去就进自己的书房，打开电脑，人和人之间就完全没有交流了。几大卫视在引进节目的时候，为什么会偏向引进《我是歌手》、《爸爸去哪儿》这样的节目，因为它们都有一个共同特点：老少咸宜。就是因为电视承担着客厅话题制造者的责任，只有做老少咸宜的节目，才能把一家老小更多地聚集在一起。作为公众平台，未来电视台都要承担起这个责任，走这条道路。

6. 从综合到分类

当然，以后电视频道还会继续分类，如男同胞喜欢看体育，女同胞喜欢看时尚、美妆。还可能会像欧洲和美洲那样，出现一些付费的电视频道，如游戏频道、高尔夫频道、网球频道。很多频道可能并不迎合普罗大众的口味，但有特殊需求的人群就会对这些频道感兴趣。将电视频道分类，也是电视台未来的发展趋势。

7. 从孤立到社交

视频产品必须具备社交功能，拥有分享、互动、评论等环节，实现电视的社交化将成为必然。但这种分享、互动、评论多到一定程度后，受众就会觉得累，因为电视是一种惰性收看，就是不需要你做什么。电视开了，你可以看也可以不看，可以听也可以不听，有时候可以接收到它的信息，有时候也可以选择不接收。

而现在的手机互联网则是互动式的，需要消耗人的精力，互动到一定程度后就会疲惫，就不想互动了。有研究表明，一个人一天大致上花20分钟进行互动，时间长了，就会产生惰性，可能就只是顺手点个赞，而不会再评论回复了。因此，视频产品具备社交功能后，可能还是会被互联网占用重合的部分，但是电视惰性收看的部分仍然会存在，电视仍然会有市场，这是电视能够继续存在的一个理由。

8. 终端从功能转向智能

电视的收视终端将全面智能化，智能电视机、智能机顶盒、平板电脑、智能手机等不同操作系统、不同尺寸屏幕等都将成为视频收视终端。现在很多智能电视机已经推出了，如体感游戏，就是拿着一个乒乓球拍挥来挥去就可以打乒乓球，在家里面打球就像去了乒乓球馆打球一样。还有的智能电视甚至可以遥控家里面的各种开关，或者一个大遥控器就可以储存很多的电视节目等。这些都没什么可奇怪的，电视现在统统都能做到，而且已经作出一些成绩了。

我倒不太主张把精力过多地放在研发智能电视上，因为现在各大电视厂商都已经在做了，如果再投精力进去，也只是在重复他们的工作，市场竞争也很大，很难在这方面作出好成绩了。

9. 传输渠道从专网变为公共互联网

随着宽带网速的快速提升，电视专网将慢慢退出历史舞台，宽带互联网最终将成为视频的唯一传输渠道。现在电视台用的传输渠道叫作广电网络，是建立了很多年的有线电视网，它跟电信网一样，也能做互联网的传输。在专网融合之后，就会只有一个总网，不需要既拉网线又拉电视线，而宽带互联网则可能是视频传播的唯一渠道。

但就目前来说，国内的宽带互联网传播的速率仍然跟不上，特别是家里面如果没有拉专线光纤的话，传播速率更慢，可能也就 8 兆、10 兆、20 兆左右的带宽，在传播的时候，像 1024P 这种非常高清的频道，就传播不了，但是这种技术瓶颈很快会被打破。

三、佛山电视台与主频道——公共频道

（一）佛山电视台概况

1. 年经营额在广东省地级市台中居第一位

公共频道，就是以前的新闻综合频道，佛山电视机顶盒的一频道，从 1987 年成立到现在已经有 27 年的历史了。2005 年佛山传媒集团成立，把佛山的广播、电视、日报、商报、时报等这些媒体全部囊括在一起。佛山电视台整合了 5 个区的电视台和 20 多个镇街的电视资源和部分文化产业资源，形成了一个市、区、镇三级完善的广电网络。现在佛山电视台在佛山已经是一台独大了，应该说在佛山已经没有其他的电视制作机构了，所有的电视制作机构都在佛山电视台旗下。

佛山电视台现在有 5 个频道：一频道是公共频道，就是我现在主管的这个频道；二频道是南海频道，以南海本地资讯等为主；三频道是顺德频道；四频道是影视频道，主要播电视剧；五频道是综合频道，主打美食。5 个频道共有 1 200 多名员工，年经营额为 4.5 亿元，居省地级市台第一，全国地级市台十强。

2. 收视率高

收视率是代表一个节目有多少人在看的最典型的指标，计算方法是 100 户家庭有 1 户在看电视，收视率就是 1%；在 100 户里面有 10 个人打开电视机，这就是 10% 的开机率。收视份额是大家经常听到的一个概念，但这其实是同行之间对比时才会用到的，计算方法也不复杂：10 个看电视的人当中有 1 个人在看佛山的公共频道，有 2 个人在看湖南卫视，那么公共频道的市场份额就是 10%，湖南卫视就是 20%。从收视份额可以看出节目的吸引力，就是跟同一时间的其他节目相比，看谁的吸引力大。

比如，《6 点半新闻》是佛山电视台主要的新闻节目，收视率基本是

7%到8%，也就是说，在全佛山接近800万的人口中，大约有64万人在收看这个节目，而它的收视份额大约是20%。这就说明，佛山所有正在看电视的人当中，每5户就有1户在看这个节目。《小强热线》是整个佛山电视台收视率最高和收视份额最好的一档节目，它的收视份额能达到30%，收视率也经常突破10%。这个数据表明，每次都有过百万的市民在看《小强热线》，影响力是非常大的。

3. 覆盖珠三角七大城市

自从国务院出台珠三角改革发展纲要之后，佛山、广州、珠海、中山、惠州、肇庆、江门这6个城市就实现了对等落地，这意味着，珠三角7大城市都能看到佛山电视台的节目，覆盖超过4 000万收视人口。但是，我们的主战场还是在佛山，这个所谓的覆盖只是一种象征意义，只是理论上能够到达的这个领域和能够传及的人口。实际上，其他地方的观众可能并不会去看佛山电视台，因为他们不关心佛山每天都发生了什么。

（二）新闻节目

佛山电视台全天有12档新闻节目，制作量是每天4个小时，重播超过6个小时。

1. 《小强热线》

《小强热线》是佛山最具影响力的民生新闻节目，也是连续十年佛山收视冠军。这档节目是佛山电视台新闻中心的主打节目，也是佛山电视台重点打造的品牌。

《小强热线》不仅收视率高，经营也做得非常好。它一共有5个段口，可容纳12分钟左右的广告，每年的广告费接近3 000万元。

2. 《6点半新闻》

《6点半新闻》是佛山政治经济的风向标，以权威、快捷、贴近百姓生活的特点赢得观众，常年居同时段收视率与份额的首位。在全面改版后，会有全新的演播室和别具一格的互动方式，主持人也将做适当调整，改版后的收视率可能会继续上升。

3. 《财富前途》

《财富前途》是一档财经类节目，主要聚焦本地经济热点。它整合了政府、商会、企业和媒体的资源，为商业人士提供一个获取财经资讯的主流优质平台。

4. 其他新闻节目

除了上述新闻节目，佛山电视台也在努力打造其他新闻节目，如《佛山早晨》《午间直播室》《今晚报道》等，时时刻刻为观众提供最新的新闻资讯。这些新闻节目滚动播出，从早到晚都有一定的新闻播出量，共同撑起佛山本土资讯传播的王牌。

（三）社交类节目

1. 《经历》

《经历》是一档历史悠久的纪录片型节目，承担了记录整个城市发展的功能，是省内纪录片制作标杆，获奖无数。“一个城市没有纪录片，就相当于一个家庭没有相册一样。”《经历》所做的就是给佛山拍照，把它保存下来，多年以后，后人还可以找到这些珍贵的历史资料，看看那个时候的佛山。现在地级市能坚持做纪录片的已经非常少了，《经历》能保留下来非常难得。

2. 《古董》

《古董》是全省最优秀的鉴宝节目，既有线上活动，又有线下活动。它线上的收藏故事婉转动人，线下所做的很多活动也异常火爆。2012 年，这一节目被评为广东省广播电视创新创优“十佳”栏目。

3. 《大师傅》

《大师傅》为各行各业的技能大比拼，提供了一个良好的平台。它从各个居委会找出各行各业掌握优秀技能的人才，在节目里展示他们的技能。通过这个节目，可以激励员工的积极性，也很好地体现了劳动之美和奉献之美。

4. 《一封私信》

《一封私信》是传递社会正能量，一群人帮助一个人圆梦的一档栏目，每天 8 点 15 分左右播出。本节目题材感人，其中“我要为你找回忆”获广东省广播电视社教专题一等奖、中国影视大奖。

（四）大型的活动

1. “行通济”晚会

佛山有句俗语“行通济，无蔽翳”，意思是走过通济桥，这一年都会有好运。正月十五当天，人们会买行运风车和生菜走通济桥，祈求吉利好运和生财。2011 年，佛山电视台元宵晚会以“幸福相约、情意岭南”为主题，结合行通济活动，把佛山的民俗和人民的幸福远播全国各地。之后，佛山电视台每年都会举办“行通济”晚会。《行通济》的电视直播晚会，没有湖南卫视元宵晚会的大牌明星，也没有央视的大型节目，却处处充满温馨幸福的画面。在这个普罗大众的传统节日中，电视台与民同乐，以民众为中心，为百姓提供了参与演出的平台。

2. 珠江小姐竞选

“珠江小姐”竞选今年是第九届，口碑非常好，预计经营额会过千万元。佛山电视台对这个节目要求是非常严格的，不只是看表面，更注重参赛者内在的修养，参赛的珠江小姐必须是没有负面新闻的。这档节目还跟环保和公益理念结合在一起，每年都会有一个环保行，如“关爱东北虎”等。就是因为对节目要求严格，并跟环保和公益理念结合在一起，“珠江小姐”的口碑才会如此好，广电总局才会同意我们办这类竞选类节目。

3. 新年音乐会

每年12月31日晚上，佛山电视台都会举行高雅的音乐会，这个新年音乐会从1989年开始创办，到今年已经成功举办了20多届。借着这个活动，大家聚在一起，在轻松愉快的气氛中辞旧迎新。

四、如何与电视媒体打交道

（一）电视媒体的主要优点

一是直观性强。电视是声画合一的传播平台，直观性强决定了它的传播要素必须是通俗易懂，无须严格要求观众的文化知识水准，就是没文化的人也能看得懂。而报纸、杂志的受众文化水平可能会更高，但电视就是给普罗大众看的，它是一种最大众化的传播媒介，所以它更需要迎合大众的口味。

二是有较强的冲击力和感染力。电视是能够进行动态演示的感性媒体，声画结合，冲击力、感染力特别强。

（二）电视媒体的主要缺点

一是瞬间传递，被动接收。电视需在瞬间完成信息传递的任务，受众接收信息也是在完全被动的状态下完成的。所以，电视传递的信息，观众听到或看到了，就可以接收，没听到或者没看到，那就无法接收。

二是费用昂贵。电视本身的制作成本高、周期长、工艺过程复杂，涉及的各个环节和流程都需要花钱，而且不可控因素还很多，有可能会因地域或天气影响等增加制作费用。电视节目制作出来后，播放还需要再花一笔费用，这些加起来，一档节目的成本就非常高了。

三是电视广告可加深对产品的印象，但太频繁则使人厌烦。电视广告是一种视听兼备的广告，可以将广告商品的外观、内在结构、使用方法、效果等在电视中逐一展现，能够逼真地、突出地从各方面展现广告商品的个性，使观众如亲临其境，留下明晰的深刻印象。电视广告通过反复播放，可以使观众加深印象，但是一定要适可而止。

四是有利于激发情绪，但不利于深入理解信息，这是电视最大的一个特点。大家在接受视听作品的时候，其情绪更加容易被电视的氛围影响，观众会被感动，会跟着流泪。不过，电视的惰性阅读习惯，是不利于观众深入理解信息的。因此，做电视产品，必须以讲故事为主。一般记者出去采访的时候，都要求提供案例，找一个人物或者一个实例，因为电视是直观表达的，光用语言去述说一个政策或道理是行不通的，必须通过人物或案例来表达，观众才可以理解。

（三）政府部门与电视媒体打交道要注意的问题

政府部门跟电视媒体打交道已经有很长时间了，也会总结自己的一些经验，我在这里主要讲几个需要注意的问题：

1. 过多依赖新闻通稿，将电视表达平面化

现在各个新闻办都习惯依赖通稿，可能是因为接触的平面媒体较多，而接触的电视媒体相对较少。不过，新闻通稿适合平面媒体，却不适合电视。其实，政府部门应该给电视记者多一点时间，让他们有可能单独做自己的采访，以便有效地沟通交流，而不只是拿到一个通稿。我特别反对联合采访，这种做法就是把全部媒体的记者召集在一起，发个通稿，问几个问题，然后主办方就走了。通过提问获得的资讯，对平面媒体的记者是足够了，但对电视记者还远远不够。如果要做一条新闻的话，提问过程只占整个任务量的10%，电视媒体还有大量的外景拍摄工作和寻找个案充实新闻的工作，这些都需要主办方提供支持，所以，尽量不要将平面媒体的记者和电视记者混在一起做采访。

2. 不会通过电视讲故事，将电视表达理论化

一般部门需要电视媒体帮忙宣传或者出新闻的时候，往往都只是提供一些纸质的资料，认为通过这些资料就可以作出一条电视新闻。但电视的惰性收看习惯决定了必须通过大量画面或者具体的故事，来解读一个政策或者一个现象，而不是简单地述说。所以，平时和电视媒体打交道时，政府部门要考虑得更加细致些，提供更多样化的资料。

3. 不注意收集第一现场，将电视场景简单化

现在一般会有宣传干事拿着相机拍照片，但视频的收集和保管却还没有提到议事日程上来。其实，拍视频很容易，普通的工作人员就可以来做。要特别注意的是，把关键性的镜头拍下来，特别是第一现场的视频，能够帮助解决很多的问题。如果很多镜头现场不记录下来，事后再补拍也无济于事，新闻价值也会跟着降低。目前，公安局、法院这些单位已经组建了专门的队伍，将一些重要的场景拍下来，或自己保留，或提供给新闻记者。

4. 不注意保存历史资料，遗失重要历史信息

做年终总结的同志应该有深刻的体会，想要把一些重要的画面调出来时，才发现根本没有保存这些资料，然后打电话给电视台要求提供资料。我们电视台能提供的一般都会提供，但我们保存的资料是我们播出的新闻，而不是全盘的详细素材，有的时候就提供不了。所以，大家在平时的工作中应该养成保存历史资料的习惯，将重要的资料备份保存好。

5. 不会使用多种电视手法，达不到立体的宣传效果

政府部门在日常宣传中经常运用电视新闻这种手段，但是，除了新闻外，电视台还可以做其他的节目和活动来替政府部门进行宣传，例如可以做一些宣传片，可以联合策划一些活动等。比如，现在环保部门要搞一个环保执法年的行动，就可以充分调动各种电视的元素和手法来做宣传，拍摄一个 15 秒的广告短片，或者策划一个系列的新闻，这些都能够在短时间内让它的宣传效益达到最大化。